JN280070

シリーズ ビジネスの数理
第2巻

筑波大学ビジネス科学研究科 監修

チャンスとリスクの
マネジメント

大澤幸生・徐 驊・山田雄二 編著

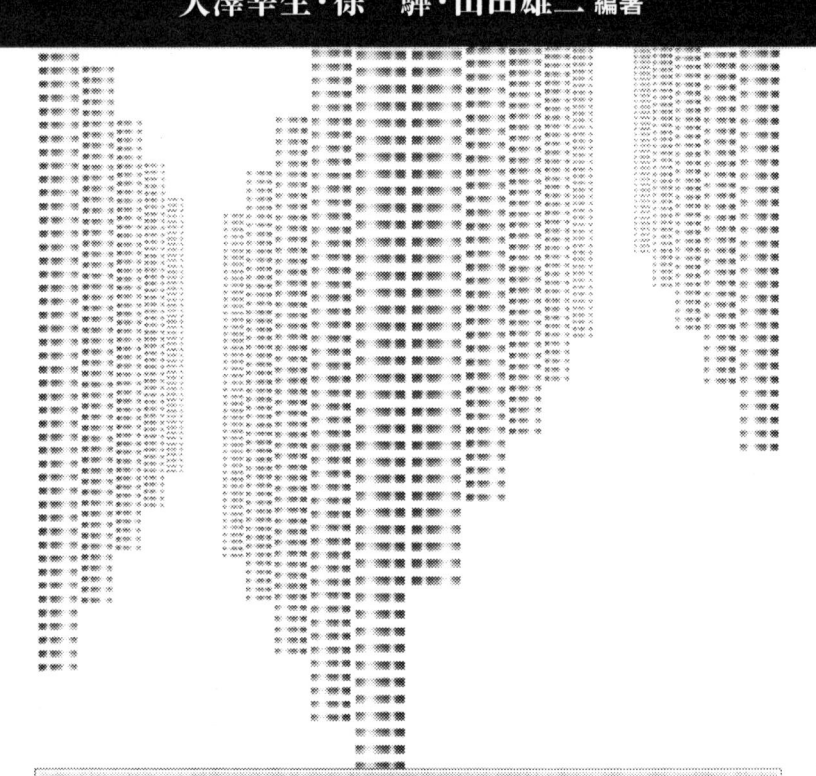

朝倉書店

―― 執筆者（執筆順）――

大澤　幸　生＊　東京大学大学院工学系研究科准教授

福田　　寿　　(株) CRC ソリューションズ科学システム事業部

徐　　　驊＊　筑波大学大学院ビジネス科学研究科教授

熊川　寿郎　　国立保健医療科学院経営科学部

山田　雄二＊　筑波大学大学院ビジネス科学研究科准教授

相澤　敏彦　　(株)ミレアホールディングス経営企画部

＊編集者

まえがき

　新聞社のwebサイトで，トップページを占めるニュースのタイトルを，上から下まで次の自問自答をしながら読んでみよう．
　「このニュースは，チャンスを求めようとする人の話だろうか？　それとも，リスクを避けようとする人の話だろうか？」
　webにアクセスできない読者は新聞そのものでもよいが，webのトップページの方が見出し量が豊富でこの作業には向いている．やってみると，新聞という媒体で捉えられる多くの記事が，いかにチャンスとリスクというものと深く結びついているか改めて感じる．
　さらに，1つ1つのタイトルをクリックして中身を読んでみよう．特に，チャンスを追いかける人の話，あるいは成功談を読むと，かなり多くの場合に記者の考えとしてリスク面が付け加えられている．少なくとも，全体として読み応えのある新聞というものはそのような工夫がされていると言ってよい．すなわち，チャンスとリスクの両面が1つ1つの報道記事に含まれているわけである．言い換えれば，社会において注目される事象とは，チャンスを求める一方でリスクに追われる人の営みの中からその多くが発生している．
　本書は，ビジネス科学の視点から，チャンスを発見してこれを運用し，リスクを特定して管理するための方法を論じ，裾野の広い読者にそれが伝わるように平易に解説したものである．
　待ってくれ…と，ここで立ち止まった読者がいるかも知れない．その人の言いたいことを，ざっと想像してみよう．
　「チャンスなどという軽い言葉を，仮にも学術書の出版で知られる朝倉書店の本で使ってよいのか？　そもそも，チャンスというのは日本語

では「好機」という意味だが，英語の chance は「たまたま」ではないのか？　本書では，「たまたま」を当てにするビジネスを推奨するつもりか？　それに，リスクというのは好機の反対だろう．180度価値観の違う2つの概念について，たった200ページのこの本でまとめることに何の意味があるのだ？」

まことに的を射た疑問といえよう．しかし，われわれは学術・技術書の刊行で知られる東京電機大学出版局や岩波書店でも堂々と「チャンス」という言葉で通してきた．また，英語しかわからない人にも chance discovery という語でチャンス発見という意味を正確に伝え，共同研究者やわれわれの研究の素晴らしい後続者も得ることができた．chance の意味は「たまたま」も含むが，より正確な語源はダイスの目のことである．本書は，ダイスの目というコンセプトを始点として，

- チャンスの発見とその利用を進めるビジネスの技術
- チャンスの「反対」ではなく「裏側」にあるリスクの管理を行う技術

について解説する初めての書物である．しかも，それは机上の空論でもないし無統制な事例集でもない．筑波大学の，わが国で最も長い社会人大学院としての経験の中で数々のビジネスの成功と，その裏にある失敗の経験の中から得られた，実地の成果に根ざした実学のセオリーである．

著者らは，チャンスとリスクの発見およびそのマネジメントというプロセスの全貌を捉え，そしてそのプロセスの効果を高めるための技術を紹介するという構成で論じるようにした．したがって読者には，細部よりもチャンス発見とリスクマネジメントのそれぞれの有り様と互いの関係を理解するつもりで読み進め，自然に手法を理解するようにしていただきたい．200ページという薄さは，深すぎる詳細に入らず，全体を読むことによる読者のメリットを効果的に提供できると考えている．

であるから，先のような疑問を持つ読者は，本書の読後に，疑問が解けたかどうか確認していただきたい．知ることによって，逆に疑問が増えてしまったという議論好きな読者もおられることだろう．そのような読者には，筆者らと議論する場が用意されている．筑波大学ビジネス科学研究科 (東京キャンパス) では，教員の学術的な視点と社会人学生の現場の経験を交配し，時として戦い，

時として憩いながら毎日新しいビジネス戦略を創造している．読者と直接めぐり合い，討論の中からビジネスチャンスを摑み取る日の到来を願いたい．なお，本章の結果の一部は，筑波大学大学院ビジネス科学研究科経営システム科学専攻における平成 16, 17 年度におけるプロジェクトマネジメントコースの成果も含まれている．

なお，リスクマネジメントに関する部分については，筑波大学大学院ビジネス科学研究科修了生の下平利和氏より有益なコメントをいただいたので記して感謝したい．また，本書のコンテンツを LaTeX に変換するなど作業を支えてくれたお茶の水女子大学 学生の余小渓さんにも感謝を表します．

2006 年 2 月

編者・著者一同

目　　次

1 チャンスとリスク ……………………………………………[大澤]… 1
  1.1 人はなぜ，ダイスを振るのか ……………………………………… 1
  1.2 シナリオマップにおけるチャンスとリスク ……………………… 4
  1.3 本書の構成 …………………………………………………………12

2 チャンスマネジメントのプロセス ……………………………[大澤]…15
  2.1 チャンス発見の成功事例 …………………………………………15
    2.1.1 事例1：タイヤメーカーA社における冬タイヤ販売の大幅増加
       ………………………………………………………………[福田]…15
    2.1.2 事例2：日東紡績における新製品の増産と商品化率向上 [大澤]…20
  2.2 非定型意思決定におけるチャンス発見 …………………………29
  2.3 環境との相互作用による目的探索 ………………………………32
  2.4 二重螺旋モデル─関心を深めるチャンス発見プロセス ………33
    2.4.1 関心に合う対象データの収集 ……………………………35
    2.4.2 シナリオマップの作成 ……………………………………35
    2.4.3 シナリオの解釈とそこにおけるチャンスの評価 ………37
    2.4.4 記録された思考内容の可視化 ……………………………41
    2.4.5 意思決定を行動に移し，新たな関心の獲得へ ……………44
  2.5 なぜ，二重螺旋プロセスなのか …………………………………44
  2.6 Polaris─服属アーキテクチャに基づくチャンス発見支援ツール …46

3 チャンス発見のためのデータ可視化技術 ……………………………[大澤]…49
3.1 可視化機能を持つデータマイニング手法 ………………………………49
3.1.1 決定木学習 ……………………………………………………50
3.1.2 階層型クラスタリング ………………………………………52
3.2 その他，チャンス発見に関連するデータマイニング手法 ……………54
3.3 KeyGraph—島と橋を可視化する ………………………………………55
3.3.1 KeyGraph の内部処理 …………………………………………57
3.3.2 KeyGraph を見る手順 …………………………………………59
3.3.3 活性伝播の可視化 (PAI) ………………………………………61
3.3.4 影響普及モデルによるメッセージチェーンの可視化 ………63

4 リスクマネジメント ………………………………………………………67
4.1 はじめに ……………………………………………………[徐]…67
4.2 システムズアプローチ ……………………………………[徐]…69
4.2.1 システム，システム工学 ……………………………………69
4.2.2 システムズアプローチ ………………………………………70
4.3 リスクマネジメントシステム ……………………………[徐]…73
4.3.1 リスク，不確実性 ……………………………………………73
4.3.2 リスクマネジメントシステム ………………………………74
4.4 事例—医療リスクマネジメントシステム ………………[熊川]…78
4.4.1 医療リスクマネジメントの歴史 ……………………………78
4.4.2 医療マネジメントとシステムズアプローチ ………………80
4.4.3 医療安全対策の国際的動向 …………………………………81
4.4.4 医療リスクマネジメントで使われる基本的手法 …………84
4.4.5 今日の医療リスクマネジメントの新たな問題点 …………87
4.4.6 戦略的マネジメントシステムとしてのバランストスコアカード ……………………………………………………………89
4.4.7 BSCによる新しいリスクマネジメントシステムの構築 …91
4.4.8 BSCで構築した新しいリスクマネジメントシステムの成果 …95

5 リスク特定の方法 ……………………………………………… [徐] … 100
- 5.1 はじめに ………………………………………………………… 100
- 5.2 リスク特定の方法 ……………………………………………… 101
- 5.3 階層ホログラフィックモデリング (HHM) 法 ………………… 103
  - 5.3.1 基本的な考え方 …………………………………………… 103
  - 5.3.2 実施手順 …………………………………………………… 106
- 5.4 HHM 法の応用事例 …………………………………………… 108
  - 5.4.1 東京都の電力に関するリスクの特定 …………………… 108
  - 5.4.2 上下水道システムにおけるリスクの特定 ……………… 112
  - 5.4.3 リスクシナリオのマスターリスト (抜粋) ……………… 116

6 リスクとリターンのマネジメント ……………………………… [山田] … 119
- 6.1 リスクとリターン ……………………………………………… 119
- 6.2 投資リスク ……………………………………………………… 120
  - 6.2.1 金融リスクの種類 ………………………………………… 121
  - 6.2.2 金融工学の歴史とリスク分類 …………………………… 121
- 6.3 投資の指標 ……………………………………………………… 125
  - 6.3.1 期待収益率 ………………………………………………… 125
  - 6.3.2 収益率ボラティリティ …………………………………… 126
  - 6.3.3 シャープ・レシオ ………………………………………… 127
- 6.4 ポートフォリオのリスク ……………………………………… 128
  - 6.4.1 ポートフォリオ重み ……………………………………… 129
  - 6.4.2 ポートフォリオの期待収益率 …………………………… 129
  - 6.4.3 ポートフォリオの収益率ボラティリティ ……………… 130
  - 6.4.4 平均分散効率的ポートフォリオ ………………………… 131
  - 6.4.5 資産価格モデル …………………………………………… 134
  - 6.4.6 ベータと割引率 …………………………………………… 137
- 6.5 損失リスクの計量化指標 ……………………………………… 139
  - 6.5.1 バリューアットリスク …………………………………… 139
  - 6.5.2 期待バリューアットリスク ……………………………… 140

6.5.3　コヒレントなリスク尺度 …………………………………… 141

7　金融リスクマネジメント技術の適用
　　―天候デリバティブの価格と事業リスクヘッジ― ……………[山田]… 146
　7.1　天候デリバティブとは ………………………………………………… 146
　7.2　天候デリバティブ概要と天候のモデル ……………………………… 147
　　7.2.1　天候先物 ………………………………………………………… 147
　　7.2.2　天候データのモデル化 ………………………………………… 149
　　7.2.3　天候デリバティブの価格付け ………………………………… 150
　7.3　電力需要の長期傾向と季節性 ………………………………………… 153
　　7.3.1　販売電力量の長期トレンドと変動 …………………………… 153
　　7.3.2　電力需要と気温 ………………………………………………… 155
　　7.3.3　夏季の販売電力量の推移 ……………………………………… 156
　7.4　天候デリバティブを用いた電力事業収益ヘッジ効果の測定 ……… 158
　　7.4.1　月平均気温を原資産とする天候デリバティブ ……………… 158
　　7.4.2　トレンド予測に基づく天候デリバティブ価格付け ………… 158
　　7.4.3　天候先物を用いた最小2乗分散ヘッジ ……………………… 160
　　7.4.4　一般化加法モデルと天候プットオプションを用いた電力収益ヘッジ
　　　　　 ……………………………………………………………………… 165

8　金融リスクマネジメント技術の実務応用
　　―天候デリバティブの現状と今後の課題― ……………………[相澤]… 170
　8.1　天候リスクの特徴 ……………………………………………………… 170
　　8.1.1　自然現象としての天候リスクの特徴 ………………………… 170
　　8.1.2　金融取引によるヘッジ対象としての特徴 …………………… 173
　8.2　天候デリバティブビジネスの特徴 …………………………………… 175
　　8.2.1　企業のヘッジニーズ …………………………………………… 176
　　8.2.2　ビジネスの前提条件 …………………………………………… 178
　8.3　海外におけるビジネスの展開 ………………………………………… 180
　　8.3.1　ビジネスの拡大と総合エネルギー会社 ……………………… 180

8.3.2　取引所取引 ……………………………………………… 183
　　8.3.3　米国以外での展開 ………………………………………… 186
　8.4　わが国におけるビジネスの展開 ………………………………… 189
　　8.4.1　ビジネスの発端と拡大 …………………………………… 189
　　8.4.2　エネルギー産業の参加 …………………………………… 194
　8.5　取引の多様化 ………………………………………………………… 196
　　8.5.1　取引の類型 …………………………………………………… 197
　　8.5.2　取引の多様化 ………………………………………………… 199
　8.6　ビジネスの将来的な課題 ………………………………………… 200

索　引 ………………………………………………………………………… 203

1
チャンスとリスク

1.1　人はなぜ，ダイスを振るのか

　読者は，「チャンス」という言葉と「リスク」という言葉を結びつけて考えることができるだろうか．チャンスという言葉には，そのまま突き進んでいけば得をするというイメージがある．一方，リスクというと，これは踏みとどまって用心しなければならないように感じるだろう．つまり，チャンスは好機であってリスクは危機であると．

　ところが，実際には英語のchanceという語はこの両者，つまり好機と危機を含んだ言葉なのである．もともと，chanceというのはダイス(サイコロ)の目のことであった．ダイスには6つの目がある．これを振ると，1が出るかも知れないし，2が出るかも知れない…6の目が出るかも知れない．正確な6面体になったダイスなら，それぞれの目の出る確率は確率は6分の1ずつである．

　人間たちは，このダイスを振って出てくる目に自分の進路を預けることを思いついた．例えば，サイコロを振って1の目が出たら今日は勉強をする．2の目なら，彼女とデートをしよう．3の目だったら読書をし，4の目だったら…と考える．果たして，2の目が出た．そして彼女に電話をかけるが，無残にもその日は断られてしまった．仕方ないからもう一度ダイスを振ると，今度は1が出た．どうもしかし，こんな6面体にいわれて勉強するというのは気乗りがしない．また振る．結局，その日は雨だから家で読書をすることにした．最近岩波アクティブ新書の『ビジネスチャンス発見の技術』を買って，ちょうど読みたかったのだ．そして結局，最初から自分はそうしたかったのだと気づくので

ある.

　このような調子で，ダイスの目というのは，確率的にすなわちランダムに出てきて，人に嬉しい選択肢や困った選択肢を与えようとする．しかし，多くの場合，人の方は心の中に準備された答えが実はあって，それに従おうとするのである．ダイスは，ある選択肢を実行したらどうなるかというシナリオ(シナリオとはコンテキストを共有する事象時系列であるが，「コンテキスト」の定義は後述する)に人を直面させることによって，人の心の中に準備された答えに気づかせるに過ぎない．

　しかし，現実の選択肢の中ではなくて遊びの世界なら，不思議なことに人はダイスの目を受け入れる．例えば，双六(すごろく)という遊びがあるのは，さすがに近代的な読者もご存知と思う．この遊びでは地図の上にさまざまな方向から交差する道が描かれていて，道と道との交点でプレイヤーは，これが現実の人生なら途方にくれるような選択に迫られそうになる．しかし，遊びであるからダイスを振ればよい．出てくる目によって，どちらに進むべきかは最初から地図に描かれているからである．つまり，プレイヤーは

1) ランダムに，たまたま出てくるダイスの目

図1.1　古今の双六遊び

2) 地図に最初から書かれた，ダイスの目と行き先の対応関係

だけに従って進んでいけばよい．そこには，プレイヤーの中に準備されていた心の行方など入り込む余地は全く存在しない．遊びの世界では，そこまで人はダイスに身を任せてしまうのである．

現実世界での選択と遊びの世界の選択で，なぜダイスに対する人の態度はこのように変わってしまうのだろうか？ この問いに答えるため遊びの意味を論じるのは哲学的に深すぎる問題である．しかし，ダイスの目に頼ってしまってもかまわないような遊びはあるが，現実の世界ではダイスの目に完全に頼らず自分の意思を大事にしないとその損は現実のものになる．この，遊びと現実との感覚の差には注目したい．ワインのオークションに参加している人が，ダイスを振って目の数に1万円をかけた金額をライバルの付け値に加えていくなら，これは損を損と感じない金持ち遊びであり，「チャンスとリスク」なんぞという本を手にとった読者の現実とは大きく違うはずである．しかし，その人が自分の予算とワインの価値を見比べ，ライバルの様子を見てそのワインの本当の値打ちを読み取りながら値を増やしていくなら，単なる遊びではなく，どろどろした現実における意思決定プロセスである．

このような簡単な例を考えるだけで，ダイスの目すなわちチャンスには次のような面があることがわかる．

1) ランダム性・不確実性：いくつかのチャンスが確率的に出るため，どの選択肢を選ぶべきか一意に決めるのが難しい．そのチャンスがなぜ自分の前に示されたかという原因も，なかなか理解できない．一方的に外界から押し付けられ，たまたま生じたように見える．そのため，未来も不確実なまま見通しがはっきりと立てにくい．しかし，確実な未来がわからないからこそ人はそこで意思決定の必要性を知る．
2) 現実世界における人の意思決定の支援力：現実の損得が関係するような場合は，チャンスだけに運を任せることができない．そのため，チャンスを見てから意思決定に至るまでに，人がもともと持っていた勘や意思の働きが必要とされる．すなわち，チャンスは人の意思決定を支援するヒントに役割を留めてこそ有益となる．

このことを踏まえながら，チャンスとは何であり，リスクとは何であり，相互

にどのような関係があるのかを考えていく．

1.2　シナリオマップにおけるチャンスとリスク

　多くの場合，科学は再現性を求める．つまり，ある現象が見出されたと誰かが発表すれば，同じ状況を設定するとその現象がもう一度現れることを期待するわけである．英国の伝統を誇る科学雑誌『ネイチャー』に掲載された論文は，世界中で追試験が行われ，この再現性が成立しなければ捏造さえ疑われることになる．ということは，厳密な科学者の立場ではダイスの目が1になったら，その次も同じように投げると1が出ることを期待することになる．また，1が出ないようなら，1が出た場合とそれ以外の場合を比較し，1が出た原因を追求する．そして，ダイスが必ず1を出すまで人生を賭けても投げ方を追求するのが，ある極端な方面での理想的な科学者である（突き進めば，マッドサイエンティストという称号も授与されるのも夢ではない）．

　一方，上に述べたような双六遊びの世界では，全く逆に出来事（事象）のランダム性を受け入れる．科学者が限界まで再現性を追及する間に，逆に「再現しないこと」「先のわからなさ」を楽しむのである．一方，現実のビジネスで「わからなさ」ばかりなら人は不安のあまり精神を病んでしまうから，人はビジネスではある程度リスクを避けて確実に成功できる状況を求め，あるいはそのような状況を作ろうとする．言い方を換えると，現実には許されないほどの「わからなさ」を遊びの世界で人は楽しもうとする．

　アートの世界でも，よく似たことがいえる．ピカソの絵を見て，それを美術解説書どおりに解釈してもつまらない．「夢」という作品は，1人の女性が座って寝ている姿を2方向から描き，これを合体させたような形をしている．この描き方によって，睡眠する女性に潜む生々しい感性を描き，それがなんともいえない色香を世界中に発信している．それはそうなのであろうが，これを本当に2人の女性が寝ている情景を描いたものだと思う人がいてもいいわけである．暴れたり騒いだりしない2次元のキャンバスの中に閉じ込めたままの「わからなさ」を楽しむのは，鑑賞者の自由である．美術館に行くと感じるぞくぞくとした不気味なまでの快感は，この自由さ故であろう．

このようなアートの持つ特性は，人を学習に駆り立てることもある．ナチスの一般市民に対する許されようのない犯罪を描いた「ゲルニカ」の何億人という鑑賞者たちは，そのわかりにくさのおかげで，理解できるまで作品の背景にあったピカソの気持ちを考え，平和を祈る気持ちを育ててきた．「わからなさ」は，そこに惹きつけられる人に対しては「わかろうとする努力」の機会を与えるのである．

ビジネスのような現実の損得の絡む人間の意思決定は，科学と遊びの中間の視点が必要になる．ある行動の結果は，同じ状況で同じように行動したつもりの行動によってある程度まで再現される．しかし，状況のうち未知な部分のわずかな違いによっても，結果が期待から狂うことがある．つまり，行動の結果を読み切ることができないから，再現することも保証されない．

例えば，A氏が経営していた酒屋の経営が傾いてきた．時流に乗れるかと思ってコンビニエンスストアのチェーンの1店舗へと改築したのだが，近頃地震が増えている．複雑な流通経路を持つコンビニエンスストアだが，大地震によってそれらが寸断されても経営は持続できるだろうか…果たして数か月後，大地震が起きた．しかし，A氏のコンビニエンスストアは大地震のあと，急成長を遂げた．なぜなら，地震の1か月前にA氏はミネラルウォーターとタオルの仕入れを増やして蓄積し，地震と同時に一般市民に無料で配布し信頼を得たからである．A氏はこのために100万円を投じたが，顧客を定着させたA氏の店はその後1年で売上を1000万円増加させることになった．

このA氏は，災害を食い物にする許しがたいビジネスマンでは決してない．ビジネスにおいては，未来の不確実な状況において潜在的な顧客の満足を図ることによって得る信頼は大きな資産になり，そのための努力は社会貢献ともいえるからである．未来が不確実な状況では多様なシナリオが可能性を持ち，大地震のような一見破滅的な事象からも「誰かがやらなければならない」ビジネスのシナリオが生まれるわけである．どのような事象であっても，その先に未来の利益に結びつくシナリオを感じれば，人は「チャンスが到来した」と考えるのである．

この話は，図1.2のようなシナリオマップとして描くことができる．初めは，酒屋からコンビニエンスストアへの改築という比較的ありふれたエピソードで

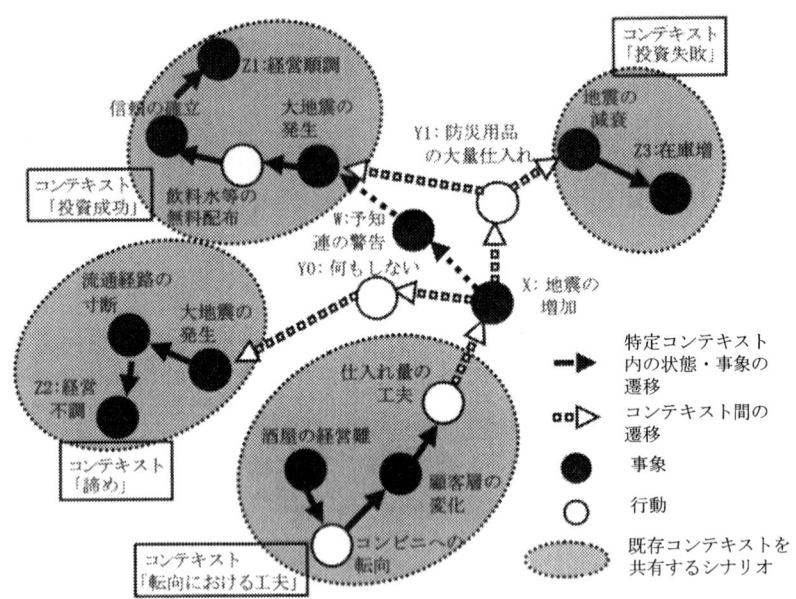

図 1.2 防災により信頼を得るか，災害により全てを失うか…A氏のシナリオマップ

ある．地震が増えたという，これまでにない出来事を見て，店長のA氏は災害対策に役立つ水やタオルなどを大量に仕入れ，これを無料で住民に配布した．A氏の店に愛着を持った住民たちが，その後さまざまな商品を買うためにA氏の店を利用するようになるシナリオは，再びややありふれたエピソードといえる(コンビニエンスストアの強みは，浅く広い品揃えである．本屋で雑誌を買ってから薬局でシャンプーを買うよりも同じ店で両方買う方が簡便であり，「ついで買い」の衝動も発生する．だから，店に対する消費者の愛着を育てれば，連鎖的にさまざまな品物を購入するようになる)．

この場合，「地震が増えた」ということが1つのチャンスになっている．すなわち，シナリオマップでいうと，ありふれたコンテキストから，それとは別のコンテキストに飛び移る際に経験することになるやや珍しい事象が，われわれが日常考えているチャンスに当たる．それは，選択を絞り込むために参考情報となるが，選択肢を1つだけに絞ることはできない．先のダイスの目と同じである．そこで，いったんチャンスを次のように定義する．

定義1：あるコンテキスト Z_0 において，状況 X における行動 Y が，新しいコンテキスト Z_1 に移るために期待されるとき，状況 X をチャンスという．

(注) これまでチャンスは「意思決定において重要となる事象・状況・またはそれらについての情報」と定義されてきた[1]．定義1はこの従来の定義と矛盾せず，意思決定を「行動の期待」に置き換えただけのものである．なお，事象と状況の関係については，以下に定義する．

この定義を受け入れるためには，「状況」および「コンテキスト」も定義する必要がある．これらには多様な定義があるが，文献[2]における「コンテキストとは人の認知や決定・行動の当事者にとっての適切性を支える前提を指す」という定義を本書の趣旨に従い分解し，ここでは以下のように定義する．

定義2：状況とは，ある瞬間において主体によって認知されている事象の全てを包含する状態を指す．ただし，本書では状況を，複数の事象の同時生起 (共起) という1事象として断りなく扱うことがある．また，1つの事象を，それを包含するある状況として扱うこともある．

定義3：状況，事象からなるある系列を通じて一貫する前提があるとき，その前提をコンテキストと呼び，その系列をシナリオを呼ぶ．

定義4：意思決定とは，ある状況におけるシナリオの選択である．すなわち，状況 X においてとる行動によって，それぞれが事象の時系列を含むコンテキスト $C_1, C_2, \ldots, C_c$ がそれぞれ将来に可能性を有するとき，このうち1つを選ぶことを指す．

定義1~4を合成すると，チャンスについての下記の定義に達する．

定義1′：あるコンテキスト C に含まれる状況 X が次の2条件を満たす場合，X をチャンスと呼ぶ．
条件1) C と異なるコンテキスト C' に含まれる状況 Z_k に遷移させるために行動 Y_k が期待され，Y_k による X から Z_k への遷移確率 $p(X, Y_k \to Z_k)$ は0ではない．このことが，ある整数 r $(r > 0)$ に対し $k = 0, 1, 2, \ldots, r$ の全てについ

て真である．ただし，Y_0 は「何もしない」という行動を表す．

条件2) 状況 X が発生しない場合，他の状況は条件1における状況 X を替わることができない．

すなわち，X において何もしないという行動 (Y_0) をとれば破滅を受け入れざるを得ないコンテキストに遷移するならば，これをチャンスとして現在のコンテキストを維持する行動 Y_1 を起こす必要がある．また，もし Y_0 では現在のコンテキストのままであり，Y_1 なる行動をとれば大きな利得を得るコンテキストに至るような場合も Y_1 なる行動を起こすべきである．ここまでが条件1の意味である．状況 X の先には複数のシナリオがあって，その中から1つを選ぶ必要があるからこそ X は意思決定において重要となるのである．双六遊びにおけるダイスは，その先にとるべき行動が1つだけ描かれているから，条件1を満たさない．これに対して，現実の世界でダイスの目は条件1を満たすのである．条件2は，X が起きるまでは，C から別のコンテキストに移ると期待できる行動がとることができないという鬱積した状態を意味する．

一方の「リスク」については，『リスク学事典』[3]に従うと定義4のように定義される．一方，金融工学におけるリスクは定義5のとおりであり，リスクの定義は必ずしもあらゆる分野を通じて一定ではない．特に，障害が確実に到来する場合には前者の定義によるリスクは高くなり，後者の定義では低くなることから，本書においてリスクの定義を統一的に与えることはしない．

定義5：有害な原因 (障害, ハザード) によって損失を伴う危険な状態 (peril) が発生するとき，[損失]×[その損失の発生する確率] の総和をリスクと呼ぶ．

定義6：投資する時点で将来の利回りを確実に予測できないという不確実性を，投資に伴うリスクと呼ぶ．

しかしながら，いずれの立場でも定義6のリスク要因の定義には反しない．定義6でいうリスク要因は，定義5におけるハザードにほぼ該当する．本章では定義6を前提とし，後章においてリスクの定義を個別に使い分けることにしよう．

定義7：状況 X において，事象 (人の行動も含めて) Y_k が状況 Z_k に遷移する原

因となるような組 (Y_k, Z_k) が複数組 $(k = 1, 2, \ldots, r$ において $r > 1)$ 存在し，それぞれの遷移が 0 でない遷移確率 $p(X, Y_k \to Z_k)$ を有するとき $Y_1, Y_2, \ldots, Y_r$ をリスク要因と呼ぶ．

定義 1 と定義 7 を比較すると，ようやくチャンスとリスクが深く関連することがわかる．すなわち，いずれもある状況における複数の未来の可能性に直面しており，それゆえに生じる不確実性に対応しようとするのである．

ただ，異なるのは，チャンスは不確実性を活かして良いシナリオを創り出そうという創造欲から人が認知するものであり，リスクは不確実性による損失を防御しようとする危機意識から認知される点である．この差に伴って，チャンスは現在のコンテキストを変えてしまうような冒険的な行動のもととなる一方，リスクを管理するマネジメントにおいては新しいコンテキストに遷移するというような冒険は好まれないことになる．

このように，チャンスとリスクという両概念は互いに関連し，補佐し合う位置付けとして考えることができる．より具体的に理解を深めるために，図 1.2 で「地震が増えた」という事象の将来に描きながら本文で言及していない 2 つのシナリオを次に考えよう．

1 つは，何もしないで手をこまねいている場合のシナリオである．地震が増えたと気づいた後，大地震が発生するとすれば，自分の店が倒壊するかも知れず，生命も失いかねない．自分や店が奇跡的に全く無事で残ったとしても，顧客にとって経済的なダメージが大きく，必要とされる商品も大きく変わる．にもかかわらず流通経路は寸断され新しい商品は入荷できなくなる．結果として，顧客の要求に応えられない店は閉店に追い込まれるだろう．

いま 1 つのシナリオでは，店長は先述の良いシナリオと同じく水やタオルなど防災に役立つ商品を大量に買い込む．しかし，もし地震が何十年間も来なければ，それらの在庫で手狭な店は占拠されてしまい，新しい商品を仕入れられないまま過ごさなければならなくなる．結果は，やはり閉店に追い込まれる．すなわち，前震という事象の後に次の 3 つのシナリオが考えられる．

1) 防災用品を大量に仕入れ (行動 Y_1)，大地震が来れば経営順調化 (Z_1).
2) 何をしないで放置し (行動 Y_0)，大地震が来れば経営不調 (Z_2).

3) 防災用品を大量に仕入れ (行動 Y_1), 大地震が来ないなら在庫増 (Z_3).

それぞれのシナリオは「地震が増える状況 X からもし行動 Y と事象 E が起これば状況 Z に至る」という形になっていて，事象 E が起きてからシナリオを選ぶ方が安全といえる．したがって，地震が増えたくらいでビジネスの博打を打つというのは，良いチャンスではないという判断もありうる．

しかし，その後，地震予知連絡会から大地震がどうやら来るだろうという知らせがありテレビでも放送されたとする．この事象 W によって，1)～3) のうち 3) はほぼ無視され 1), 2) だけが

1′) 大きな利益が得るためには防災用品の大量仕入れが期待される．

2′) 大きな損失を出すためには何もしないことが期待される．

ということになり，確率値 $p(W, Y_1 \to Z_1)$ と $p(W, Y_0 \to Z_2)$ だけが非零となる．そして，可能性の残った Y_0 と Y_1 の結果は歴然としている．いかに用心深いコンビニエンスストアの主人も，もはや Y_1 を選ぶ他に意思決定の余地はなくなる．こうして，地震予知連絡会の警告はこの主人にとっては地震の増加よりも有益なチャンスをもたらしたのである．このように，チャンスは，シナリオマップにおいてシナリオの分岐点，またはそこから連結する事象に相当する事象となる．シナリオマップをたどるうちに分岐点が次々に現れるならば，チャンスもまた次々と現れることになる．

この例は，非常に不謹慎かも知れない．筆者自身，兵庫県の出身であり，1995 年の兵庫県南部地震で家族が被害を受けた者であるので，読者の憤りは理解しているつもりである．にもかかわらず地震を例とする理由は，非常に大きなリスクであっても，そこにはコンテキストの遷移がありうるゆえにチャンスとリスクは共存するといいたいためである．

ただし，本章に述べたようなシナリオマップは，いずれも仮に世の中を描いたものであり，もし読者がビジネスデータからこのようなシナリオマップが全自動でコンピュータによって描かれることを期待しているのであれば，それは不可能である．なぜなら，実際に世の中で起きる事象や行動を全てデータにとることはできないからである (一般化されたフレーム問題[4])．

地震の頻度が高まってきたという事象 X を記録しているようなデータは地震観測のデータであって，その中にコンビニエンスストアの主人が水を仕入れる

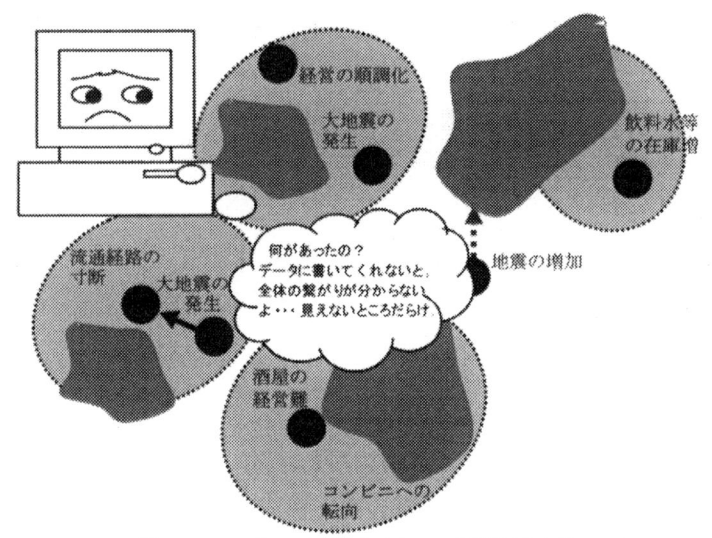

図1.3 コンピュータにシナリオマップが描けるか？

という行動が記録されているということは期待できない．仮に新聞記事のデータを全て集めてシナリオマップにすることができても，ある地域の経済状態が復興したとか水やガスの物資の不足などという広い範囲の人々にとって重要と思われる現象に限られてしまう．

では，どうすれば世の中をうまくシナリオマップの形に表し，その上でチャンスを発見できるだろうか．この問題について，筆者らは独自の研究・実践を通して培った手法を保有しているので，次章以降にその概要を示す．

ところで，図1.2に戻って考え直してみると，先の2), 3)のシナリオはわれわれが危険に感じリスクと呼ぶものにも近いことに気づく．実は，シナリオマップにおいてシナリオの分岐点，またはそこから連結する事象に相当するという意味では，チャンスと，リスク要因は同じものといってよい．ただ，われわれの先入観としてチャンスは利得に，リスクは損失に結びつくという区別をしているだけのことである．リスクマネジメントの分野においては，このように行動のとり方次第では結果が以前よりも良くなるようなリスクを投機的リスクとよび，それに対して行動によらず良い結果にならないリスクを純粋リスクと呼ぶことがある (文献[5])など)．地震は，純粋リスクの典型例として語られること

が多い.しかし,上記に見たような例で考えれば,視点の持ち方次第で地震も投機的リスクの1つということができる.このように,チャンスにもリスクにも,利得と損失という両面が存在する.

　本書では,利得か損失かという違いではなく,一貫してチャンスを定義1′で,リスク要因を定義6で捉えることにより両者を区別する.同じマネジメントという語が出現した場合,チャンスマネジメントでは「運用」,リスクマネジメントでは「管理」に近いニュアンスを汲んでいただきたい.

[チャンスとリスク要因の差異1]
　チャンス発見あるいはチャンスマネジメントでは,可能性のあるさまざまなシナリオから実行する1つだけを選択しなければならない意思決定者の立場に立つ.一方,リスクマネジメントにおいては,あらゆるシナリオを想定することにより,最終的には損失を防御する管理システムの構築を目指す分析・管理者の立場に立つ.

[チャンスとリスク要因の差異2]
　チャンスは,状況より一段メタレベルにあるコンテキストの遷移を動機付ける.一方,リスク要因は必ずしもコンテキスト遷移を伴わない状況遷移を起こさせる原因となる.

1.3　本書の構成

　この視点を基に,本書の構成を概括する.第2章ではチャンス発見をチャンスのマネジメントという包括的な視点から捉える.そこでは,人のチャンスへの気付き,シナリオの価値の理解と選択と通して意思決定,行動へと進み,実際の行動を通じて改めてチャンスへの気付きへと戻るという循環型プロセスを提示する.第3章では,このプロセスを支援するデータ可視化ツールを具体的に,しかし一般の読者に理解できる平易な表現によって紹介する.

　第4章ではリスクマネジメントのプロセスについて,システム的な視点から全貌を述べる.第5章ではその具体的な道具立てについて紹介してゆく.読者には,第2章から第3章に至るチャンス発見プロセスとその道具立て,および第4章から第5章に至るリスクマネジメントのプロセスとその道具立てという

2つの流れを比較し，その共通点と相違点を自問自答しながら読み進めていただきたい．チャンス発見の事例とリスクマネジメントの事例を見て，運用者と管理者という視点の差が感じられるだろうか．また，リスクマネジメントのツールは，チャンス発見にも適用できないだろうか．あるいはその逆はどうだろうか？

次に，第6章では金融工学の視点から事業リスクについて定式化し，その発展として第7章で天候デリバティブの理論と実践例を紹介する．リスクを考慮しながら投資戦略を選択するというのは，リスクマネジメントとチャンスマネジメントの統合を目指す上で参考となる話題である．この実践例と第3章に紹介される天候マーチャンダイジングと比較すると，天候マーチャンダイズの例の方は体系化された手法にはまだ至っていないような印象を読者は受けると思う．いずれもさまざまなシナリオを考慮しながら1つのシナリオを選択する例でありながら，この印象の差を与えるのは，リスク要因は同じコンテキストでハザードが再現する可能性を重視するため，再現性を思想的な基盤とする科学の手法によって確立されてきたことが理由である．一方，コンテキストの遷移は不可逆であることもあるので，チャンスについて再現性を仮定することは危険である．すなわち，二度と起きないかも知れない現在の状況を活かし，行動に結びつけることが本質となる．それゆえ，チャンス発見の研究，手法の開発には，再現性のない主観的判断を発見プロセスの少なくとも一部においては尊重し，批判に耐えても古典的な科学の姿勢そのものを覆す勇気も必要となることがある．

リスクの特定 (risk identification) とマネジメント (risk management) とに関する詳細の解説は本章を執筆する大澤よりも，筑波大学ビジネス科学研究科においてリスクマネジメント，金融工学を専門として教育・研究に携わる徐驊，山田雄二らの編集する4章以降に譲り，本章では本書におけるリスクの概念を伝えることを目的とする．

この全7章を読んでから，読者には本章に立ち戻ってみられることを薦めたい．本章では，チャンスとリスクの関係を示し，続く5章はその前提に立って執筆されたからである．本章において，おおまかにではあるが，なぜ1冊の本にチャンスとリスクという，一見相反する概念を詰め込もうとするのかという

読者の疑問にはお答えできると思う．しかし，続く各章からその詳細を知り，逆に疑問が生まれたという思慮深い読者は，本章に立ち戻り自分の疑問がチャンスとリスクの中でどのように位置付けられるかを理解してほしい．その理解は，自身のビジネスの現場，あるいは研究にとって有益な知見となると考えている．

文　　　献

1) 大澤幸生編著，チャンス発見の情報技術，東京電機大学出版局，2003.
2) 根来龍之，"対話型戦略論：コンテキストの吟味と共創"，産能大学紀要，**19** (2), pp.12-23, 1999.
3) 日本リスク研究学会編，リスク学事典，TBSブリタニカ，2000.
4) 松原仁，"一般化フレーム問題の提唱"，J・マッカーシー，P・J・ヘイズ，松原仁，人工知能になぜ哲学が必要か，哲学書房，pp. 175–245, 1990.
5) 手嶋宣之，上田和勇，天野輝芳，日吉信弘，"企業価値向上をめざすリスクマネジメント－その考え方と事例－"，専修大学商学研究所報，**35**(4), 2004.

2

チャンスマネジメントのプロセス

2.1　チャンス発見の成功事例

2.1.1　事例1：タイヤメーカーA社における冬タイヤ販売の大幅増加

a.　長期気象予測の利用による成功

2004年は空前の異常気象であったため，自然の存在をかつてないほど感じる年になった．連続真夏日記録や日本列島への台風上陸数が平年2.6個に対し過去最高の10個だったなど，記録尽くめであった．この異常気象は天候マーチャンダイジングを変えた．飲料，日配品などの売れ筋が動く一方で，台風の産地被害による野菜の高騰もあって，現場の売上づくりの勝敗がそのまま決算に反映された業界もあった．

もし，異常気象に対して事前に「準備」しておけば，商品を大量発注することで売上の大幅増加，あるいは需要はあるのに商品がなくなるという機会ロス軽減というビジネスチャンスを得たであろう．

A社は，冬タイヤの生産計画の意思決定を行うために，長期気象予測を利用しているが，予報期間が長くなれば基本的に予報精度は悪くなるものである．しかし，生産のリードタイムの関係で生産計画の拠りどころとしては，長期気象予測しかないのが現状である．

本事例は，不確実な情報である長期雪予測を利用して，異常な初雪時期に対して事前に「準備」することで，冬タイヤの販売を大幅に増加させた実例である．

2002年冬は，軒並み観測史上最も早い初雪が観測された地点が続出し，東京では平年値から24日早い，12月9日に初雪を観測した．東京都心では12月とし

ては1991年以来11年ぶりに積雪を観測し,東京西部では平年値0 cmに対して10 cm前後の大雪になった.平年値から大きくはずれた「異常」な年であった.

CRCソリューションズ(以下,CRC)がこの「異常」な長期雪予測を「的中」させ,A社は,この長期雪予測を参考にして,事前に平年の4倍の増産という意思決定を行いチャンスをものにしたのである.

b. 長期気象予測の客観的な精度

本事例において,長期雪予測をどの程度「的中」させたか,客観的な数値で示す.長期雪予測は,夏から12月にかけて2つの指数で示した.初雪時期(上旬・中旬・下旬の旬単位で)と降雪深(月単位のcm)である.

初雪時期については決定木(第3章参照)と呼ばれるデータマイニング技術を用いて,まず過去の気象データから学習させ,次に2002年の夏までのデータを用いて予報するというステップで行った.決定木で,過去の気象データから何段階かの振り分けの後,最終的に12月上旬・中旬などのラベルがつけられている木の葉に到着し,そのラベルに従って判定される(図2.1).この決定木から経験的に初雪時期のルールを学習し,新たな気象データから初雪時期を判定する.

```
気温 <= 17.7
|    湿度 <= 21.6: 10月上旬
|    湿度 > 21.6
|    |    晴天日数 <= 7.8
|    |    |    日照時間 <= 41: 11月下旬
|    |    |    日照時間 > 41: 10月下旬
|    |    晴天日数 > 7.8: 11月上旬
気温 > 17.7
|    晴天日数 <= 7.2
|    |    気温 <= 25.6: 10月中旬
|    |    気温 > 25.6: 10月下旬
|    晴天日数 > 7.2
|    |    曇天日数 <= 7.8: 11月中旬
|    |    曇天日数 > 7.8: 10月下旬
```

図 2.1 決定木の出力図 (1例)

降雪深については確率モデル(多次元正規マルコフ過程の推定理論)を用いて,まず過去50年の気象データから学習させ,次に2002年のデータを用いて予測するというステップで行った(図2.2).

表2.1と表2.2は,初雪予測と降雪深予測の精度を示したものである.21地点予測して,初雪時期を平年並みと予測したのが14地点,平年より早いと予測したのが7地点に対し,予測的中は7地点つまり3割の的中率である.1旬以

2.1 チャンス発見の成功事例

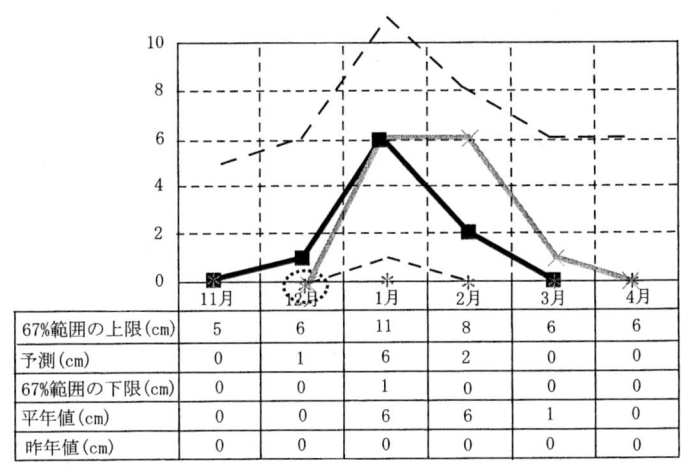

	11月	12月	1月	2月	3月	4月
67%範囲の上限(cm)	5	6	11	8	6	6
予測(cm)	0	1	6	2	0	0
67%範囲の下限(cm)	0	0	1	0	0	0
平年値(cm)	0	0	6	6	1	0
昨年値(cm)	0	0	0	0	0	0

図 2.2　2002年11月時点における東京の降雪深予測

表 2.1　2002年の初雪予測の精度

地点名	予測	平年値	実際	平年比	観測史上
旭川	10月下旬	10月23日	10月29日	6日遅い	
札幌	10月中旬	10月27日	10月30日	3日遅い	
青森	11月上旬	11月7日	11月2日	5日早い	
秋田	11月上旬	11月12日	11月2日	10日早い	
仙台	11月中旬	11月22日	11月9日	23日早い	3番目に早い
山形	11月中旬	11月16日	11月5日	11日早い	
盛岡	11月上旬	11月8日	10月29日	10日早い	
福島	11月下旬	11月24日	11月9日	15日早い	
新潟	11月下旬	11月24日	11月4日	20日早い	最も早い
長野	11月下旬	11月20日	11月4日	16日早い	
金沢	11月下旬	11月27日	11月5日	22日早い	最も早い
宇都宮	12月中旬	12月13日	12月7日	6日早い	
東京	12月下旬	1月2日	12月9日	24日早い	
甲府	12月下旬	12月25日	12月9日	16日早い	
京都	12月上旬	12月14日	11月9日	35日早い	
彦根	12月上旬	12月9日	12月10日	1日遅い	
舞鶴	11月中旬	12月4日	12月10日	6日遅い	
鳥取	11月下旬	12月3日	11月9日	24日早い	2番目に早い
松江	12月上旬	12月1日	12月9日	8日遅い	
岡山	12月中旬	12月16日	12月10日	6日早い	
広島	12月上旬	12月9日	12月10日	1日遅い	

上ずれて予測した地点が9地点もある．降雪深に至っては平年並みまたは平年より少ないと予測していたが，実際は逆センスで平年並みまたは平年より多い傾向であった．

　客観的に予測精度を見ると必ずしも良いとはいえない．気象は複雑系であり，予測期間が長くなれば基本的に予測の不確かさが大きくなる．毎日の気象予測

表 2.2　2002 年 11 月時点における降雪深予測の精度

地点名	予測(cm)	平年値(cm)	昨年値(cm)	実際(cm)	平年比(cm)	予実差(cm)	予測誤差(%)
旭川	168	185	295	218	33	-50	-23%
札幌	87	109	200	112	3	-25	-22%
青森	165	177	280	254	77	-89	-35%
秋田	60	50	42	73	23	-13	-18%
仙台	13	11	21	8	-3	5	63%
山形	46	59	119	54	-5	-8	-15%
盛岡	27	41	55	13	-28	14	108%
福島	15	19	52	33	14	-18	-55%
新潟	32	22	0	55	33	-23	-42%
長野	52	30	61	39	9	13	33%
金沢	19	31	1	41	10	-22	-54%
宇都宮	1	1	0	19	18	-18	-95%
東京	1	0	0	3	3	-2	-67%
甲府	0	2	0	0	-2	0	—
京都	2	3	0	0	-3	2	—
彦根	12	14	0	3	-11	9	300%
舞鶴	13	19	0	6	-13	7	117%
鳥取	13	29	4	40	11	-27	-68%
松江	11	14	1	1	-13	10	1000%
岡山	0	0	0	0	0	0	—
広島	2	2	0	0	-2	2	—

は物理モデルを用いて行っているが，10 日程度以上となると物理モデルで予測することは難しくなる．本事例のように過去の気象データを学習し将来の気象を予測する場合も同様である．決定木は過去のデータの典型的なパターンを学習するものであるから，観測史上最も早いとか 3 番目に早いとか，データにほとんど存在していないパターンを正確に予測することは困難である．12 月 9 日に初雪があった東京の場合でも，平年値より早いと予測しているが，3 週間も早いと予測するには過去の事例が少なすぎる (図 2.3)．東京の降雪深においても，平年値は 0 cm で 1 cm と予測したが，実際はほとんど事例がない 3 cm であった．このように「異常」気象を客観的な尺度で正確に予測することは難しいのである．

c.　長期気象予測に対する深い関心

本事例においてチャンスをものにした要因は，長期気象予測が「的中」したのではなかったか？　という疑問をもたれた読者もいるであろう．

長期雪予測の結果を振り返ると，初雪の予測時期で 21 地点中 7 地点は平年より早く，遅いと予測した地点はないことより全体的には初雪が早いと解釈できた．東京の降雪深においても平年値の 0 cm ではなく 1 cm と予測しており，数値の大小はともかく，月単位の予報であるから時期までは特定できないが 12 月としては 11 年ぶりの積雪を予測したことになる．

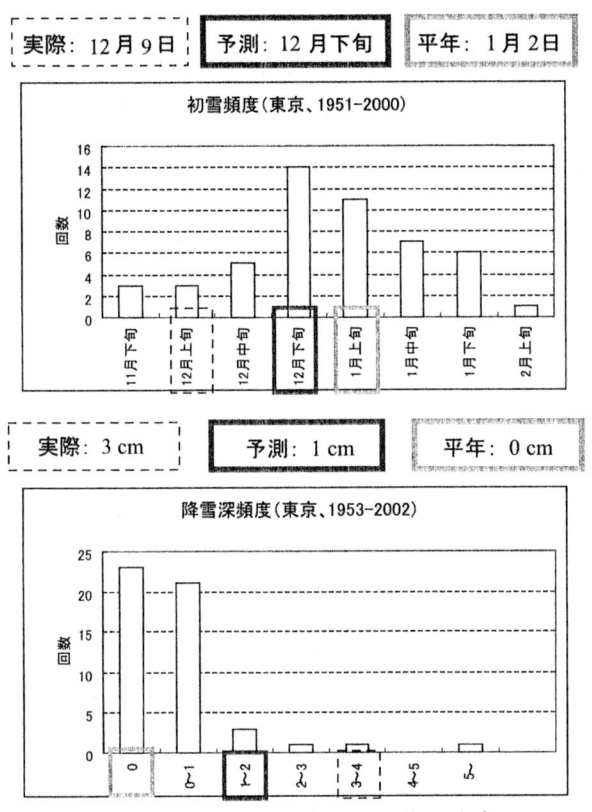

図 2.3 東京の 50 年間の初雪傾向 (上図) と降雪深傾向 (下図)

第 1 回目の予測結果を夏に算出したが，CRC と A 社は，これらの「兆候」に深い関心を持ち，時間の経過とともに実際の現象との監視–修正とのサイクルの中から，最終的な意思決定を行ったのである．長期雪予測の予測精度が客観的に抜群に良いわけではなく，予測結果をデジタルで受け止めたわけでもない．たかが 1 cm されど 1 cm で，不確実な情報をアナログで解釈し関心から確信へつなげ，意思決定をしたことが勝因である．

情報の送り手である CRC では長期気象予測の技術開発を長年行っており，データ収集やハンドリングなどの関心が高く，一方，情報の受け手である A 社では多変量解析による雪の量・時期と販売量との関係を把握しており，これらのツールや長期気象予測を何とかして活用しようという経験に基づく感度や意

識が高かったのである．担当者だけではなく役員から質問が多くあったことから，組織の意識レベルの高さが窺えた．一般的には，大きくはずれた地点の予測を客観的な精度で評価して，「長期予測はなぜこんなにはずれるのか．精度を良くしろ．精度が良くないと使えない」と思考停止するのが普通である．

その中で，10月から11月にかけて北海道や東北地方などで，軒並み観測史上最も早い初雪が観測された地点が続出したことにより，第1回目の予測結果への関心がより深まった．11月上旬の予測結果においても，傾向が踏襲されていたため関心から確信へ変わり，A社における多変量解析の経験による知識と相俟って最終的な意思決定が行われたのである．

d. 率直なコミュニケーションによる信頼強化

CRCとA社間で双方向のコミュニケーションが多くなされたことも成功の要因として挙げたい．まず，長期気象予測の活用方法のレベルを合わせるために，4月にCRCで仮計算を行い長期雪予測の精度や予測誤差を正直に提示した．これにより，予測期間が長くなれば予測の不確かさが大きくなることを定性的・定量的に認識し合った．一方，A社からは多変量解析による知見を提示があり，「何が有用な情報か」という知識を共有した．夏以降，情報共有の場はwebベース(図2.4)であったが，A社では役員が毎日の天気などをチェックしているレベルであり，CRCはA社から度々問いが発せられた際には電話対応や特定トピックスの解説レポートを提示し，情報レベルを揃えていた．これにより時間的な環境変化にも追随し，長期予測に対する関心を両社とも高めることができたのである．

長期気象予測では，地域や時期ならびに定量的に正確に予報することは，現象として困難を極める．その中でこの情報をどのように解釈しどのように意思決定するかが問題である．長期気象予測の価値は，情報の送り手・受け手，そして双方向のコミュニケーションによって決まるといっても過言ではない．

2.1.2 事例2：日東紡績における新製品の増産と商品化率向上

近年では，消費者の興味の移り変わりが非常に速く，各種商品のトレンドの短サイクル化が起こっている[1]．このような変動に富む環境の中で，顧客ニーズを素早く把握することは，より必要性が高い一方で困難な課題となってきて

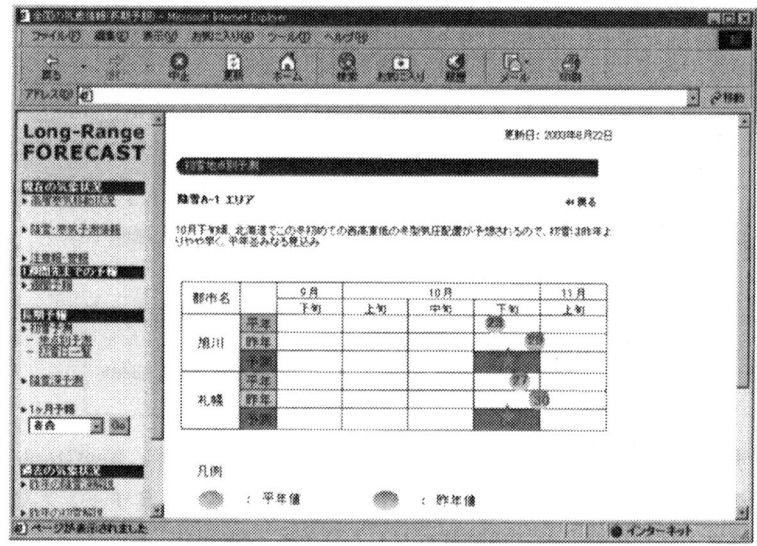

図 2.4 初雪予測の提供画面例

いる．この状況の中で，現在の服飾マーケティングにおける顧客ニーズの把握は，デザイナーや販売員などの「勘」や「感覚」に依存していることが多く，常に的確に把握することは難しい．

そこで日東紡績では計算機を用いた客観的な解析を試みることを考えたわけであるが，服飾購買時の大きな意思決定要因である，生地などの「やわらかさ」や「肌触り」「デザイン」などの人の感性に深く立ち入った部分を計算機で扱う事は，これらの感覚の計測やデータの準備にかかる困難さのため，現在のところ困難である．このように，服飾分野のマーケティングは，計算機を用いた克服が困難なエリアに位置している．

本事例は，データマイニングツールによりシナリオマップを可視化した結果を，マーケティングの成功に結び付けた実例である．チャンス発見を支援する数々のツール (第 3 章参照) の 1 つである KeyGraph (キーグラフ) を同社が独自に改良し，チャンスを活かす戦略への組織構成員の合意形成，意思決定に到るプロセスの中にそのツールを位置付けているところが特徴である．

使用したデータは，服飾生地メーカーの展示会において，約 400 点の生地見本の中から来場者が選んだサンプルオーダーのデータである．このデータの特

徴は，服飾デザイナーや生地商などの服飾エキスパート (生地メーカーにとっては顧客である) が，生産の工程に必要な時間を加味して1年後のトレンドを予測し，購入希望の生地サンプルを要求する点である．

データには，顧客属性別の傾向なども理解する目的で来場者の顧客属性も含めた．属性は，①アパレル企業，②アパレル企業に生地を納入する問屋・商社，③原料メーカーや染色工場などの生地を生産する企業，の3種類である．

表 2.3 生地サンプル要求についてのデータ (抜粋)

A社：	cotton, 4way, HMS, DENIM, 115, 1390, 24, 7, 44, high
A社：	cotton, 1way, HMS, TWILL, 130, 740, 12, 1, 17, low
B社：	cotton, 1way, pima, GABARDINE, 108, 670, 7, 3, 19, middle
B社：	rayon, 4way, MMO, PLAIN, 107, 800, 7, 3, 14, low

まずこのデータを，3章に述べるうち数量化III類，決定木，KeyGraphという3種のデータマイニング手法で解析し，その出力がもたらすチャンス発見の支援効果を比較検討した．比較対象とした以下の3種のデータマイニング手法は，使用できるデータとそれぞれの手法との相性を考慮して選んだものである．

最初の数量化III類[2)]は，顧客が，ある商品を購入したかどうかなど，サン

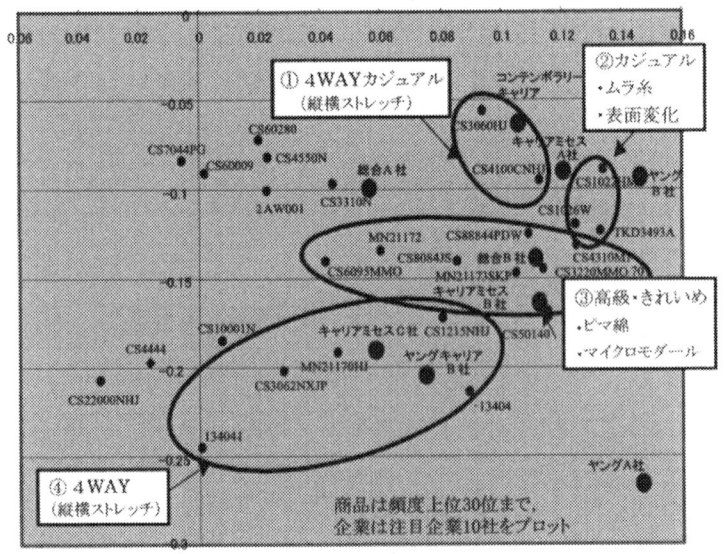

図 2.5 数量化 III 類出力図 (1例)

プル (ここでは各顧客の選択を記した 1 枚の商品リスト) とアイテム (ここでは各商品) 間の関係を可視化する手法である (欧米では数量化 III 類に近いコレスポンデンス分析が普及している[3])．それらの関係において類似性の高いサンプルやアイテムの距離ができるだけ近づくように座標を求めて 2 次元画面に配置し，その配置を見てユーザーが，各サンプルクラスタや縦横 (YX) 軸が何を意味するのかを理解する．数量化 III 類はマーケティングにおいても多く用いられ，各種商品とセグメント別ターゲット顧客との関係を可視化するといった用途に特に多く用いられている．

次の決定木は事例 1 にも用いたが，ここではデータ項目間の関係をツリー構造で表示した．服飾マーケティングにおいては，ある商品と購入者の関係や，販売利益の大きい商品と，各属性の関係などを分析することが多い．ここでは，サンプルを顧客が要求する (ピックアップ) 頻度をクラスとし，高頻度の商品はどのような属性を持つかといった項目間の関係を可視化した．

```
price > 760
|   particularity = HMS: high (3.41)
|   particularity = MMO
|   |   construction = DOUBLECLOTH: high (2.49)
|   particularity = standard
|   |   width(cm) > 113
|   |   |   width(cm) <= 115
|   |   |   |   construction = SATTEN: high (2.49)
```

図 2.6　決定木出力図 (一部抜粋)

KeyGraph は，出現頻度の高い商品アイテムを黒ノードとして表し，同時購買されることの多いアイテムからなるクラスタは共通のコンテキストで購買される「島」を表すと見る．一方，頻度は少ないが，島と島を連結するように複数の島と共起するアイテムを「橋」とみて，島や橋からなる環境のマップを描く．例えば，各顧客が選んだ生地群をバスケットの単位として以下のように 1 行で表して，顧客の数と同じ行数からなるデータとして KeyGraph に与えたところ，図 2.7 を得た．

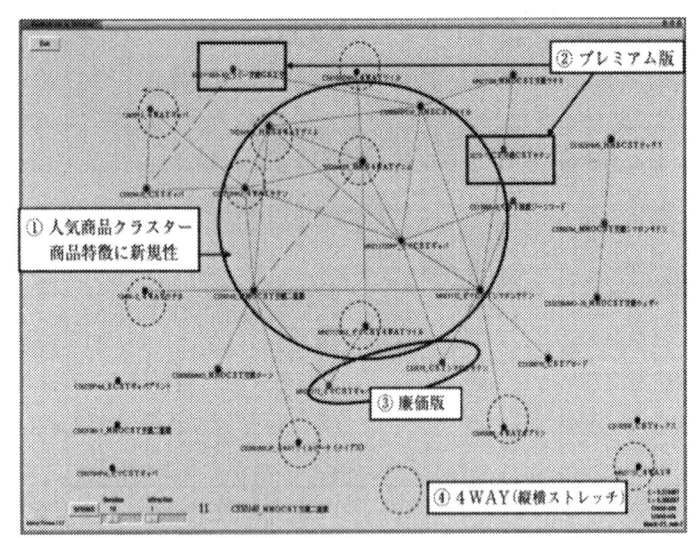

図 2.7 KeyGraph の出力図 (1 例)

品番 A　品番 B　品番 C　品番 D　… ． (ピリオド)
品番 A　品番 C　品番 E　品番 F　… ． (ピリオド)
…
．

　これら 3 つの手法を，日東紡績の 3 名の生地開発者が比較した．各データマイニング手法に同一のデータを使用し，各処理出力を生地開発者が視察することにより，各個人でニーズの発見を試み，文章によって説明し，その後，発見内容のビジネスにおける有用性を被験者自身が評価した．以下に結果を要約する．

a. 数量化 III 類
[発見内容 (抜粋)]
- キャリアミセス (仕事を持つ既婚女性) A 社・B 社，総合アパレル A 社は高級商品群に近接．高級商品群の絞り込みが提案できる．
- ヤング (学生など独身女性) B 社は，カジュアル系と着古し系の表面変化生地を好む傾向があるのではないか．
- 総合 A 社，B 社は，商品全般に近接している．

[被験者による評価]

- 顧客間の位置関係理解,「顧客別の」商品提案に適している.よって,営業担当には非常に使用しやすく有効である.
- 出力図の縦軸,横軸が何を意味するのか理解しにくい.
- 商品開発というよりも顧客への販売という視点での発想がしやすく,前者が必要とする暗黙的ニーズは発見しにくい.

b. 決定木

[発見内容(抜粋)]

- 平均価格よりかなり高い商品群が人気で,顧客は均一化の脱却を考えているのではないか.高級商品群の充実につなげてはどうか.
- サテンや二重織(織り方の種類)に比較的人気があるのは予想通り.
- HMS, MMO, PIMA (素材の種類) など,特徴のある高級商品に人気が集まり,差別化商品の充実戦略は有効に機能している.

[被験者による評価]

- 事実の確認に良いが,新規の発見や意外な発見ではなく,ある程度気づいている情報であり,一般的である.
- 現状の傾向からの展開,継続の判断には適しているようである.
- 個々の商品についての暗黙的なニーズの発見には不向き.

c. KeyGraph

[発見内容(抜粋)]

- 人気商品がクラスタになっている.
- 4WAY (縦横ストレッチ) が全般に分布しており,人気商品の機能として定着した.高級差別化素材の4WAY商品を開発しよう.
- 定番商品と高級商品のリンクが目立つ.定番商品の素材の高級化によるアップグレード商品の開発,高級商品の廉価版の商品開発を行う.また,見せ筋プレミアム商品群と,買い筋値ごろ感商品群を1対として構成する開発をする.

[評価]

- リンク構造として関係を可視化しており,考慮するノードが絞られるので,図に示されていない個人の知識まで想起することも容易である.
- 新商品開発の方針や戦略,コンセプトのような発見が多い.

- 暗黙的ニーズ発見は比較的しやすい．

このように，各手法においてそれぞれ長所短所があることがわかった．

決定木は，事実の再認識には非常に有効であり，仮説やプロモーション効果の判定などに効果がある．しかし，商品の属性についての考察には有効であるが，商品どうしのマーケットにおけるつながりを知り，売り方のシナリオを考えるという用途には適さなかったといえる．

一方，数量化III類とKeyGraphは第1章で述べたようなシナリオマップに近い図を見せるので，チャンス発見の支援に適していた．数量化III類では，個別の顧客に対する商品提案や開発のアイデアに関しては，充分な効果が得られる．しかし，全社的な商品開発にかかわるような，暗黙的な顧客ニーズの発見に対しては，KeyGraphが有効であるとの評価に至った．

出力結果の理解しやすさについては，評価が分かれた．2名はKeyGraphの理解が最も容易であると答えたのに対し，残りの1名にとっては，決定木が最も理解しやすくKeyGraphが最下位であった．考える意欲，発見はしやすいかとの問いには，程度の差はあるがおおむねKeyGraphへの支持が集まった．

KeyGraphが支持された理由は，KeyGraphの特徴であるリンク構造と共起関係視覚化の効果によるところが大きい．N個のノードがある場合，それらの間には$N*(N-1)/2$か所のノード対にリンクが可能となる．さらに，ノードに「黒」と「白」の2種類，リンクには「リンクなし」「実線 (島の中の黒リンク)」「点線 (橋を表す赤いリンク)」と3種類あるので，KeyGraphの表す情報量は$\log 2N + \log 3N(N-1)/2$となる．一方，リンクではなく2次元座標で表現する数量化III類の結果出力では，N個のノードは$2N$個の座標値としてしか表現されないので，リンク構造の情報が大きく失われる．この結果，実際の関係と距離が食い違ったり，ノード間の関係を改めて検討しなければならなくなったのである．

なお，生地開発者らにKeyGraphを紹介した際に，若干の齟齬が生じた．感性を必要とするような情報が，計算機によって導かれることへの抵抗感は非常に強かったのである．そこで，KeyGraphの導入提案者は次のことを社内で説明して回る時間を必要とした．すなわち，チャンス発見において，結果の解釈や考察は，共起関係やサンプル要求の頻度などの客観的情報を除き，そのほと

んどが個人の感性や，経験からなる主観的情報の蓄積を提供し合うことによって導かれるものである．計算機に入力できるデータは有限であり，発見の本質を握る情報が各個人の中にあることを KeyGraph 導入者は深く理解している．それゆえにこそ，企業組織を形成する個人の参画意識が組織のチャンス発見にとって欠かせないのである．こう言って，日東紡績における導入者は数か月をかけて啓蒙を行った．

d. 触視覚補完型 KeyGraph による，暗黙的顧客ニーズの発見

さて，第3章における各種データマイニング手法の評価によれば，KeyGraph のメリットはデータの背景にあることが「想像」できることであった．しかし，さらに欲をいえば，「生地は見て触ってみないと理解できない」とのことであった．生地メーカーとして詳細な暗黙的顧客ニーズの発見を試みる際には，主観的な情報，すなわち，「やわらかさ」や「肌触り」，「色合い」などの計算機に入力しにくい．しかし，従来の KeyGraph の出力図は，計算機に与えることが可能な情報を共起構造グラフにしたものに過ぎなかった．

この点を克服するため，図 2.8 に示すように，KeyGraph の出力上に，実際の生地を対応させて貼り付けるなど配置することにより，データとして入力することが比較的困難な触覚情報や色合いなど視覚情報を補った．これにより，単

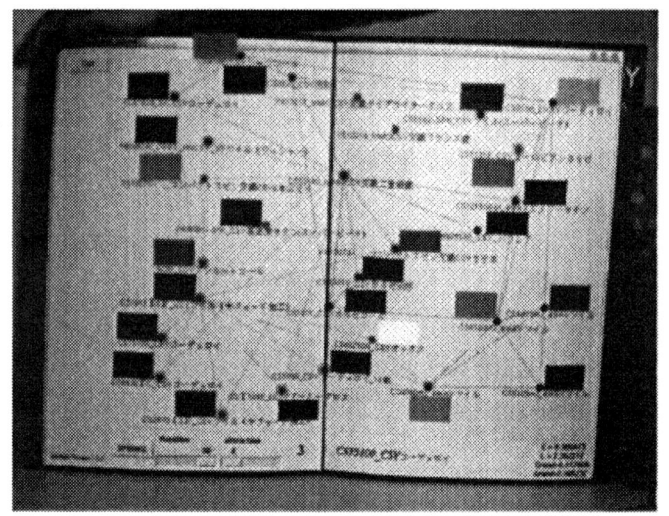

図 2.8 生地サンプルを貼り付けた触視覚型 KeyGraph

なるグラフによる視覚情報ではなく，より情報量の豊かな視覚情報に触覚を加えたグラフ情報を得た．10名程度のマーケティング部門のメンバーがこの図を共有し，皆で見て触りながら，各商品を購入する消費者・顧客の行動のシナリオを提案する会議を行った．

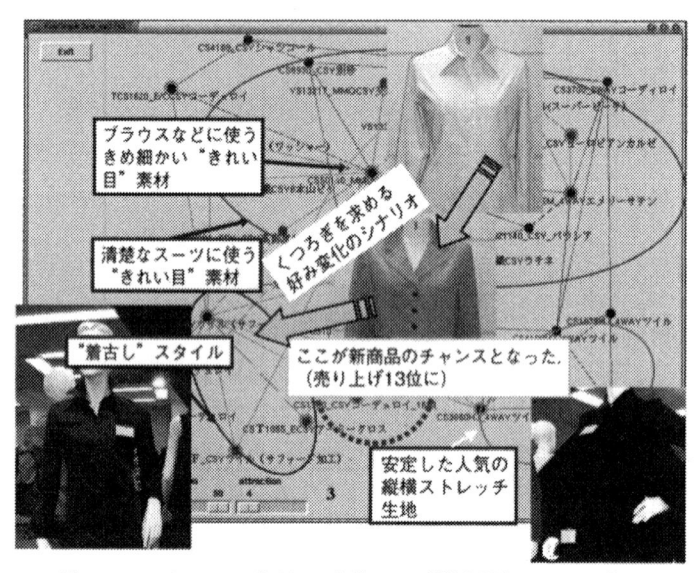

図 2.9 マーケティング部門での会議による新製品販売シナリオの創発

そのうち数名のメンバーは，図 2.9 右上の大きな島について，それが「きれい目」といわれる現在の売れ筋を表していることを指摘した．また，別の数名は，左下のノードを指して，きれい目系と逆の「着古し系」というややカジュアルな服飾に用いられる売れ筋であることに気づいた．

しばらくして，ある経験豊かなメンバーが，きれい目系服飾のエンドユーザは着古し系も着たいという潜在的希望を有していることを，かつて会った顧客らの言動から思い出した．しかし，きれい目系のユーザにとって着古し系を着るというライフスタイルの変更には抵抗感がある．ここまで考えてメンバーたちは，着古し系ときれい目系の間に赤いノードがあって，それがコーデュロイの新製品であることに気づいた．これを使えば，きれい目系ユーザが着古し系も買ってくれるような変化の橋わたしができるのではないか？ そこで，彼ら

はこの新製品の量産を決め，800種類からなる同社生地製品のうちこの製品は13位を達成した．同手法導入以来，同社の新製品の製品化率は向上しているという．

2.2 非定型意思決定におけるチャンス発見

意思決定において重要となる情報が，利用者にとってただちに理解できるほど容易であるとは限らない．むしろ，にわかには理解できないコンテキストの変化を暗示する予兆のような情報や，その変化を制御するための行動を案出することにチャンス発見の意味がある．そのような行動を言葉に表すことによって，他の人にとっても理解可能な「有用な知識」として自分の理解内容を表現できるようになる．これは，新奇な現象の謎を解くことに近く，未知な原因まで掘り下げていくような思考が要求されることもある．

未知要因とチャンスがどういう関係にあるかを知るために，定型意思決定と非定型意思決定という2つの概念を導入する．前者は事務業務のように決められたルールに従うことが要求される人の意思決定であり，後者は，思いも寄らない早い積雪にも対応しようとするような，ルールに従わない意思決定である．

定義8：環境から認知できる情報を知れば，つねに一意に行動が決められるような意思決定を定型的意思決定 (programmable decision) と呼び，それ以外すなわち未知な要素に支配される意思決定を非定型的意思決定 (non-programmable decision) と呼ぶ[4]．

すると，命題1が成立する．

命題1：人による認知・非認知が時間的に変化する事象Eがチャンスとなるのは，非定型意思決定を行う場合に限られる．

略証 人が事象Eを認知していない時刻$T1$と，その後でEを認知している時刻$T2$を考える．このとき，定義$1'$の条件2により時刻$T1$においてはその後における可能性のある行動を含むシナリオを複数とおり認識できないので選択することができない．時刻$T2$においては同定義の条件1により区別できる

ため，時刻 $T2$ の将来において可能なコンテキスト遷移による利得を比較することが可能であればそのうち最善のものを選択することができる．ところが，事象 E が到来するのは $T2$ の前であるから，これ (生起した状況) がチャンスの定義を満たすとすれば，その時点で全ての情報を得たとしてもシナリオを選択することができない．定義 8 より，これは非定型意思決定を行う場合である．

昨今，非定型的意思決定システムを考えなくてはならないことが多くなった．例えば従来，企業でマーケティングを行うという場合に，データマイニングツールを用いて顧客を分類したり，商品と商品の関連を見出したりするということは数多くなされてきた．例えば，次のような作業がその場の必要に応じ組み合わせて実施されることは，ビジネスの経験のない人も容易に想像されよう．

- アンケート調査による意識調査：選択式あるいは記述式の質問を一定個数与え，これら質問への回答と回答の間の相関を計算する意識調査．
- 顧客属性情報を有限項目について登録してもらい，属性と消費行動の相関を見る POS (店舗データ) 解析．あるいは，さまざまな条件 (気温や価格など，通常は所与の変数) において同時に購入する商品のセットから消費者の関心を捉える関連性の分析．

しかしこれらだけでは，ヒトの行動要因は有限数の項目を知ればほぼ理解できるという近似から抜け出すことができないことになる．本当にそれで消費者を思い通りに動かせるのであれば商売は定型的意思決定だということになる．ところが，人の行動特性はコンテキストに応じて変化する動的なものである．想定していなかったような社会現象が環境の条件に加わって消費者の行動に影響するため，その社会現象についてどう感じるかという質問を加えなければアンケート調査も意味がなくなってしまうこともある．ひいては，言葉になって現れにくかった消費者の潜在的な嗜好が，社会現象に刺激され，新しい種類の商品をヒットさせる原因となることもある．

うまく創られたテレビのコマーシャルは，画面上にそのような社会現象を作り出す．これが消費者の潜在的嗜好を刺激する場合に，購買欲を高めることができる．この場合は，もともと消費者たちのおかれていた状況が定義 1' における X であり，そこに潜在的嗜好はあるものの，消費者の言葉や行動としては出現していなかった．良いコマーシャル $Y1$ はこれまでと異なるコンテキストで

消費者の心を捉えるが，出来の悪いコマーシャル $Y2$ は逆に消費者に気持ち悪さを植え付け，望ましくないコンテキストに変えてしまう．

　この場合，本当に $Y1$ と $Y2$ のどちらがより強く消費者の心を捉えるかを理解するためには，X における消費者の潜在的な欲求と2つのコマーシャルの関係，そしてその後の消費者の心的なコンテキストの変化を理解する必要がある．ところが，世界中に蓄積されてきたビジネスデータは，それぞれが消費者の行動を部分的に捉えるものになっていて，消費者を満足させるためのビジネス側の行動まで同じデータに並存していることはほとんど皆無である．

　すなわち，チャンスを発見し，これを実際の意思決定に役立てるためには，チャンスの背景にある見えていない因果関係を理解することが必要となる．現在，チャンス発見を支援する技術の基本は，次の2点から構成されている．

(1) さまざまな事象の間の時系列的なつながりを可視化すること．この可視化において，同時に起きる事象の集合を状況と見なし，状況のひとかたまりのつながりをコンテキストを共有するものと見なすことのできるようにする．

(2) (1) で可視化されたものをシナリオマップと見なし，そこからさまざまなシナリオを創造，あるいは発見して言葉に表すことが簡単にできるような思考あるいは議論の環境を意思決定者に与える．

　(1) で見る世界はわれわれを取り巻く世界のうち，データとして把握できるものが基になる．一方，(2) が扱う範囲はそのうち現実にわれわれが把握し，理解し，可能なら制御しようと考える広大な実世界である．(2) は，(1) に描き出されなかった背景の因果関係も把握しようとする拡張的思考の局面であり，そのためには視察者が実環境を直接観察するなどにより情報を補う必要がある．

　特に (1) のためには，いくつかのデータマイニングの手法が道具立てとして有用となる．チャンス発見にとって有用な現存ツールと，その課題については次の章で述べる．この節ではそのようなデータマイニングツールが入手でき，データから必要な事象間の関係からシナリオマップが可視化もできるという前提で (2) の，チャンス発見環境のデザインを考える．

2.3　環境との相互作用による目的探索

　前節の (2) を (1) より先に検討することは，本書に技術書であることを期待する読者にとっては想定外かも知れない．しかし，統計的な解析手法やデータマイニング技術そのものから解説すると，ツールの利用目的をはっきり述べることのできる読者以外はせっかくの技術を用いることができなくなる．例えば，自分の持つ仮説をデータから検証するためだけに統計手法を用いてきた人は，統計解析ツールについてさらに知っても，ある仮説を検証するという強い目的に縛られないとやはりツールを活かすことができない．あるいは，データマイニングツールがデータ中の特徴的なパターンを列挙してくれると知っても，そこから興味に合うものを選択するためにはユーザが探索の指針を持つ必要がある．普通の読者であれば，強い目的意識がなければ探索の指針を持つのは難しいと感じるであろう．

　しかし，実際には，急いで目的を明確にする必要はない．それほど明確な目的ならば行動すべきことも決まっており，データを解析して考える必要などないはずである．むしろ，何のためにデータを可視化するかという目的そのものを長時間かけて精緻化することも，死活を決するビジネスのためには大切なステップである．

　その理由は，すでにここまで読んでいる読者がビジネスにおいてチャンスを発見することが重要だという点を理解しているなら明らかであろう．すなわち，変化に富む環境でビジネスを成功させるためには非定型意思決定が必要であり，そこにおいてこそチャンス発見が必要である．そして，非定型意思決定のためには先に述べたとおり未知なる背景の因果関係まで理解することが重要となる．この未知な情報についてはデータに含まれていないから，人は何らかのヒントによって広大な未知な環境の一部に関心を向け，観察することによって新たなデータを入手する必要があるのである．言い換えれば，行動の目的を人が事前に完備しておくことは不可能である場合に，目的というほどには具体化していていない抽象的な「関心」を，環境との相互作用によって深めることが必要となる．砂浜で貝を拾う子供が，長い間かけて次第に欲しい形の貝を決めていく

のと同じで，目的は環境と人の相互作用の中で生まれてくることがある．

さらにいえば，意思決定者がある事象をチャンスとして受け入れることができるかどうかも，その人がチャンスに関心を持っているかどうかに依存する．英語の言い回しでは，これを "A chance favors a prepare mind"（「チャンスは準備された心を好む」．パスツールによる）という．これはチャンス発見を行うための初期状態として，人が長い時間をかけて実環境との相互作用から培ったチャンスへの関心が存在しなければならないことを示している．

2.1.1 項の事例 1 においては，A 社はチャンスへの関心が，役員が毎日天気概況を見ているレベルであった．その結果，彼らは CRC ソリューション側の出す結果の本質を円滑に吸収することができた．そして，例年になく早い積雪が眼前に控えているというときにその前後のシナリオを早急に理解してその価値を把握するという，スピードのある判断に結び付いたのである．また，事例 2 においては社内の啓蒙活動として，計算機ではなく個人の関心の重要性を明確に説明し続けたのである．

2.4　二重螺旋モデル—関心を深めるチャンス発見プロセス

この節では，ここまでの議論を踏まえてチャンス発見のプロセスを解説する．

人の関心などというものは，コンピュータとは無関係に見えるかも知れない．コンピュータが何を計算しようと，人の関心が簡単に変わるものではないからである．しかし，コンピュータがその計算結果をうまく可視化して見せればどうだろうか．マーケットデータからシナリオマップを作成して見せれば，ある程度仕事熱心なビジネスマンならその地図から未来のビジネスシナリオを見出し，自分自身の発見したことに強い関心を持って行動を起こすかも知れない．この考えが，チャンス発見プロセスにおいて人のチャンスに対する関心を深めてゆく手法の基礎である．このプロセスの基本は，以下のようにチャンスへの関心を深めていくというものである．

[チャンス発見の二重螺旋プロセス]
(1) 人が自分自身の曖昧模糊とした関心に従って，環境の中で気になる事象について観察する．あるいは，観察するシステムを作る．

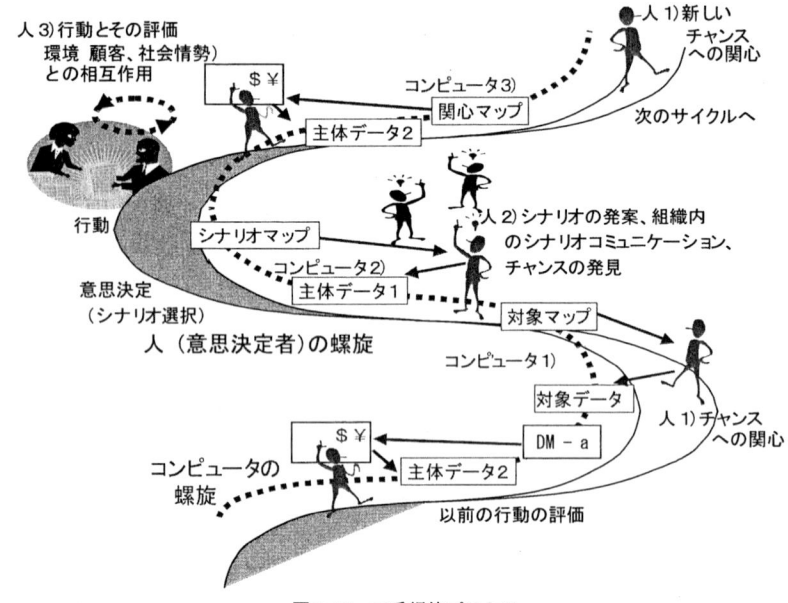

図 2.10 二重螺旋プロセス

(2) 観察した結果をデータとしてシナリオマップとして可視化する．
(3) シナリオマップの中から可能性のある未来のシナリオを意思決定者 (あるいはそのグループ) が見出し，そのときの思考内容を記録しておく．
(4) 記録された思考内容 (主体データと呼ぶ) を可視化し，これを (2) よりも精緻化されたシナリオマップとして意思決定者自身が視察する．
(5) 見出される妥当なシナリオを選択して意思決定に至り，選択したシナリオに基づいた行動の中から，新しい関心を見出して (1) に戻る．

この節では，この「二重螺旋」と呼ぶ筆者ら独自の考案によるプロセスについて解説する．このプロセス自体がビジネスの成功をもたらしてきたチャンス発見手法であるが，二重螺旋はさらに「服属 (subsumption) アーキテクチャ」なる仕組みを持つツールの開発にも貢献することとなった．そのようなツールの 1 つ Polaris などについても解説する．

まず，二重螺旋プロセスの意義について，上記のステップ (1) から順に，2.1

節の事例と対比しながら述べる．ただし，(3) と (4) はこれらの事例においてはあらわな形では実行されていない．会議そのものによって参加者は，自分の意見の意義を他の参加者のコメントを付けて客観的に自覚することができ，さらにホワイトボード等に参加者の意見が書き出される会議の進め方によって自分の考えを見直すことができた．このため，主体データを蓄積する必要がなかったのである．しかし，意思決定に対する直接・間接の参加者が多くなったり会議時間が長くなる場合には主体データの蓄積・解析は欠かせなくなる．

2.4.1 関心に合う対象データの収集

チャンス発見のプロセスは，人の曖昧模糊とした関心から始まる．例えば，「このデータに消費者の本音が隠れているように思う」と思われるような POS データを選んだり，「このコマーシャルについての感想を消費者に尋ねたら商品の改善策が見えるのではないか」というような関心を持ってアンケート調査を行う．後でデータを解析してチャンスらしきものが示されても，そのデータのどこにも関心を持たない人はチャンスに気づくことができないからである．

2.1 節の事例 1 でいえば，気象予報士である解析者 (CRC ソリューションズの福田) が選んだのは最近 50 年間の気象データのうち，各年の春から夏までの気象条件とその年の冬の積雪との関係であった．素人であれば，冬に近い秋の気象条件と冬の積雪との関係を見ようとしたかも知れない．それを，気象データを長年扱った経験から春から夏の気象条件を対象データに含めたのは，経験から曖昧な関心を得てデータ収集に反映させた例といえる．ただし，この段階では CRC ソリューション側と A 社側のチャンスへの関心は別々に高いレベルにあったものであり，互いの関心が交わってチャンス発見に至るのは後の話である．事例 2 の日東紡績の場合は，実購買とは異なる展示会でのピックアップデータであるものの，生地の専門家である顧客の鋭い感覚を反映したデータに，やはり専門家である日東紡績のスタッフの関心が集まったのである．

2.4.2 シナリオマップの作成

コンピュータは，対象データを解析，可視化してシナリオマップをユーザ (意思決定者あるいはそのグループ) に見せる．第 1 章の図 1.2 のように，このシナ

リオマップは以下の内容を含むものであることが望ましい．

要素 1)　さまざまな事象と，意思決定者側の行動を表すノード．
要素 2)　事象の集まりからなる状況，コンテキストを表すクラスタ．
要素 3)　事象，行動，コンテキストの間の関係を可視化するリンク．

ただし，要素 1)～3) の全てを正しく表示するツールを構築するのはきわめて困難である．その理由は，チャンスがまれにしか生起しないことが多く，チャンスの後にどのような行動がとられ，その結果どのようなシナリオが生まれるかという情報まで過去のデータの中で網羅できないからである．この結果，図 1.2 が現実であるような場合も図 2.11 のようにチャンスが希少事象のノードへと縮退して現れたり，表示されなくなる点には注意が必要となる．

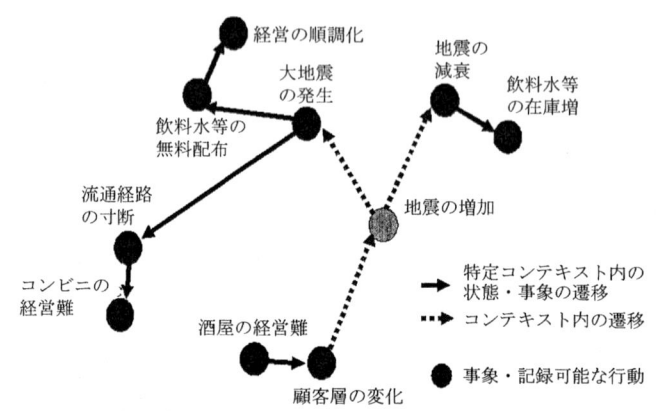

図 2.11　コンピュータによるシナリオマップは，現実世界の縮図となる
この図で，黒いノードはデータとしての確信度が高く，黒いリンクは黒いノード間の高頻度の共起を表す．したがって，黒いクラスタはひとまとまりのコンテキストのもとでのエピソードである．灰色ノードと点線はそれぞれデータ中の確信度が低い事象と，その事象と各コンテキスト (黒いクラスタ) の共起関係を表す．ここでの確信度とは「確かに起きた」という曖昧な意味だが，後述のKeyGraph ではデータ中の頻度で数値化している．

具体的には現有の各ツールがどのような可視化を行うかは第 3 章に述べるが，それらはむしろこのチャンスの縮退表示を利用したものとなる．

1 つの練習問題として，朝食データを題材にした KeyGraph (次章参照) の結果を示そう．NTT データが 1999 年当時関東一円の家庭から収集した食事における消費データから朝食だけを抜き出し，次の形式のデータに変換し，次章に示す KeyGraph のアルゴリズムによって図 2.12 のように可視化した．

Aさんの家族のある日の朝食：パン，野菜サラダ，ヨーグルト．
　　Bさんの家族のある日の朝食：味噌汁，納豆，ご飯．
　　Cさんの家族のある日の朝食：味噌汁，焼き魚，ご飯．
　　　　　　　⋮

この図の見方は図 2.11 と同様で，左半分に和食系の朝食のメニューのクラスタができ，右半分に洋食系のメニューのクラスタが可視化されている．そして，さらに洋食クラスタだけを見ると，ヨーグルトや野菜サラダからなる普通の食事のクラスタと，これとほぼ独立な菓子パンだけからなるクラスタがあって，その間にビタミン補助食品なるアイテムが出現している．

　2.1.2 項の事例 2 における日東紡績の例では，この KeyGraph に本物の生地を貼り込むことによってユーザが視覚と触覚から簡単にシナリオを読み取ることができた．事例 1 の場合は KeyGraph ではなく決定木によって天候という環境状態を可視化しているが，可視化ツールとして何を用いるかはその環境の特性によって適応的に選択するのが望ましい．KeyGraph は図 2.11 のようなマップを上から見たものであり，決定木は，環境全体にとっての各変数の重要度の順に上からならべて全体を横から見たものに当たる．

2.4.3　シナリオの解釈とそこにおけるチャンスの評価

　ユーザは (2) で表示されたシナリオマップのうち，関心に該当する部分から順に焦点を当て，可能性のあるシナリオについて口述あるいは記述する．可能であれば，適度に分散した経験を持つ対象世界の専門家を集め，自分の考えたシナリオを言い合うことが望ましい．

　具体的には，次のような手順でこのステップを実行するのが理想的である．なお，手順 4 の執行者だけを意思決定者と呼ぶことがあるが，本書では会議の参加者全員を意思決定者と呼ぶ．個々の参加者の参加意識が重要だからである．

1. ウォームアップ：対象世界でのシナリオを，気の向くままに言い合うような会話を行う．未来のシナリオを述べるのは人によっては抵抗があるので，どの人もシナリオを遠慮せずに言う状態におくことは重要となる．
2. シナリオマップ上での参加者個別のシナリオ記述：話し合う前の準備とし

て，各自が，シナリオマップ上で注目した個所に線を引くなどアノテーションを付け，考えたシナリオを図下の吹き出しに書き出す．
3. シナリオマップ上のシナリオ交配：参加者が共通に触れ，書き込むことのできるシナリオマップ上で各参加者が，自分の考えたシナリオを報告する．参加者同士で互いのシナリオと自分のシナリオの共通点や相違点を述べ合うことにより，シナリオとシナリオがその交点であるチャンスを橋としてつながり新しいシナリオが生まれるまで話し合う．
4. シナリオの評価と選択：議長を中心として，新しく生まれたシナリオが利益に結び付く度合いを評価し，期待される利益の高いシナリオを選択する．議長が最終的に選ぶシナリオを決め，実行案として執行者に提案する．

例えば，図 2.12 を基に，7 名の主婦が集まった会議を行った．この際，司会は最初に「今日の朝ご飯は何でしたか？」と参加者らに尋ねて自由に答えてもらい，1. のウォームアップを行う．そして漫画完成法に近いインタフェースで，それぞれに配られた図 2.12 のような紙に思いつくシナリオを簡単な言葉で書き

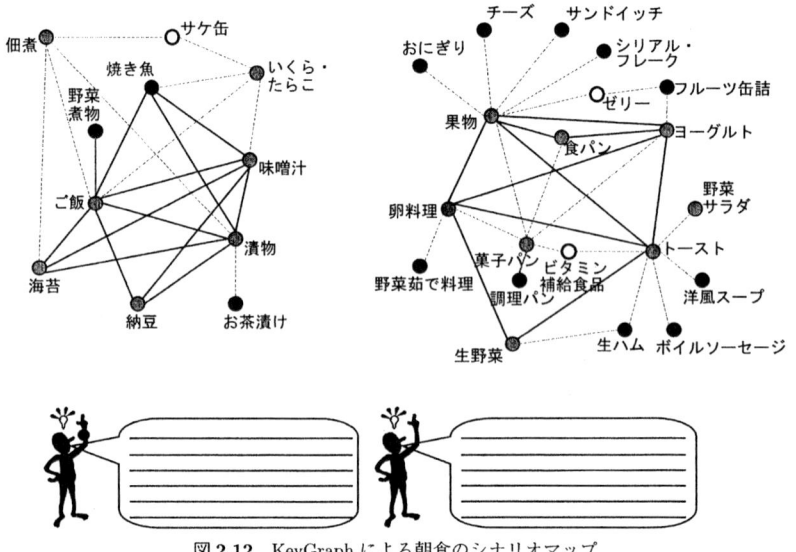

図 2.12 KeyGraph による朝食のシナリオマップ
黒ノードのうち，多くの点線すなわち橋リンクに接するものは灰色で表した．下部の吹き出しは，後述の漫画完成法のためのもの．

込んでもらい，場合によっては図のどこに注目したかを示す補助線を引いてもらうのが2.の個別のシナリオ記述である．次いで，どのようなシナリオを考えたか各自に話してもらい，議論に入る．この際も個々の参加者は自分の紙に補助線やシナリオの書き込みを続ける．図2.13はその議論を経て最終的に，ある主婦の手元に残ったシナリオマップの状態である．

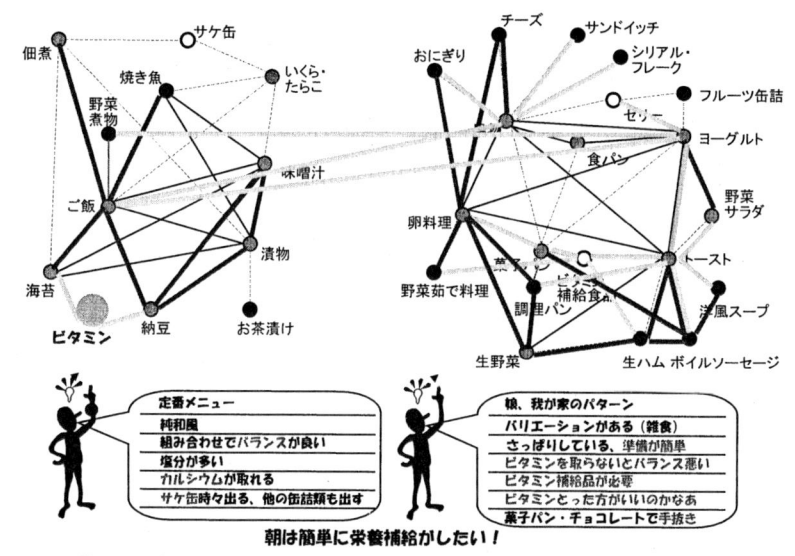

図2.13 ある主婦が議論の間，補助線とシナリオを書き込んだシナリオマップ

この例はあくまで実験であるので司会者はどのシナリオを実行するかという判断は行っていない．しかし，ビタミン補助食品を「忙しく食欲も進まない朝に家族に栄養をとらせる」ための朝食の必須アイテムと捉えたのは，ビタミン補助食品が今日の流行を迎えていなかった当時としては興味深い結果である．

このビタミン補助食品に参加者が最終的に注目した理由は，菓子パンだけを食べて出かける女子中学生を持つ主婦のコンテキストと，洋食の朝食を出してもトーストだけ齧って職場に急ぐ亭主を持つ主婦のコンテキストが，ビタミン補助食品という橋によって交流し朝の情景にふさわしいシナリオが生まれたからである．その結果，図2.13の主婦は，もともとビタミン補助食品など含まなかった和食系のクラスタにも同食品を追加することになった (図2.12と図2.13を比較されたい)．その後サプリメント業界の成長は目覚ましく，現在では朝食

前後のサプリメントはダイエットや健康管理に定着した需要を獲得している．

さて，このプロセスを実行する際に，発見されるチャンスや生まれるシナリオの良さというものを定義しておくと，今後のチャンス発見プロセスを改良してゆくための指標にすることができる．しかし，データマイニング等における知識の定性的評価に用いられてきた評価指標は必ずしもチャンス発見には適さない．例えば，「Aという事象が生起すれば，Bという事象も起きる」という相関ルールRについて，次のような指標はチャンスの評価としては不適切となる．

1) 支持度：事象Aまたは事象Bの生起する確率．しかし，チャンスはまれであることが多いため，事象AかBの生起確率が大きなルールを支持するという戦略はふさわしくない．ルールRをシナリオとみなす場合，チャンス発見で求めるシナリオでは事象A，事象Bはいずれも稀であるかも知れない．

2) 確信度：事象Aが生起する場合に，事象Bも生起する確率．しかし，事象AとBが強い条件付き確率で結ばれているということは，第1章における1つのコンテキストに相当するクラスタの一部における関係だけに該当する．チャンス発見ではむしろ，クラスタ間の弱い関係を重視する必要がある．

そこで，会議によるチャンス発見においては，発見プロセスにおいて見出される個々のチャンスを評価する新指標を導入してきた．その中で次のPUG指標は，比較的広く利用されている指標である．

- P：シナリオの提案可能性 (シナリオが実際に提案できること)．
- U：気付かれにくさ (ある事象に新奇性がなくても，意思決定主体にとっての意味がまだ気づかれていないならこれを満たす)．
- G：成長性 (Pの提案が採択され実行されるようなチャンスであること)．

である．これらの定義を数値的に表す方法はその場に応じて異なるので各文献に譲る[5, 6]．図2.13の例でいえば，各ノードが示す食品アイテムXにつき，PはXを含むいくつのシナリオが会議中に提示されたかを意味する．Uは，Xを含むシナリオを最初の10分間で何人の人が提示したか．そしてGは，Xを含むシナリオの価値を認める人が議論の結果何倍に増えたかによって数値化できる．

別の言い方をすれば，PUG指標はチャンスを利用することについての合意

形成プロセスの効力を評価するものである．チャンスが生起している場合の未来にはそれぞれが低確率の複数の可能性があるので，その1つを実現しようという提案は通りにくい傾向にある．チャンスについて報告を受けた場合，一般に，自分が考えても見なかった新奇な情報であるほど，すぐに理解し受け入れることは非常に難しい[7]．これは，新奇な情報がその人固有の信念や蓄積してきた知識と不協和[8]を生む結果とも考えられる．特にチャンスそのものが希少である場合は，さらにこの組織内の不協和は強くなる．これを乗り越えてシナリオの交配を行い合意形成に至るためには各自が互いのシナリオの交点を認知する必要があり，そのためには互いのシナリオの共通点と差異を認め合えるような信頼感とチャンスに対する意識の高さの一致が前提になければならない．1.のウォームアップはこのうち後者の，意識の高さを一様に高めるのに役立つが，信頼感はプロセスの大前提として不可欠となる．

2.1.1項の事例1においては，A社側がCRCソリューション側に，客の行動と関連する気象についての問いかけを出している．この問いかけを通して気象解析者とマーケティング専門家の視点の高さが揃った．また，日東紡績の事例2においては，会議において，通常では気づかれないようなチャンスも見失わず($個々のチャンスについて$ Uの値を高める)，そのシナリオを基にシナリオが積極的に提案され(個々のチャンスについてPの値を高める)ようにするためにまず，システムの導入提案者が社内で啓蒙活動を行ったわけである．そして，Gを高めるために，議論の参加者がそれぞれ異なる経験を持ちながら互いのシナリオに興味を持って評価し合うような環境を保持するようにした．このように，PUG指標はチャンスの善し悪しそのものを単独に評価するのではなく，チャンスとそれを発見する人々の相互作用についての評価指標であるということは重要である．

2.4.4 記録された思考内容の可視化

先のステップで意思決定者らが書いたり話したりした内容は，(1)で収集し(2)で可視化したデータよりも詳細に，意思決定者にとって有益な情報を含んでいることがある．そこには，客観的なデータであるが表層的な観察データでしかない(1)のデータに比べ，主観的な想像の産物かも知れないが潜在的な要

因についての記述あるいは口述の内容が含まれるからである．例えば，図2.13に至るまでの朝食データについての会話は以下のようなものであった．

[ビタミン補助食品 (サプリメント) についての会話]
- 朝は忙しいよ．
- 朝は忙しいから，料理はしたくないのよね．
- 料理したくないといっても，食事を食べさせないわけにはいかないでしょ．
- だから，洋風の朝食は簡単だから和風のよりはいいんです．
- 洋風といっても，作ったって主人はトーストしか食べないんだもん．
- 朝，食欲なかなか出ないのよね．でも栄養はとってもらわないと．
- うちの娘なんか，菓子パンだけよ．チョコレートだけとか．
- 菓子パンだけじゃ，栄養が足りないんじゃない？　部活とか朝の練習はないの？　体，大丈夫？
- ちょっと足りないよね．そういう意味では，ビタミン補助食品とか，サプリメントは結構いいかもね．
- サプリメント，料理しなくていいもんね (笑)．
- そう，それでも栄養はあるから，ビタミンとかサプリメント．
- あ，私の主人にもサプリメントいいかも．トーストだけはビタミン不足ね．
- ちゃんと食事作って，サラダとかヨーグルトとか作ってもだめ？
- サラダとかヨーグルトって，男の人の味覚にあんまり合わないみたいね．
- 二日酔いで食べられないんじゃないの？
- 朝，食欲はないみたいね．

このように，会話というものは支離滅裂に見えるが，その中には娘がクラブ活動で朝から練習をするとか，亭主はあまりしっかり食事をとろうとしていないことが多いなどという実生活の情景が入ってくる．このように実際のシナリオを交換し合うコミュニケーションを，シナリオコミュニケーションと呼ぶ．これらは，客観的な事実の描写であるシナリオマップを見ながら，かつ自分の意見に対する会話相手の評価をある程度気にしながら話されるので，最低限の信憑性を保持しながら，もとのデータになかった情報まで発散的に話題が波及したものである．これは意思決定主体の心の中に生まれたデータであることから，対象世界からの「対象データ」に対して「主体データ」と呼んでいる．

この主体データである主婦らの会話を，KeyGraph によって可視化すると図 2.14 を得る．朝の練習に行くのに食欲の出ない女子中学生と，忙しい亭主の両方に不足しがちなビタミンをいかにして補おうかと考える甲斐甲斐しい主婦の姿．しかし，その前提として実は朝食を作るのが面倒だと思う主婦の気持ちが，いっせいにビタミンサプリメントというアイテムによって解消されている様子がわかる．この図を，会話に参加した本人たちが見ることによって，会話の勢いに押されて忘れかけていたビタミンサプリメントの新しい価値を再認識できる．

この例はそれまで誰も意識していなかった (unnoticable) サプリメントについての提言 (proposal) に対し，他の参加者たちが共感しそれが朝食を作るための知識となって広まっていく (grow) 様子がわかる．

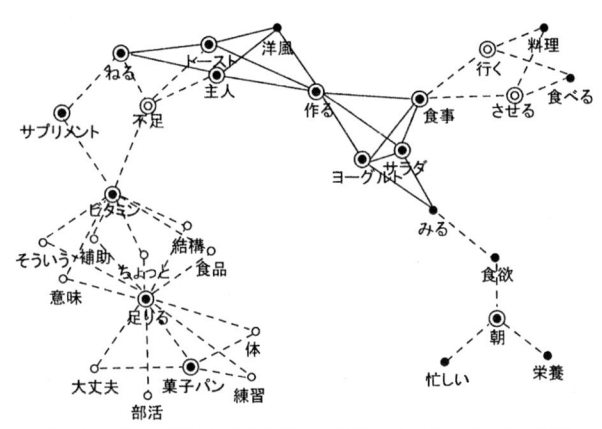

図 2.14　朝食の例に対する主体データに対する KeyGraph の結果

日東紡績の例では，このように会議参加者の話した内容をテキストに起こして可視化するということは行っていない．彼らに限らず多くの実践例では，ホワイトボードに各自の提案したシナリオを書き，常時参加者がそれを見ながら議論できるようにしただけである (先述)．可視化して比較的少数のシナリオを交配させるという目的だけであればこれで足りる．しかし，業界によっては，あるいは議論の形態や参加者によっては，膨大な数のシナリオが次々と会話に現れてホワイトボードに書き込める状態ではなくなる．その意味で，会話テキスト情報の可視化ツールは主体データを理解する上で有用となることが多い．

(1) から (4) までのプロセスで選ばれたシナリオはグループのメンバーが同意できる程度に妥当でなければ，組織において実効を許されることができない．シナリオコミュニケーションが複雑であるならば，全体をできるだけ忠実に可視化する手法を選ぶことを心がけるべきである．

2.4.5 意思決定を行動に移し，新たな関心の獲得へ

関心は，環境の複雑さに応じて，必要なだけ具体化されなくてはならない．その具体化は，選択したシナリオを現場で実際に行動に移すか，あるいは，シュミレーション手法を駆使して現場においてシナリオを適用した結果をリアルに再現することによって可能となる．この作業によって，自分の持っているシナリオの善し悪しを現場において検証したり，直前までのシナリオコミュニケーションでは想像で補っていた未知原因の有無を確かめる．このような作業の結果，シナリオに対する反省や，シナリオコミュニケーションにおける想像が見当違いだったことに対する反省が起き，そこに新しい関心を得ることができる．言い換えれば，環境との相互作用が関心を深めるのである．

朝食データの例は実験に過ぎないが，A 社の場合は例年の 4 倍という例外的な増産に踏み切り，日東紡績の場合は得られたシナリオに従って実際に生地製品を増産するなどのビジネスアクションを起こした．いずれも成功に帰したので彼らの新たな関心は「来年に向けてのシナリオの精緻化」であればよかったかも知れない．しかし，もし失敗していたら，採択したシナリオのリスク要因を徹底的に分析し，失敗の原因を明らかにしなければならない．そのためには，例えば「この新商品と，従来の商品を比較して，どちらを選ぶか．それはなぜか？」と消費者に質問をしてゆく評価グリッド法[9]などが有力な手段となろう．一般的なリスクマネジメントの手法は，第 4 章以降に譲る．

2.5　なぜ，二重螺旋プロセスなのか

チャンス発見の二重螺旋プロセスの特徴は，次の各状態からなる発見者の心的コンテキストの遷移が主役を果たしている点にある．

- **関心**：遭遇した事象 (あるいは状況・以下略) について，自分の意思決定に

とっての意義を新たに理解したいと感じる状態.すでに実行あるいは模擬を行った行動をさらに改善するため,環境についてこれまでよりも深い理解を得ようとする.リスクの場合もリスク感性に関する議論[10]はされてきたが,チャンスについてこれに相当するのが関心である.
- **理解**:ある事象がもたらしうる未来のシナリオを理解した状態.
- **発案**:ある事象をチャンスとして利用する行動とその結果からなるシナリオを発案し,場合によりグループの他者に提案する.
- **行動または模擬**:実際または仮想的に(シミュレーションで)行動をとる.
- **評価と選択**:実行または模擬の結果に基づき行動を評価し選択.この評価において新たな関心が生まれる場合は次のサイクルの「関心」へ遷移する.

螺旋状のプロセスは,根拠のない思いつきのモデルではない.Wogalterらも,確率の低いリスクの警告について人は関心を向け,理解し,信念を形成し,行動の動機を持ってから行動するということを見出した[11].本書においてリスクマネジメントのプロセスを解説する第4章においても,やはりプロセスはこれに近い螺旋形を描く.第1章に述べたリスクとチャンスの切り離せない関係を勘案すると,チャンス発見のプロセスが螺旋構造を描くのは自然な帰結であろう.われわれは,意思決定における情報獲得に関する日米の住民アンケートにおいて,特に米国人においてこのようなサイクルの存在を支持する結果も得ている[12].

二重螺旋プロセスにおいては,人,環境,コンピュータが相互作用を行うときの情報の通路に「関心」が位置づけられている点に注意していただきたい.コンピュータは自分の関心を自力で更新することはできない.検索エンジンやwebエージェントは,あくまでもユーザがそれまでに入力した検索キーを保有しているだけで,自ら関心を獲得しているわけではない.人がその関心の持ち主であり,人が関心を深める原動力の役割を果たさなければ,このプロセスは回らないことに注意が必要である.すなわち,チャンス発見は自動化できる性質のものではないということである.

すなわち,二重螺旋モデルでは,人のチャンス発見の螺旋過程(関心 → 理解 → 発案 → 行動または模擬 → 評価と選択 → 関心という繰り返し)と並行して,その人が関心を寄せる環境データとその人の思考内容についてのテキストデー

タのマイニングを計算機が繰り返すところに特徴がある．人が環境データのマイニング結果を理解する最中も，その理解過程までデータとして取り込む点で「二重」と呼ぶわけである．

2.6 Polaris―服属アーキテクチャに基づくチャンス発見支援ツール

二重螺旋モデルに従ってチャンス発見を行う方法には，次のような弱点がある．

課題1) 順番に心理状態の遷移を経てゆくので，時間がかかる．

課題2) 少し理解した段階でただちに行動に移したいというように，二重螺旋モデルの順序を逸脱した行動をとることができない．

課題1) は，実際に二重螺旋モデルを導入して成功を収め，さらに成功を加速したいという段階で問題とされてきた．また後者の問題は，企業には動くべきタイミングが外的制約として存在していて，それはライバルの出現や商品製造ラインの都合など環境に適応する必要から来ていることが多い．すなわち，環境の変化に対してもロバスト(頑健)にチャンスの発見とその運営が行えるシステムを要求されているのである．

かつてのロボットは，まず周囲の環境を観察し，次にプランを立てて移動し，そこで環境を観察し直していた．そして徐々に目的に接近していった．まさに螺旋プロセスで新しい目標をこなしていたわけである．しかし，環境が変化する実環境は，決められた手順に従うロボットには苛酷すぎた．これに対してブルックスは，探索，徘徊，障害物回避というサブプロセスの間に順序を定めず，必要に応じて非同期に動かしておく「服属アーキテクチャ」を考えた[13]．探索サブプロセスはただ目的地点を探しこれを目指すことを考える．徘徊サブプロセスはロボットをその目標物の方向に，しかしぶらぶらと向かわせる．この徘徊サブプロセスがぶらぶら動き回ろうとする間，何かにぶつからないように下レベルにいる障害物回避サブプロセスが見張る．障害物回避サブプロセスが警告を出せば，これに従って止まったり進路変更したりする．

この服属アーキテクチャでは，上位のサブプロセスは下位サブプロセスから情報が入ったときには耳を貸し，下位サブプロセスは上位サブプロセスにとっ

て役立つ使命を持つが，それぞれはほとんどの時間において勝手に動作する．これによってロボットは速く，変化に対しても頑健な性能を発揮しながら螺旋プロセスの頃と同じ狙いを達成するようになった．

この教訓をチャンス発見に生かしたツールの導入によって，課題1），2）は解消されつつある．それは，図2.15のようにシナリオマップ作成，シナリオコミュニケーション，意思決定，そして行動をそれぞれが非同期に走るサブプロセスとして，人の集まりとコンピュータがこの全体を手分けして進むという新しいチャンス発見のプロセスモデルである．図2.16のPolarisはそのようなシステムの例である．ユーザはシナリオマップとシナリオ選択，行動の従属関係を緩やかに意識しながらも，システム入力する内容はその場に応じて決め，したいときに会議を開き，必要なときに意思決定を行う．Polarisはユーザに無理をさせず，しなやかな発見プロセスを実現するツールといえる．

文　　献

1) C. Fine, Clockspeed, Linda Michaels, 1998.
2) 林知己夫，数量化－理論と方法－，朝倉書店，1993.
3) M.J. Greenacre, Correspondence Analysis in Practice, Academic Press, 1993.
4) H. A. Simon, The New Science of Management Decision. Harper & Row, 1960.
5) Y. Ohsawa, "Chance discoveries for making decisions in complex real world", *New Generation Computing*, **20**(2), pp.143-163, 2002.
6) E. Murakami, T. Terano, "Multiple Document Summarization and Visualization through a Combinatorial and Hierarchical Clustering Method", 16th European Conference on Artificial Intelligence, The 1st European Workshop on Chance Discovery, ECAI 2004, pp.194-203, 2004.
7) J. Evans, Bias in Human Reasoning: Causes and Consequences, Hillsdale, 1987.
8) L. Festinger, A Theory of Cognitive Dissonance, Evanston, IL: Row, Peterson, 1957.
9) 讃井純一郎，商品企画，**33**(3), pp.13-20, 2003.
10) 亀井利明，危機管理と保険理論，法律文化社，1995.
11) M. S. Wogalter, B. M. Racicot, M. J. Kalsher, S. N. Simpson, "Personalization of warning signs: The role of perceived relevance on behavioral compliance", *International Journal of Industrial Ergonomics*, **14**(3), pp.233-242, 1994.
12) Y. Ohsawa, Y. Nara, "Understanding internet users on double helical model of chance-discovery process", *New Generation Computing*, **21**(2), pp.109-122, 2003.
13) R.A. Brooks, "A Robust layered control system for a mobile robot", *IEEE Trans. on Robotics and Automation*, **2**(1), pp.14-23, 1986.

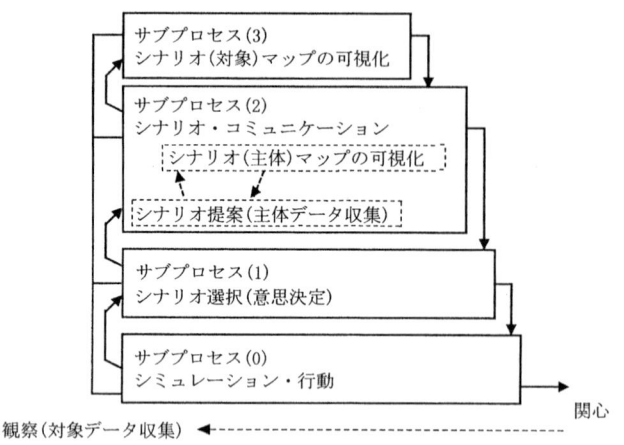

図 2.15 服属アーキテクチャによるチャンス発見の実現モデル

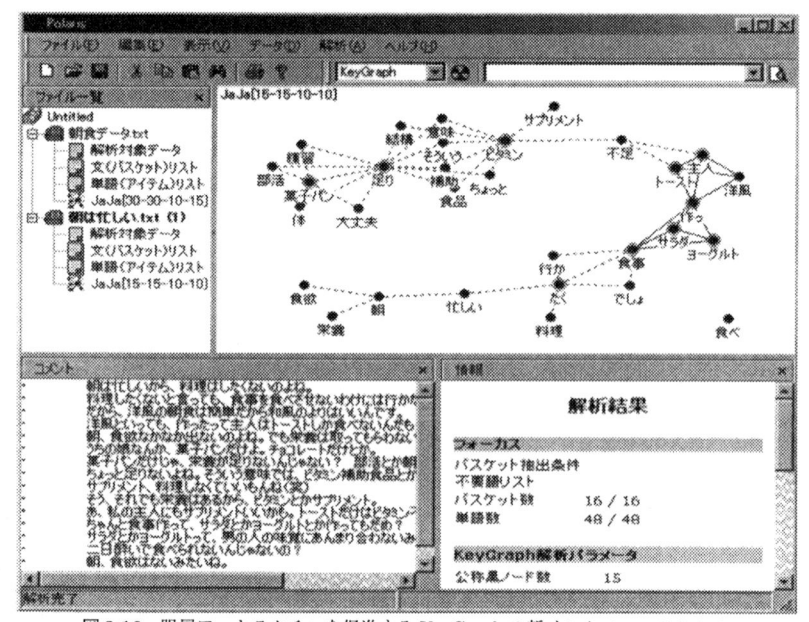

図 2.16 服属アーキテクチャを促進する KeyGraph の新インタフェース Polaris
対象データについても主体データについても，右上の枠内に KeyGraph の結果が表示される．例えば枠内が対象データに対する KeyGraph の場合，ユーザ (たち) は左下の枠にコメントを書き込む．図は，コメントに対する結果の KeyGraph が右上に表示された状態である．

3
チャンス発見のためのデータ可視化技術

3.1　可視化機能を持つデータマイニング手法

　チャンス発見においては，技術以上にそのプロセスが重要であることは前章までに述べた．シナリオマップを対象データから作成し，これを見てシナリオを考える．そして，その考えを，今度はユーザの想像する実世界の構成要素まで含むシナリオマップにして可視化する．前者のシナリオマップは対象マップ，後者は関心マップと仮に呼んでいることから察していただけるように，2つの地図は互いに補い合うことによってユーザであるチャンス発見主体の内部と外部環境の接点にあるチャンスを浮き彫りにしていく．それぞれを客観とユーザの主観に対応するものと考えることもできる．

　これも前章に述べたように，このシナリオマップに望まれる条件として，「島」と「橋」が表示されることがある．ユーザにとって聞き慣れたエピソードが島を形成し，そのエピソードから別のエピソードに移行するときに生じる事象，あるいは実施される行動が橋である．この橋はすなわち，コンテキストを変化させるような事象や行動に当たる．

　3.3節に述べるキーグラフに進む前に，従来からこのコンテキストを変化させる事象や行動を可視化することのできる技術は存在していた．その1つが決定木学習である．そして，階層型のクラスタリング技術，数量化III類に代表されるサンプルの散らばり具合の2次元可視化ツールもこの目的に用いることが潜在的には可能である．本節ではこの3者についてごく平易に説明しよう．

3.1.1 決定木学習

手に入るデータがサンプルの集合からなっていて,それぞれのサンプルは式(3.1) の形をしているとする.この場合に,属性 $X_1 = 1$ であるというのはどのような条件が満たされる場合であるかを学習したい.

データ＝

サンプル1： 属性 X_1 の値=0, 属性 X_2 の値=1, 属性 X_3 の値=3, ...

サンプル2： 属性 X_1 の値=1, 属性 X_2 の値=0, 属性 X_3 の値=5, ...

サンプル3： 属性 X_1 の値=1, 属性 X_2 の値=0, 属性 X_3 の値=5, ...

⋮　　　　　⋮　　　　　⋮

(3.1)

このとき,ある属性の値によってサンプルの全体を分割したときに情報量の損失が最大となるような属性 X_s によって,まず全体を分割する.ここで情報量とは次の式で表される.

$$I = -\sum j = \{1, \ldots, P_s\} \rho j \log \rho j \qquad (3.2)$$

ただし,ρj は P_s 通りの値をとる X_s の値が j 番目であるようなサンプルのうち,目的変数 X_1 の値が 1 であるものの確率(割合)である.例えば,X_s の値が a か b の 2 通りしかなくて (すなわち $P_s = 2$) X_s が a なら X_1 は必ず 1,X_s が b なら X_1 は必ず 0 だとすれば,$p1$, $p2$ はそれぞれ 1 と 0 の値をとるから $I = 0$ と

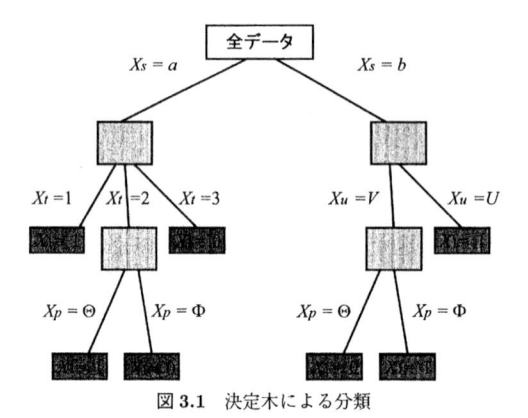

図 3.1 決定木による分類

なる．これは X_s の値次第で X_1 の値が決まってくるという意味になる．一方，それほど X_1 の X_s に対する依存が強くないのであれば，I は 0 ではない適当な値をとることになる．すなわち，X_s が X_1 の値を決める力を持てば持つほど，情報量 I は小さくなる．

X_s が一番 X_1 を決める力を持つとわかったら，全てのサンプルを X_s の値によって分ける．次に，こうして分けられたそれぞれの X_s 値に相当するサンプル集合について，上記と同じことを行う．すなわち，X_t がそのサンプル (部分) 集合の情報量を下げる働きがあるとわかったら，また X_t によって分類する．このようにして，最後にもうサンプルが分けられないところまで行ったらツリーの最後すなわち葉にたどり着いたことにする．X_1 が 2 つではなく 3 つ以上の値を持ちうるような場合は，それぞれの値について pi を求めてこれを合計して I を求めるなどの拡張が可能である．

チャンス発見の場合は，別に分類できたら良いというわけではない．むしろ，X_s の左右でコンテキストが変わってしまうことにポイントがある．X_1 はもともとのユーザの「関心」に関連の深い変数であり，この関心にとって意味の深いコンテキストを分けてしまう X_s という変数が存在したことに，この図を見て気づく．もちろん，それだけであれば「X_s」という情報だけでも足りるわけであるが，X_s の左にはどのようなサンプルがあって，右に行けばどのようなサンプルが存在するかまで可視化され，木の構造を見ればそれらのサンプルの特徴も理解することができる．

例えば，図 2.6 の繊維マーケットの決定木による可視化事例を見てみると，ある価格よりも高額の生地は 2 枚重ねや高級らしいサテンになっている．それらが，ピックアップ頻度 high すなわち人気商品になっている．言い換えれば，価格を下げれば売れるということではなく，高級感のある生地を売り出すことによって売れる数も上がり収益は上がるということを意味している．安価な生地を売るマーケットと高価な生地を売るマーケットの間の橋を示す変数が「価格」になったというのは当然すぎるが，少なくとも決定木にも橋を可視化する能力はあるといえる．

3.1.2 階層型クラスタリング

クラスタリングの手法は，例えば次の 2 つの種類に分類することができる．

- ボトムアップなクラスタリング：サンプルを同じクラスタとして扱い，近いクラスタを同じクラスタに含めていく．K-means など，サンプル間の距離によってクラスタをまとめていく方法が代表的である．
- トップダウンなクラスタリング：クラスタ木を根から成長させていく．新しいサンプルを追加すると，すでにできている葉と同じクラスタに含めるとよいと判断できる場合にはそれらの葉と同じ 1 つのノードにまとめ，そうでないのであれば途中のいずれかの節の子ノードとしてそのサンプルを木に追加していく．

図 3.2 は，POS データにおいて同時に購買されることの多い品目は関係が近いという考え方で，ボトムアップなクラスタリングを行ったものである．このようにボトムアップなクラスタリング，主として，第 1 章に述べたコンテキストの 1 つ 1 つに相当するような事象集合を求めるのに使われる．この場合に最終的に得られるクラスタは，地図の上の島のように，互いに上下関係を持たない対等な関係に位置付けられる．一方，同図右のように，トップダウンなクラスタリングではクラスタの上位または下位にもクラスタや各アイテムが配置される．すなわち，ボトムアップなクラスタリングでは事物の間の横方向の関係が得られ，トップダウンなクラスタリングでは縦方向の階層性が得られる．

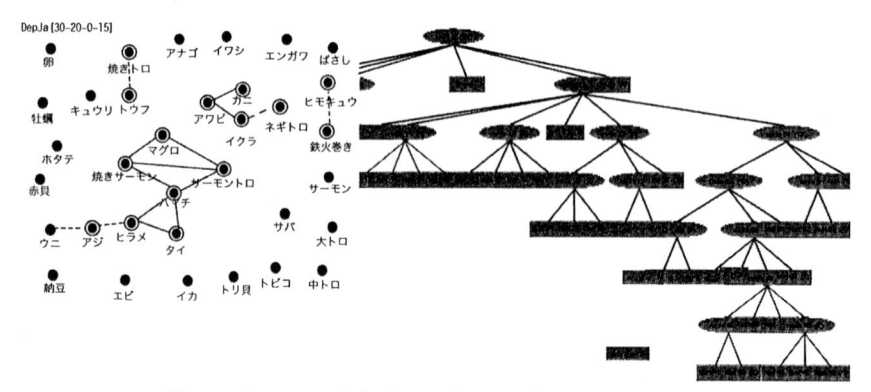

図 3.2 ボトムアップ (左) とトップダウン (右) なクラスタリング

トップダウンの場合，一見その構造は決定木に似ている．しかも，木の中の各ノードの下にあるアイテムが互いに共通点を持つという点でも似ている．ユーザから見た，両者の目立った差異は，決定木は各ノードにあらかじめ変数が対応していて，その変数値によってそのノードの下の数本の枝の意味が明らかにわかることである．クラスタリングの場合，そのままではノードの意味はわからない．この点については，あるノード X の下にある全てのアイテムを代表する単語を X のラベルとして添えるなどの方法が副次的にとられることがある．

例えば文書クラスタリングの場合，トップダウンなクラスタリング手法によって階層型の木を得ることが多い．ユーザはこれを見て，木の根 (1番上にあるノード) から枝を1つ1つ選んでたどりながら具体的な1つの文書にたどり着いていく．このとき，あるノードからその下のノードを選ぶ場合に，ノードの名前が付いていれば自分の興味に一致する文書集合へと絞り込んでいくことができる．これは，本の目次を見て読む場所を選ぶのに近い作業となる．このような場合，ノード X の下にある文書を結合して1つの文書とし，できた文書のキーワードを抽出してノード X にするという操作を，全ノードについて自動的に行うことによってノードのラベルを振ることが可能となる．ただし，文書以外の一般のアイテムを対象とする場合は，それぞれにふさわしい手法によってノードのラベルを与える必要がある．

一般にクラスタリングそのものは先述の喩えで言えば島を得るものであり，島と島の橋の意味を理解するためには不向きであるが，ここに述べたように階層型のクラスタリングにおいてクラスタ間の上位にあるノードのラベルは擬似的に橋の役割を果たすことがある．例えば，文書クラスタリングにおいて「生物学」の文献からなるクラスタと，「情報学」の文献からなるクラスタの上位に「生物情報学」なるラベルのついたノードが存在すれば，これは情報学者にとって新しい応用分野を見つけるチャンスになるし，生物学者にとっては研究を進めるためのツールを情報学から得るチャンスとなる．従来の文書クラスタリングと違うのは，木の「根」から葉に割り付けられた文書に下っていくのではなく，自分の馴染み深い分野名 (情報学または生物学) のノードから1段上位階層のノードを参照するという点だけである．このように，既存ツールの転用はチャンス発見において有効に働くことがある．

この他，数量化III類については第2章で比較対象として紹介したが，チャンス発見支援手法として有効な結果を導いた前例がないため割愛する．数量化III類については文献[7]などを参照されたい．

3.2　その他，チャンス発見に関連するデータマイニング手法

なお，データマイニングにおいてはエピソード解析[1]により，ある時系列データから典型的な部分系列のパターンを抽出する研究が1分野として定着している．これは，例えば寿司屋の客が

$$Sushi = サバ, サンマ, イカ, ツブ貝, アワビ, ガリ, サバ, サンマ, アワビ, \\ ガリ, カルビ, \cdots \quad (3.3)$$

という順に寿司を食べたとすると，「サバ，サンマ」や「アワビ，ガリ」という頻出パターンを抽出する技術として1990年代半ばに開発され，その後「サバ，サンマ，…，アワビ，ガリ」という中抜きのパターンを抽出する手法も開発されている．途中が「サバ，サンマ」ではなく「サンマ，サバ」と逆転しても「(サバとサンマ)…，アワビ，ガリ」というパターンを抽出する手法もある．わが国ではデータマイニング以前からグラフベース・インダクション[2]が1990年半ばから開発され，「(サバとサンマ)，…，アワビ，ガリ」に相当するパターンを抽出する応用事例が盛んに報告されるようになった[3]．このような時系列パターンの抽出技術を用いると，時系列から先述の「島」に該当する共起性の高い事象の集合を得ることができる．

また，相関ルールに工夫を加えることによって銀行のキャッシュディスペンサーにおける客の操作履歴から不正取引や，計算機ネットワークの故障，あるいは薬の副作用などといった希少事象を予知することができる[4,5]．その1つの方法をやや無理に寿司の例で説明すると，古典的な相関ルールは

$$サバ \rightarrow サンマ \quad (サバを食べる人は，サンマも食べる) \quad (3.4)$$

という形になっているが，

$$サバ, ガリ \rightarrow \\ カルビ (サバを食べる人も，ガリを食べたあとカルビを食べることが結構ある) \\ (3.5)$$

という例外的な知識を得ることによって，カルビという比較的珍しいネタに手が伸びる前に何が起きるかを知ることができる (例外ルール[6])．また，希少事象を予測する複雑な (式 (3.5) は式 (3.4) より複雑である) ルールを学習するために遺伝的アルゴリズムを用いる手法[7]などがある．これらの手法の詳細には本書では立ち入らないので文献を参照されたい．

なお，チャンス発見では第 1 章に述べたように「島」から「島」に渡る「橋」を見出すことが本質的に重要であり，その点ではここに紹介した予測手法は「島」から，稀であるが重要さが知られている「橋」にたどり着く条件を求める機能に限定される．チャンス発見ではこの予測だけではなく「橋から次の島に渡ったあと，そこにはどのような未来が待っているか」までのシナリオを理解することによって「その橋がチャンスなのかどうか」を理解することが一層重要となる．そのためには，次章に述べる KeyGraph，IDM など，チャンス発見学において開発されたオリジナルなツールが有効となる．

3.3　　KeyGraph—島と橋を可視化する

2003 年の 4 月 21 日に「チャンス発見の情報処理技術」なるセミナーが東京で行われ 200 名以上の聴講者が殺到した．開催当日の 3 週間前に当初の定員 100 名を超えたため広い会議場を取り直したが，また数日で 200 名を突破してしまった．チャンス発見コンソーシアムの誕生であった．

この注目度のもとになったのは，第 2 章に述べた日東紡績の成功が「日経BizTech」を含む 5 つの web ニュースに報道されたほか『繊維ニュース』や『日本繊維新聞』など繊維業の主たる業界紙を占領していったことであった．匿名コミュニティサイトとして知られる「2 ちゃんねる」では news plus のコーナーで本稿筆者を話題に盛り上がり 147 件のコメントまで成長した．『AERA』誌は 2 ページのカラーでチャンス発見手法の実施に企業社員たちが取り組む風景や，われわれと (株) 博報堂の共同研究の一部の出力図などを掲載した．これらのニュースからチャンス発見への関心が高まり注目度を確立したのである．

では，この 2003 年 4 月のセミナー参加者たちは，マスコミの記事をそのまま受け入れて訪れただけだったのだろうか？ チャンス発見コンソーシアムを

立ち上げた数名の幹事は，本書で述べてきたチャンス発見の考え方を正面から広報に用いてセミナー参加を呼びかけていたので，マスコミの論調とはやや異なっていた．参加者がどちらを信じて来たのかが，われわれにとって関心であった．もちろん，マスコミの広報内容を信じてきたのであれば，その現状を理解して今後のセミナーについて説明の仕方を工夫するためである．

そこで，セミナー参加者から申し込み段階で参加動機について自由回答形式のアンケートへの回答を得た．この回答データにこれから述べるKeyGraphを適用したところ図3.3を得た．詳細は[8～10]に譲るが，対象をアンケートなどの文書として簡単にKeyGraphを説明する．

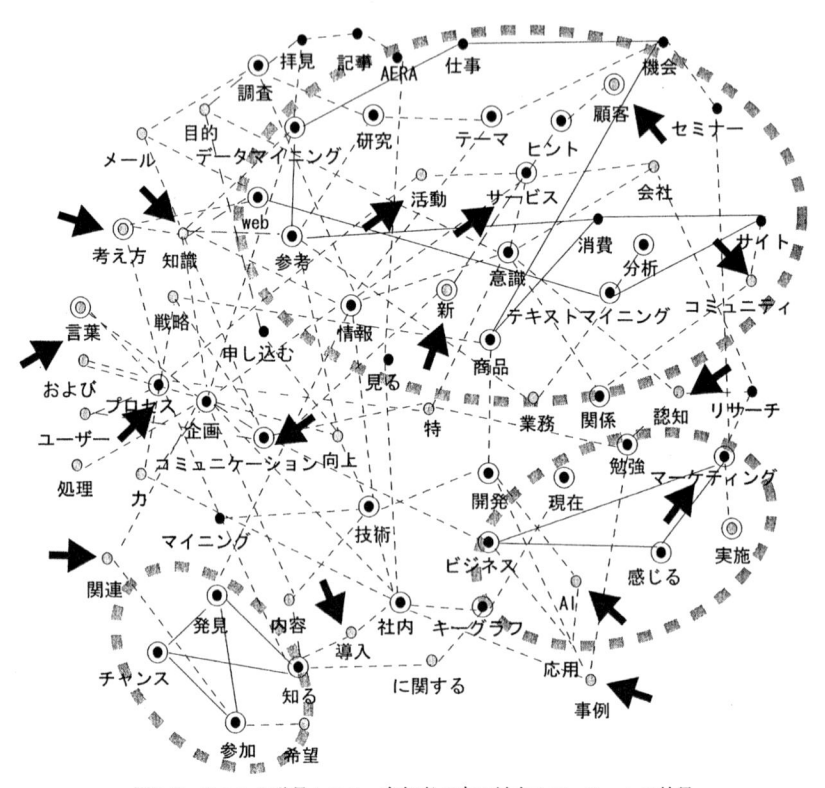

図3.3 チャンス発見セミナー参加者の声に対するKeyGraphの結果

まず，おおまかな概念を捉えるために，図3.3に現れている「回答者の考え

たことの地図」の読み方を説明しよう．まず，現れる頻度の高い語とその間の濃い (実線の) リンクからなるクラスタ (連結グラフ：図 3.3 の点線の楕円内) が「島」(同じ回答者の回答にともに現れやすい語の集合で，対象の文書データに含まれる 1 つの典型的な概念を表す) で，島と島を渡す点線リンクが「橋」(高頻度な語ではないが典型的な概念を結び合わせるコンセプト) である．点線リンク上のノードは低頻度で気づかれにくくても全体を結ぶ深い意味を持つ語である．図 3.3 では，

- 「新」しい「商品」や「サービス」を「コミュニケーション」から生み出したい．
- 「言葉」を活用した「サービス」のためにチャンス発見の「プロセス」という「考え方」を学び，「導入」の方法を知りたい．
- 「マーケティングリサーチ」において重要な「認知」の側面について理解したい．
- 「人工知能」(AI) の応用として「事例」が知りたい．

というニーズが，チャンス発見に参加者が期待していたことがわかる．これらのニーズはわれわれの本来の考え方，すなわちチャンス発見は意思決定のためのプロセスでありコンピュータを人の認知プロセスの上でうまく取り入れて初めて有用となるという考えと合致する．セミナー参加者らはわれわれの広報情報を理解し，チャンス発見の狙いに共鳴して参加していたものと推察することができる．

3.3.1 KeyGraph の内部処理

KeyGraph の具体的な手順は，次のとおりである．

1) 指定されたノイズ語を D から削除する．
2) **島の抽出**：まず，頻度の高い語を上位から一定個数 ($M1$ 個とする) 取り出す．次にその中で，共起度 (後述) の高い上位 $M2$ 対の 2 語ずつを図 3.3 実線のようなリンクで結んでいき，共起グラフを作る．この段階の図で，実線の連結部分グラフ (含まれる語のうち，どの 2 語も間に実線リンクからなるパスが存在するような塊をいう) を島とする．例えば図 3.3 の，黒ノードと実線リンクからなる塊は島である．図 3.3 の「技術」のように，

1 語だけで島となることもある.

3) 橋の抽出：D 中の任意の語 w について, 1) で取り出した各島 g の中のいずれかの語と同時に出現する共起度を $f(w, g)$ とし, 上位となる w, g の $M3$ 対だけ橋とする.

4) キーワードとハブの候補抽出：各語 w について, 3) の全ての橋を介する島 gi との共起度 $f(w, gi)$ の和 (正確には足し算で得られる和ではなく 0 から 1 までの実数で, 全ての有人島を著者が考慮しているときに w が用いられるという条件付き確率を近似的に定式化したものである. 詳細は[11]参照) を key(w) とする. key(w) の上位 $M4$ 語の集合をキーワード候補集合 K とする. K のうち 1) の高頻度語に含まれないものをハブの候補として赤ノード (図など, **本書中の図では●**) で描き, K のうち特に key 値の高いものをユーザの指定した上位 $M5$ 個だけ取り出し「キーワード」と呼んでノードを丸で囲んで描く（◉となっているところ）.

5) 図の完成：K 内の各語 w と, w との共起度 $f(w, g)$ の上位 2 つの有人島 g を全て点線で結ぶ. ただし, 橋の g との接点は, 図中では g のうち w と最も共起文数の多い語 w_o を選んで w_o と w の間に点線を引くことにする. ただし, 点線を引こうとする位置にもともと実線があれば, 点線は追加しない.

以上のうち, $M1, M2, M3, M4, M5$ は, ユーザが指定することのできる値としてある. この点は, チャンス発見というプロセスの中でユーザが自分の主観を積極的に利用しながら KeyGraph を用いるための特徴である. すでに述べてきたように, チャンス発見において重要な役割を果たす主役は KeyGraph を動かすコンピュータではなく, これと人とのインタラクションである. そのため, 出力図を見ては $M1, M2, M3, M4, M5$ を指定し直すように改良し, 単に頻度が高いせいで共起グラフの構造を見えにくくしている語は適宜 1) の「ノイズ」として省くなどの操作も簡便にできるように作り直している.

語と語, あるいは語と島の共起度については, Jaccard 変数 (式 (3.6)) や相互情報量 (式 (3.7)), overlap 関数 (式 (3.8)) などでの定義に入れ替えて用いることも可能であり, データによってどの共起度がふさわしいかという適性が変わるような場合に適応可能となっている.

$$\text{Jaccard}(a,b) = p(a \text{ and } b)/p(a \text{ or } b) \tag{3.6}$$
$$\text{mutual}(a,b) = p(a \text{ and } b)/p(a)p(b) \tag{3.7}$$
$$\text{overlap}(a,b) = p(a \text{ and } b)/\min(p(a),p(b)) \tag{3.8}$$

ただし，それぞれ a, b という要素 (単語または，単語をその所属する島の名に置き換えたもの) の間の共起度を表し，それぞれ出現する文の D 全体での割合が $p(a)$ と $p(b)$ とする．

3.3.2 KeyGraph を見る手順

あくまでも KeyGraph は可視化技術であるから，その出力を見るための方法にも工夫が必要になってくる．通常，以下の視察順序を奨励しているが，ユーザがどうしても注目したい部分があるような場合は，二重螺旋プロセスの原理に基づいてその関心に従うべきである．

(1) **グラフ全体を見る**：最初に問うべきは「グラフ全体がどういう構造をしているか」である．赤ノードが目立ちすぎるためか「赤ノードで出た商品を売ればよい」と考える人がいるが，KeyGraph はシナリオマップをデータから可視化したものであって，シナリオは1つのノードだけで形成されることはない．場合により赤ノードに最初から注目すべきこともあるが，その周りのノードとの関係からシナリオを読み取ることが本質である．

(2) **個々の島 (クラスタ) の意味を理解する**．

(3) **クラスタを結ぶ橋 (赤ノードと点線) を見て，シナリオを考える**：「島 → 橋 → 島」あるいは「島と島から同じハブに向かっていく」などのシナリオがある．数量化 III 類と同じようにクラスタが見つかったといって終わりにする人もいるが，KeyGraph では，クラスタとクラスタの関係，その関係をつかさどるクラスタ間の接点が本質的な着目点となる．

(4) **気付いたことを書き留める**：二重螺旋プロセスにおける主体データの収集にあたる．自分が興味を持っているデータについて適用した KeyGraph を見て，それまでにも暗に気付いていてもおかしくない知識が掘り起こされてくる．しかし，一瞬で忘れてしまうほどの潜在的な気付きであるから，主体データはリアルタイムで保存しておく．この主体データは，二重螺旋プロセスで後からテキストマイニングなどによって再利用可能となる．

(5) 重要な部分を絞り込んで掘り下げる：ある赤ノードか，またはクラスタ間の思いがけない関連を示す橋に注意が集中したなら，そこをさらに詳細化するために新しいデータをとる方法を考える．これは二重螺旋プロセスの次のサイクルに進むことに当たる．

なお，KeyGraph のユーザがしてはならないこととして，出力されたキーワードの順序リストへの過剰反応ということがある．初期の KeyGraph[8]は，キーワード抽出法であったから単語の重要度の順番にリスト表示して評価していた．しかし，いまここでは予兆発見支援の目的で用いるのであって，そのアイテムや語が重要であるかは KeyGraph とのインタラクションの中でユーザが決めるべきことである．最初からリスト表示していては上記の「すべきこと」が開始さえできないことになる．また，コンピュータが自動的にチャンスを発見しているという誤解はさらに強く否定しておく．もしデータが客観的な事実で，そこから誰がやっても同じビジネスチャンスが自動的に見出されるなら，全ての人は同じ富を享受することになって全員貧乏に立ち戻るだけである．

なお，第 2 章に述べた例の中には，1 顧客の 1 回のアイテム選択（トランザクション）を 1 つの文として扱い，全顧客の選択データを文書全体のように見なすことによって，KeyGraph の対象とすることができる．この場合，以下のように，やはり KeyGraph のそれぞれの部品は独自の意味を持ってくる．

島：同時に購買されることが多く，セットとして定着した人気を持つ商品群

橋：定着した商品群の複数が互いに関係し合うことを示す，島間の関係．嗜好品と日常的な食材が，互いに食卓のバランスをとるために共起するなど．

ハブ (赤ノード)：異なる商品群が珍しく共起する場合にともに購買されたり，異なるコンテキスト (異なるコンテキストは異なる有人島の背景状況を表すとして) で共通に購買されるが，しかし売り場が異なるなどの理由のため頻繁に購買されていない商品．逆にいえば，売り場の工夫によってビジネスチャンスになる可能性を孕んでいる．第 2 章の日東紡績の事例では，人気商品になる可能性を有するが生産量が少なかった新商品がこの位置に出現した．

3.3.3 活性伝播の可視化 (PAI)

[活性伝播法]

議論が進むにつれて話題が参加者の頭の中で展開され，新しい単語への注意が活性化されていく．そして意識は議論のコンテキストに入り込み，現状の内容を把握し新たな内容を創造していく．このような話題の展開にともなうコンテキストの変化に誘導されるようにして語たちが強く活性化され，議論参加者らの注意を呼び覚ましていく過程を可視化するのが活性伝播法 (priming activation indexing: PAI) である．

PAIではまず，意味のまとまりに応じて，文章をセグメント S_t $(t=1,2,\ldots,n)$ に分割する．論文を対象とする場合は章や節で分割し，一般の文章を対象とする場合はパラグラフや話題の境界で分割する．次に各セグメント S_t を理解する上で基本となる概念を表す語として出現頻度の高い語の上位 N_1 個を選ぶ．次に，それらの語の全ての組み合わせ w_i, w_j の関連の強さを測るために S_t 内での w_i, w_j の共起の強さを測る．そして，語から語へ文章 (議論) の最初から終わりに向けて，各セグメントで共起度の高い語から語へと活性値を伝播させていく．文章の始めから終わりまで活性伝搬させて活性値が高くなる語は，文章の著者か議論の参加者たちが一貫して強く主張したい語であると考える．

PAIでは，重要な概念に溜まった活性値は近隣に多くの活性値をもたらす．だから，重要な概念をつないでいる語は活性値が高くなる．そのような語はKeyGraphでいう「橋」に当たる語ということになる．PAIでは，活性値の高い語を高活性語，活性値を他の語からの活性伝播を受けた回数で割った値の高い語を鋭活性語と呼び，高活性語と鋭活性語を併せて著者の主張を表すキーワードとして取り出す．PAIで用いる語と語の共起関係を図にすると，KeyGraphと似た特徴として重要な概念をつないでいる語の周辺との関係が可視化される．

PAIの動作例を図3.4に示す．図3.4は議論の進行を記録したテキストにおける最初のセグメントから順に後に向けて活性値の移り変わる様子をPAIによって図示したものである．各円枠はKeyGraphの「島」を作るステップで得られるものと同じ単語の共起グラフである．各円枠に付された数字は各発言が議論の最初から数えて何番目に出されたかを示す．

図3.4の例で対象としたのは朝食メニューについて行われた主婦7名の間の

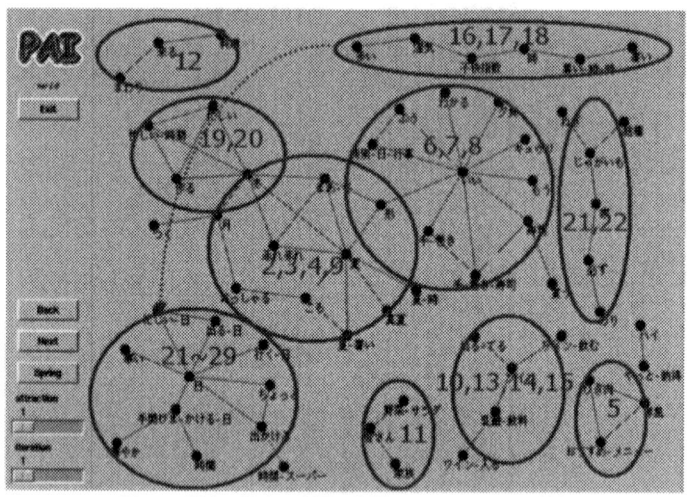

図3.4 朝食に関する主婦の会話についてのPAIの結果

会話である．主婦らが会話を進めていくと表3.1のように，「忙しい」が途中で急に高活性語となり，そのまま後まで高活性語でありつづけるようになる．本書はカラー印刷ではないが，PAIでは図3.4の共起グラフの上で高活性語と鋭活性語がそれぞれ別の色でマークされ，その色のついたノードの位置がメッセージの番号の順に遷移していくという動的な可視化が行われる．これを見れば，「暑い」という気象条件によって食べる人の行動が影響されるという話題から「忙しい」という条件によって食事を準備する人の変化についての話題に遷移していくことがわかる．

　PAIの応用としては，グループワークにおけるディスカッションのテキストデータへの応用で成果を挙げている．特に，被験者を数名集めて特定のテーマについて深く議論してもらうことにより参加者の潜在的な関心やニーズを探るグループインタビューはマーケティングリサーチの有力な手法である．PAIは，議論の内容を収めたテープから書き起こしたテキストデータから参加者の関心やニーズを表すキーワードを発掘し，

- どの発言が議論に火をつけ，しかし一瞬で消えていったのか
- どのような人が，市場におけるリーディングオピニオンを発するのか

というニーズに答えるのに役立つ．特に，途中で一瞬出てきてすぐに消えてし

3.3 KeyGraph—島と橋を可視化する

表 3.1 図 3.4 において実際に高活性語，鋭活性語となった単語が，主婦の会話の進行とともに遷移した様子

Seg.	高活性語 (その時点までに強く活性化)	鋭活性語 (その時点で強く活性化)
16	ワイン、夏、乳酸—飲料、夏—時、いい、手—巻き—寿司、野菜—サラダ、皆さん、ワイン、入る、真夏	暑い—時—時、暑い、料理、来る
17	ワイン、夏、乳酸—飲料、夏—時、いい、手—巻き—寿司、皆さん、野菜—サラダ、ワイン、入る	暑い、不快指数、真夏、料理
18	ワイン、夏、湿気、乳酸—飲料、夏—時、いい、時、手—巻き—寿司、野菜—サラダ、皆さん	暑い、ワイン、入る、真夏、不快指数
19	ワイン、夏、湿気、乳酸—飲料、夏—時、いい、時、手—巻き—寿司、忙しい—時期	暑い、野菜—サラダ、ワイン、入る、真夏、不快指数
20	忙しい、忙しい—時期、ワイン、夏、湿気、乳酸—飲料、夏—時、いい、時、作る	暑い、野菜—サラダ、ワイン、入る、真夏
21	忙しい、忙しい—時期、ワイン、夏、湿気、乳酸—飲料、日、夏—時、いい、時	寒い、結構、じゃがいも、暑い、行く—日
22	忙しい、家、忙しい—時期、ワイン、夏、湿気、乳酸—飲料、日、夏—時、いい	必ず、寒い、ハイ、やっと—納得、ねぎ、時、結構
23	忙しい、家、忙しい—時期、ワイン、夏、湿気、忙しい—日、出る—日、乳酸—飲料、日	のり、必ず、やっと—納得、ハイ
24	忙しい—日、出る—日、忙しい、手間ひま—かける—日、華やか、家、忙しい—時期、ワイン、夏、湿気	のり、寒い、手間ひま—かける—日、華やか、必ず
25	夏、夏—時、いい、手—巻き—寿司、真夏、涼風、おすすめ—メニュー、寿司、まあ—冬、ワイン、入る	のり、寒い、日、必ず
26	出る—日、忙しい—日、時間、手間ひま—かける—日、夏、忙しい、華やか、家、忙しい—時期、ワイン、夏	のり、湿気、寒い、日
27	出る—日、日、忙しい—日、時間、手間ひま—かける—日、忙しい、華やか、家、忙しい—時期、ワイン	のり、湿気、寒い
28	忙しい—日、忙しい、日、時間、出かける、手間ひま—かける—日、ちょっと、忙しい、華やか、家	のり
29	出る—日、日、時間—スーパー、忙しい—日、出かける、時間、手間ひま—かける—日、ちょっと、忙しい、華やか	のり、家

まった話題でも，参加者の意識を大きく変えるきっかけとなった話題であれば非常に重要である．そのような話題の変化点に位置する語の活性値は鋭く変化するので，活性伝播の途中に現れる鋭活性語に注目すれば議論の隠れたポイントを探ることができる．

3.3.4 影響普及モデルによるメッセージチェーンの可視化

[影響度普及モデル (IDM)]

どのコメントがコミュニケーションの盛り上がりに影響したか，誰がキーパーソンだったかを求める手法である．

図 3.5 は，「ユニクロ」とその製品についての顧客たちが盛り上がったオンラインコミュニティでのコメントの模式図である．コメント#615 がコメント#614 から受ける影響は，#615 の中の「ペールオリーブ」「チラシ」「ネット」「色」「実物」などのキーワード (図中は要約で本当はもっとたくさんある) のう

ちで #614 から受け継いだ「色」と「ペールオリーブ」などの約 24% である．この影響のうち，コメント #615 に返信したコメント #618 に伝わる影響は #615 のキーワードのうち 38% 程度なので，24% のうちの 38% である．これらはつまり，それぞれのコメントがどれくらい #614 の影響からできているかを表している．つまり，#614 からは #615 に 24%，#618 に 9% などと影響し，#614 から全体への影響はこれらの数値の合計になる．こうして，各コメントがコミュニティ全体に与える影響が求められる．図 3.5 の場合は 1 番媒介影響度の大きなメッセージから 3 番目までが 1 つのパスの上にあるから，ペールオリーブという話題が盛り上がりを呼んだとみられる．こうしたメッセージは，世の中の口コミを利用して流行を作り出すヒントになる．

　さらに，この計算方法でそれぞれの人をコメントだと見て，コミュニティ内のコミュニケーションを人から人に返信したテキストデータだと思って適用することもできる．すると，コミュニティに各参加者が与えた影響を計算することもできる．これを実際にやった例が，図 3.6 のヒューマンネットワークである．

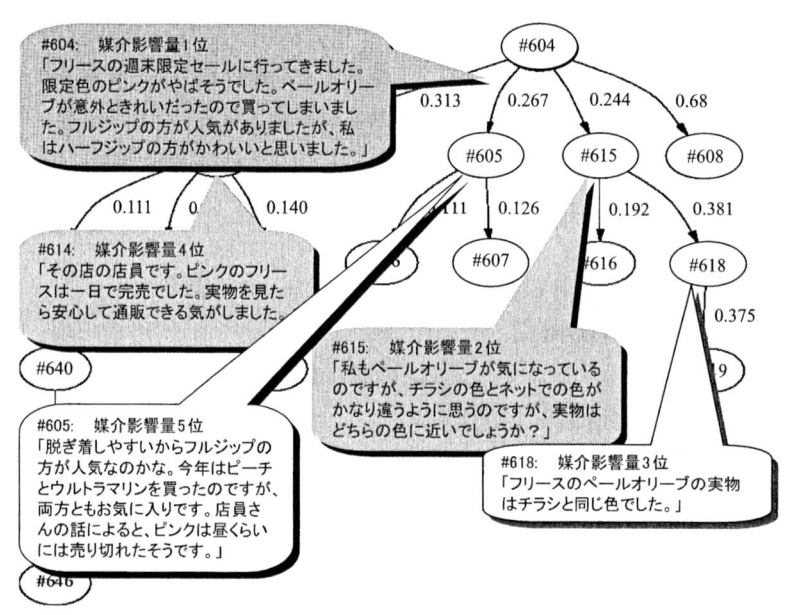

図 3.5　影響度普及モデルにおけるコメントの影響度計算

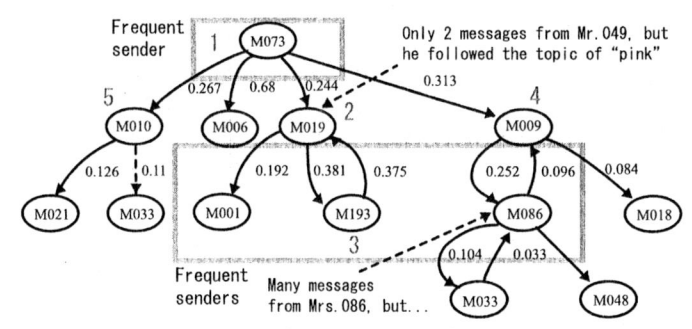

図3.6 図3.5の参加者のヒューマンネットワーク
楕円ノードに添えた番号は，影響度の強さの順位．

図 3.6 は，上記のディスカッションに参加したメンバー間の影響関係を図で表したものである．矢印は，ある人の意見が別の人の意見に影響する様子を表す．この図で，M049 は図 3.5 で媒介影響量が 2 番目に大きい #615 のメッセージを出したメンバーである．普段から寡黙で，全体で 700 件近いメッセージからなる電子掲示板においてわずか 2 回しかメッセージを出していないにもかかわらず，非常に影響力が強いことがわかる．図 3.5 を見ても，この人はあからさまにリーダー格を演じるのではなく，名フォロワーという位置付けにいる．

このように，発言頻度のような簡単な指標では掴みきれないメッセージや人の影響力を求める上で，IDM は強力なツールである．

文献

1) H. Mannila, H. Toivonen, AI Verkamo, "Discovering frequent episode in sequences", Proc. 1st Int'l Conf. on Knowledge Discovery and Data Mining (KDD-95), pp.210–215, 1995.
2) H. Motoda, K. Yoshida, "Machine learning techniques to make computers easier to use", *Artificial Intelligence*, **103**(1), pp.295–321, 1998.
3) T. Yoshida, et al, "Preliminary Analysis of Interferon Therapy by Graph-Based Induction", Proc. International Workshop on Active Mining, Japanese Soc. AI, 2004.
4) M.V. Joshi, R. C. Agarwal, V. Kumar, "Predicting rare classes: can boosting make any weak learner strong?", Proceedings of the eighth ACM SIGKDD international conference on Knowledge discovery and data mining, 2002.
5) M.V. Joshi, R. C. Agarwal, V. Kumar, "Mining needles in a haystack: Classifying rare classes via two-phase rule induction", Proceedings of ACM SIGMOD'01 conference on Management of Data, 2001.
6) E. Suzuki, T. Watanabe, H. Yokoi, K. Takabayashi, "Detecting interesting exceptions from

medical test data with visual summarization", Proc. Third IEEE International Conference on Data Mining (ICDM), pp.315–322, 2003.
7) G. M. Weiss, H. Hirsh, "Learning, to predict rare events in event sequences", Proc. Fourth International Conference on KDD, pp.359–363, 1998.
8) Y. Ohsawa, N. E. Benson and M. Yachida, "KeyGraph: Automatic indexing by co-occurrence graph based on building construction metaphor", Proc. Advanced Digital Library Conference (IEEE ADL '98), pp.12–18, 1998.
9) 大澤幸生編著, チャンス発見の情報技術, 東京電機大学出版局, 2003.
10) 北研二, 津田和彦, 獅々堀正幹, 情報検索アルゴリズム, 共立出版, 2002.
11) 砂山渡, 大澤幸生, 谷内田正彦, "KeyGraph: キーワード抽出ツールから発見ツールへの展開", Bit 別冊 発見科学とデータマイニング, 共立出版, 2000.

4
リスクマネジメント

4.1　はじめに

　本書の第1章に述べたように，リスクの定義はあらゆる分野を通して一定とは限らない．なぜなら，リスク定義の着眼点や表現は実務分野によって異なるからである．Lowranceは，リスクを「好ましくない事象の発生可能性とその結果の大きさの測定」[1]として定義している．また，日本規格協会のTR Q 0008(ISO/IEC GUIDE 73: 2002)「リスクマネジメント－用語－規格において使用するための指針」における定義では，リスクは「事態の確からしさと，その結果の組み合わせである．または，事象の発生の確率と事象の結果の組み合わせである」と記されている．これらの定義は，リスクを測定する尺度を焦点に絞って表現するものである．他方，Kates and Kaspersonは，リスクを「人間の行動や事象は人類の価値に何らかの損害をもたらす結果の発生可能性」[2]として定義している．この定義はありそうな事象の定性的な特徴を中心とするものである．

　リスク定義の多様性と曖昧さはリスクマネジメントの対象範囲の広さに由来する．そもそも人や組織における全ての活動において，リスクというものはつねに存在する．このため，ほとんどあらゆる分野の活動において，リスクに対し何らかの処理が暗黙のうちに行われている．

　リスクマネジメントという共通の言葉を使っていても，その意味するところは多かれ少なかれ異なっている．実際，金融，経営，労働・安全，環境などの分野では，リスクマネジメント活動はかなり進んでおり，各分野に独自の方法・

ツールが，個別に研究・開発されているという事態が生じてしまっている．

こうした状況を踏まえて，実務分野に捉われず，統一した枠組みでリスクやリスクマネジメントを研究しようとする動きが強くなっている．この章では，その1例として，システム工学の観点からリスクやリスクマネジメントを統合的に取り扱う方法論，すなわち，システムズアプローチについて紹介する．

リスクに基づく意思決定は一般にリスクや不確実性を取り扱うシステム的プロセスに他ならない．そしてリスクや不確実性の存在により，意思決定が非常に難しくなる．これに関しては2つの理由を挙げることができる．1つは，リスクに基づく意思決定が人の生活のあらゆる側面にかかわっており，その結果，個人，企業または政府などのあらゆるレベルの意思決定においてリスクや不確実性がつねに存在しているということである．もう1つは，上述したようにリスクに基づく意思決定に関する研究はさまざまな学問分野において独自に行われており，ある特定分野に適用できる方法・ツールがほかの分野にもそのまま適用できるように錯誤されがちだということである．間違った方法の適用はリスクに基づく意思決定をさらに混乱させてしまう．

例えば，地震，台風，津波のような自然災害が原因となるリスクマネジメント問題を検討するとき，自然災害そのものをいかに防ぐかではなく，自然災害がもたらすリスクをいかに管理するかを考える方がはるかに重要である．なぜなら，自然災害は社会基盤であるインフラ，例えば，ダム，交通システム(道路，橋，高速道路，空港)，上下水道システム，病院などを通して人々の生命財産に損害を与えるからである．したがって自然災害が原因となるリスクに対処するときには，まず自然災害が社会インフラの安全性，機能性，整合性などに与える影響を分析し，その後，社会インフラの破壊や損害が人々の生命財産，社会経済，自然環境などに及ぼす影響について検討し，災害対策を講じるべきである．

この例からもわかるように，リスクマネジメントは通常，広い範囲を対象とする多面的な活動であり，1つの領域において単一の手法でリスクマネジメント問題を解決できるとは考えにくい．さまざまな学問分野において横断的，学際的にリスクマネジメントを取り込んでいく必要がある．そして，リスクマネジメント研究の横断性や学際性は，リスクや不確実性を対処するための全体的，

系統的なアプローチを要求しているのである.

この章では,リスクマネジメントの基本的な考え方,特に,リスクマネジメントシステムの構築にかかわる意思決定の側面を強調しながら説明する.まず,4.2節では,リスクマネジメントをシステム工学の枠組みの中で説明する.次に,4.3節では,システムズアプローチをリスクマネジメント問題に特化したものとして,リスクマネジメントのプロセスを説明する.ここではさらに,リスクマネジメントのプロセスに組織体制や補助的な仕組みを加えて,リスクマネジメントシステムについて説明する.最後に,4.4節では,応用事例として,医療リスクマネジメントシステムにバランストスコアカードを導入した取り組みについて紹介する.

4.2 システムズアプローチ

リスクのアセスメントとマネジメントは,意思決定において欠かせないプロセスであることを前提にすると,リスクや不確実性を取り扱うシステム的,全体的なアプローチが必要となる.このシステム的,全体的なアプローチがシステム工学の原則に基づくシステム思考またはシステムズアプローチである.

4.2.1 システム,システム工学

システムズアプローチを説明する前に,まずシステムやシステム工学について簡単に紹介する.現代社会では,「システム」という表現が至る所で使われている.例えば,制御工学分野では,制御対象を多次元変数の微分方程式で表現したものを制御システムと呼ぶし,一般では,コンピュータや情報機器を含む情報ネットワークなどを情報システムという.ほかにも機械システム,交通システム,銀行システム,社会システムなど,さまざまなシステムが存在する.これらのシステムという言葉に共通するものは何であろうか.

一般に次の条件を備えたものがシステムと呼ばれている[3].
1) 2つ以上の要素から成り立っている.
2) 各要素は互いに定まった機能を果たす.
3) 全体として目的を持っている.

4) 単に状態として存在するだけではなく，時間的な流れを持っている．

まず，1) の条件は，要素1個だけではシステムとはならないということを表している．次に2) の条件は，各要素が異なる領域に属していて一見結合できないように思われるものであっても，一定の条件のもとで結合されて新しいシステムを生み出すということを示している．さらに，3) の条件は，システムの意義を確立するものである．すなわち，システムとは一定の目的を達成するためのものだということである．そして最後に4) の条件として，システムは「流れ」で表されなければならない．それは，システムの目的がどのように達成されているのかということを考えなければならないということである．

以上のように，「対象となるものを，ある目的を持って要素を組み合わせたものと認識したときそれを『システム』と定義する」ことができる．

なお，ここでいう「もの」とは，必ずしも具体的な形を持つものに限らない．政治社会やビジネスに現れるさまざまな現象に対する「認知」なども含まれる．

このようなシステムの概念を用いてシステム工学を定義すると以下のようになる[4]．

「システム工学とは，既存のシステムを分析したり，新しいシステムを開発したりするときに合理的に行うための方法論(思想と技法)である．」

この定義は2つの側面から理解することができる．1つは新しいシステムを創造する際に，それを利用するという側面である．例えば，情報システムや交通システムなどのような工学的，技術的システムの開発はこれに相当する．もう1つは，従来からある「もの」をシステム的視点から認識することによって，新しい機能を持たせたり，あるいは改革の方向を見出したりするという側面である．これは組織の改革や企業戦略の構築に多く見られる．通常「システム化」という言葉を使用する場合は後者を指すことが多いが，どちらもシステム工学の基本原則に基づくシステムズアプローチを用いることに違いはない．

4.2.2 システムズアプローチ

システム工学の最大の特徴は物事をつねに全体的に認識し，論理的意思決定によって問題を解決するという点にある．その手順あるいは取り組み方は一般にシステムズアプローチと呼ばれる．システムズアプローチについての明確な

定義が無いが，通常，「問題解決の手続き」や「物事の対処の仕方」などといわれる．

以下，システムズアプローチの基本原則と論理的展開とはどのようなものかを箇条書きで示しておく[5]．

[システムズアプローチの基本原則]
- 「全体的」という哲学に徹する．
- 意思決定の階層構造(複数の意思決定者，区域，実力者など)を認識する．
- 評価目標の多様性を理解する．問題解決の方法は唯一ではない．代替案の選択や評価基準間のトレードオフが必要である．
- 物事の過去，現在，将来といった時間的な要素を考慮する．
- 信頼関係の構築に文化，ビジョン，知能，人間関係などを取り込む．
- 不確実性を取り組む(不確実性の分類を行う)．
- 質(品質)の改善のために努力し続ける．
- 質(品質)の改善において学際的な性質を尊重する．
- 人や人間関係を中心にする．

[システムズアプローチの論理的展開]
1) 問題解決のニーズを広く把握し，問題とそれを取り巻く環境とを大局的に調べる．
2) 顧客とともに，問題解決の目的，目標，目標達成の評価基準を決める．
3) 問題解決の状況，環境，制約条件，利用できる資源を明らかにする．
4) 問題解決にかかわる人，技術，システム，環境間の相互関連を検討する．
5) 複数のモデルの取り込みと総合化を目指す．モデルの効果と有効性を検証する．
6) シミュレーションや最適化の方法を用いてモデルを解く．
7) 実行できる代替案(選択肢)をさまざまな視点，例えば，どのぐらい顧客のニーズに応えたのか，代替案のコスト，ベネフィット，リスク間のトレードオフがどうなったのか，などから検討する．
8) 提案された代替案を短期と長期の両面から評価する．言い換えれば，代替案の持続性を調べる．
9) 代替案を選定し，顧客が納得するまでコミュニケーションをとる．

10) 現在の意思決定が将来の意思決定に与える影響を評価する．
11) 顧客が納得するまで，上記ステップの一部を繰り返すことによって代替案の修正を行う．代替案が受け入れられれば，代替案実施のために努力する．
12) 事後検証を行う．
13) 検証結果をフィードバックし，上記ステップを繰り返す．

```
                問題解決のニーズ
                      ↓
              ┌─────────────────┐
              │  問題の定義・明確化  │←──┐
              │ (①, ②, ③, ④)    │   │
              └─────────────────┘   │
                      ↓             │
              ┌─────────────────┐   │
              │ システムの分析・最適化│←──┤ フ
              │(④, ⑤, ⑥, ⑦, ⑧)│   │ ィ
              └─────────────────┘   │ ー
                      ↓             │ ド
              ┌─────────────────┐   │ バ
              │  代替案の選択・提案  │←──┤ ッ
              │ (⑦, ⑧, ⑨, ⑩)   │   │ ク
              └─────────────────┘   │
                      ↓             │
              ┌─────────────────┐   │
              │  代替案の実行・検証  │←──┘
              │ (⑪, ⑫, ⑬)       │
              └─────────────────┘
```

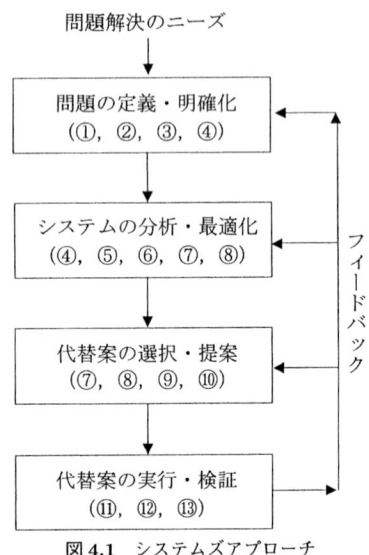

図 4.1 システムズアプローチ

システムズアプローチにおける13のステップは，図4.1のように4段階にまとめることができる．ここで，第1段階は問題定義の段階である．この段階ではまず解くべき問題を明確にする必要があり，以下の項目を明らかにする．

1) 問題点あるいはシステム境界
2) 提起された問題の制約条件
3) 問題解決の目的，目標と評価基準
4) システムの構成要素

次の第2段階においては，リストアップされたシステムの構成要素の中から，重要なものを選定し，各要素間の相互関連を定性的な概念モデルを用いて分析する．また，必要があり，かつ可能であれば，物理的，数理的なモデルを構築

し，シミュレーション，最適化などの手法を用いて，問題解決の代替案や選択肢を作成する．そして第3段階では，前の段階で作成された問題解決の代替案や選択肢をさまざまな視点，例えば，コスト，ベネフィット，リスクなどの視点から評価し，実行案の提案を行う．最後に，第4段階では，実行案を選定し，具体的な行動プログラムを作成し実施する．さらに実施後の結果に対し評価・検証を行い，実施結果があらかじめ設定された評価目標や評価基準を満たさなければ，各段階における作業内容を含めて改善策を検討する．

　以上，問題解決あるいは意思決定のためのシステムズアプローチについての説明を行ったが，ここで強調しておきたいことがある．システムズアプローチによる問題解決の過程は，決して1方向性のものではない．むしろ，これらの手続きを繰り返して何回も実行し，フィードバックを行うことにより，各段階の目的や目標を実現していくことが重要である．

4.3　リスクマネジメントシステム

　リスクマネジメント問題を考えるとき，最初にどこから手をつけてよいのかがわからないということが多い．このような複雑な問題に対し，システム工学の方法論は特に有効といわれている．システム工学におけるシステム思考またはシステムズアプローチを，リスクマネジメント問題に特化したものこそリスクマネジメントに他ならない．すなわち，リスクマネジメントとは，リスクや不確実性に対処するための継続的に改善される一連のプロセスである．そして，この一連のリスクマネジメントのプロセスとそれらを支える組織体制，さらにそれを支援する仕組みによって，リスクマネジメントシステムは構成される．

4.3.1　リスク，不確実性

　4.1節にも述べたように，Lowranceは，リスクを「好ましくない事象の発生可能性とその結果の大きさの測定」[1]として定義した．また，日本規格協会のTR Q 0008 (ISO/IEC GUIDE 73: 2002)「リスクマネジメント－用語－規格において使用するための指針」における定義では，リスクは「事態の確からしさと，その結果の組み合わせである．または，事象の発生の確率と事象の結果の

組み合わせ」であると記されている．これらの定義はよくリスクの期待値を計算するための以下のような数学公式に簡単化される．すなわち，

$$リスク＝発生確率 \times 結果の大きさ$$

である．しかし，この公式は，ありそうな事象を測定する観点からリスクを記述するもので，リスクの定義としては正確ではない[6]．実際，リスクといった言葉は実務分野によって異なる意味を持つ．したがって，リスクを測定する目的を持たなければ，リスクを「ありそうな，好ましくないシナリオや事象」として定性的に定義できる．ここでは，リスクのネガティブの側面を強調するために，「好ましくない」という表現を使っているが，もし，チャンスとリスクを表と裏の関係にあるものとして捉えるならば，チャンスとリスクを「ありそうなシナリオや事象」として統一的に定義することができる．

Haimes は，このようなありそうな，好ましくない状況を，リスク的状況，不確かな状況，不正確な状況，変動性といった4タイプに分けて記述している[5]．

- リスク的状況とは，潜在的な結果を合理的に決められた確率分布によって記述できるような状況である．例えば，ある河川が平均20年に1回一定の水位を上回る状況がリスクの状況である．
- 不確かな状況とは，潜在的な結果を記述する客観確率分布と主観確率分布が存在していない状況である．
- 不正確な状況とは，潜在的な結果を客観確率分布によって記述できないが，主観確率分布を用いて記述できるような状況である．
- 変動性とは，潜在的な結果に存在する固有の量的変化である．

本書の第4章，第5章では，リスクの概念を広い意味で捉えている．すなわち，そこでいうリスクという言葉には，リスクや不確実性の意味が含まれている．

4.3.2 リスクマネジメントシステム

リスクマネジメントをリスクアセスメントの部分とリスクマネジメントの部分とに分けて考える専門家と，両方を合わせてより広い意味でのリスクマネジメントとして考える専門家がいる．本書では，後者の主張に従って，リスクマネジメントを1つのプロセスとして定義するものとする．実務分野によって，

リスクマネジメントのプロセスと内容の説明は多少違うかもしれないが，次のような5段階モデルが一般的であろう．すなわち，リスクマネジメントのプロセスは図 4.2 に示されているような5つの段階から構成されており，リスクマネジメントのプロセスとそれらを支える組織体制，およびそれを支援する仕組みとから，リスクマネジメントシステムが構成される．

[リスクマネジメントのプロセス]
1) リスクマネジメントの方針，目的および目標
2) リスクの特定，測定と評価
3) リスク対策の作成と選択
4) リスク対策の実施
5) 実施結果の評価と改善

ここで最初の2段階，すなわち，リスクマネジメントの目的ないし目標，及び，リスクの特定，測定と評価，のプロセスを通して，次のような問いに答える．
- 何か好ましくないことが起こるか？
- 好ましくないことが起こる可能性はどのくらいあるのか？
- 好ましくないことが起こったら，どのような結果になるのか？

また，次の3段階，すなわち，リスク対策の作成と選択，リスク対策の実施，実施結果の評価と改善，を通して，次のような問いに答える．
- どのような対策があるのか？
- コスト，ベネフィット，リスク間のトレードオフをどうするのか？
- リスクマネジメントの意思決定が将来に対し，どのような影響があるのか？

以上の質問内容を考えながら，リスクマネジメントの各段階の内容を以下のように要約する．

a. リスクマネジメントの方針，目的ないし目標

この段階においては，リスクマネジメントの方針，目的および目標を設定する．組織には組織が存在するための本来の目的がある．例えば企業は，社会に必要とされるものやサービスを提供するとともに利益を最大化すること，病院であれば，質のよい医療サービスを提供すること，プロジェクトチームでは，与えられたプロジェクトを成功させること，などを目的とする．リスクマネジメント活動はこのような組織の目的や目標を実現するためのものでなければな

らない．組織の本来の目的や目標から見たリスクや不確実性に対処することはリスクマネジメントの基本となる．

b. リスクの特定，測定と評価

この段階では，まず対象システムのリスクシナリオや不確実性の特定を行う．ありそうな事象のシナリオを徹底的に記述し，何が好ましくない方向に向かって変化するか，について調べる．また，特定された数多くのリスクシナリオを一定のカテゴリに分類する．ここでリスクの主な要因には，(a) ハードウェアの故障，(b) ソフトウェアの故障，(c) 組織ミス，(d) 人的ミス，などがある．そしてこれらの故障やミスに加え，他のリスク要因となる側面に対する記述もリスク特定を補う．例えば，地理的，経済的，技術的，環境的，政治と制度的な側面からリスクを特定する．次に，客観的，あるいは，主観的に故障またはミスの可能性を予測し，リスクの原因とその影響の因果関係をモデリングする．好ましくない影響の可能性と大きさ，リスクがもたらすさまざまな結果を定性的または定量的に定めることがシステムモデリングの主な目的である．そして，この段階の最後に，特定されたリスクシナリオ・リスクカテゴリに対し，リスクマネジメントの目的や目標から見たそれぞれの重要度に基づいて，リスクの順序付けを行う．この結果として，あまり重要でないリスクシナリオ・リスクカテゴリは除外し，限られた資源の有効利用を図る．

c. リスク対策の作成と選択

この段階において，まず，実行可能なリスク対策を考案し，開発する．リスク対策の基本方針として，(a) リスクの軽減，(b) リスクの回避，(c) リスクの移転，(d) リスクの受容などが考えられる．例えば，上・下水道のような公共施設では，地震発生時でも一定の機能を維持しなければならない．この場合のリスク対策としては，企業などで行われる保険によるリスクの移転は不適切であり，公共施設の耐震性を向上させるというリスク軽減策を考えるべきである．さて，次のステップとして，リスク対策のコスト，ベネフィット，リスクの観点からリスク対策のトレードオフ分析を行う．各評価指標のバランスを考慮するパレート最適の意味での対策を選ぶ．例えば，公共施設の耐震性向上策を考えるとき，施設の全てを対象に耐震化工事を行うことは経済的にきわめて困難である．震災の影響が小さいと思われる施設に対し，リスク受容の対策をとる

方がむしろ現実である．

d. リスク対策の実施

リスク対策の実施は前の段階で決められたリスク対策案を実行する段階である．意思決定者がリスク対策の効果，資源および緊急性を考慮する上で実行の優先順序を付けた行動プログラムを決めて，実施する．ここでは，リスクのモデリングと定量分析とともに，ほかのさまざまな要素を評価しなければならない．例えば，リスク分散の公平性，潜在的な社会，経済，環境，あるいは政治への波及効果を考えなければならない．また，リスク対策の対象となるシステムのダイナミクスも視野に入れ，現在のリスク対策についてシステムの将来に対する総合的な影響を評価する必要がある．

e. 実施結果の評価と改善

リスクのアセスメントとマネジメント活動はリスクや不確実性が存在する状況で行われていることから，継続的な評価と改善が必要である．したがって，リスクマネジメントはフィードバックルートを含む循環的な過程となる．そこでは実施結果の評価を行うことにより，システムそのものが全体としてうまく機能しているかどうかを検証する．このリスクマネジメントシステムの有効性評価の結果を受けて，システムの改善を行う．このことからも，実際の運用では，5段階モデルの一部または全部を繰り返す必要がある．

図4.2に示すように，リスクマネジメントシステムは，システムの骨格となる5段階プロセスモデルと，組織体制，リスクコミュニケーション，教育訓練

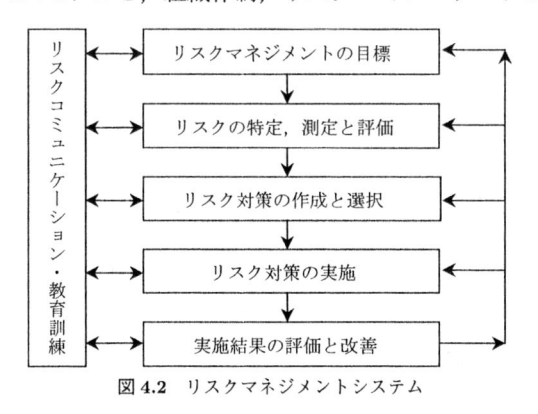

図4.2 リスクマネジメントシステム

などの補助的な仕組みとから構成される．5段階のプロセスモデルは，リスクマネジメントシステムの主な流れを規定するものであるが，組織体制，リスクコミュニケーション，教育訓練などもシステムの中に欠かせない要素である．リスクコミュニケーションとは，意思決定者とステークホルダーがリスクに関するさまざまな情報，例えば，リスクの特定，リスクの発生可能性，リスクの対策など，を交換または共有することをいう．例えば，公共施設のリスクマネジメントに関して，リスク受容策をとるとき，公共施設の管理者のみならず現地の住民等も含めた利害関係者間での情報交換がきわめて重要となる．また，リスクマネジメントはフィードバックルートを含む繰り返しの過程である．この過程を中断させずに維持するため，システムを運営するための組織体制や人員の教育訓練も重要な要素となる．

4.4　事例—医療リスクマネジメントシステム

4.4.1　医療リスクマネジメントの歴史

　人類はいったいいつから病気に悩まされているのであろうか？　化石人類の研究によると，原人であるピテカントロプスの大腿骨には外骨腫が認められ，旧人のネアンデルタール人には関節炎や外傷後の化膿の痕，腫瘍，肺炎，結石，天然痘，住血吸虫症，ヘルニア，動脈硬化，骨粗鬆症など現代でも認められる多彩な病気がすでに存在していたことが証明されている．病気の起源は人類の出現と時を同じくすることが示唆される．パピルス，粘土板などに書き残された記録によると古代エジプト文明，古代メソポタミア文明，古代メキシコ文明，古代ペルー文明には宗教に基づいた医学がすでに存在していたことが示唆される．メソポタミアの遺跡からは粘土でつくられた肝臓の模型が出土している．エジプトでは象形文字で書かれた「パピルス・エーベルス」と呼ばれる古代エジプト医学の医学書が発見されている．そこには内科，外科，婦人科，寄生虫などいろいろな分野にわたる記載があり，875の処方が記されている[7]．

　病気はギリシャ医学(紀元前500年から紀元500年にいたる1000年間)において初めて科学的・自然主義的に研究されるようになった．これはギリシャが東地中海沿岸にあるという地理的特色を有しており，ギリシャ人がエジプト，

メソポタミア，フェニキア，クレタなどの諸文明に接触できたためと考えられている．当時病気の原因は体液説 (血液・粘液・黄胆汁・黒胆汁) で考えられるようになった．ギリシャ医学は現代医学の源流であり，「医学の父」ヒポクラテスはギリシャ医学初期の象徴である[7]．

表 4.1　ハンムラビ法典 (215 条～223 条抜粋)[9]

【215 条】	医師が重傷人をメスで手術したり，メスで目の腫瘍を手術した時は 10 シェケルの銀を取る．
【216 条】	前条で，患者がムシュケヌの子であれば 5 シェケルの銀を取る．
【217 条】	215 条で，患者が奴隷であれば医師に 2 シェケルの銀を取る．
【218 条】	医者が重傷人をメスで手術して殺したり，目の腫瘍を手術して目を潰したら，彼の手（指）を切る．
【219 条】	前条で，患者ムシュケヌの奴隷が死んだ時は，同じ奴隷を弁償する．
【220 条】	218 条で，奴隷の目の腫瘍を手術し目を潰した時は，奴隷の値段の半分を払う．
【221 条】	医者が人の折れた骨を治療し，体内の病気を治療したら，病人は医者に 5 シェケルの銀を払う．
【222 条】	前条で，患者がムシュケヌであれば 3 シェケルの銀を払う．
【223 条】	221 条で，患者が奴隷なら 2 シェケルの銀を払う．

＊273 条より当時の日雇い労働者の日当が 5～6 シェ，1 シェ = 1/180 シェケル．

　人類の出現とともに病気が存在し，そこから医療の歴史が始まったとすれば，医療リスクマネジメントの歴史はいったいいつから始まったのであろうか？　1901 年にフランスの発掘隊は，ペルシャの古都スサから高さ 2.23 m，直径 61 cm の閃緑岩の円柱を発見した．この円柱の上部には，王が正義の神である太陽神シャマシュから法典を授かる姿が描かれており，その下部には表裏合計約 3000 行の楔形文字が刻まれていた．これが古代バビロニアのハンニバル王が紀元前 18 世紀に発布したハンムラビ法典であり，現存する世界最古の成文法典である．ハンムラビ法典は古シュメール法，シュルギ法，リピット・イシュタル法などそれまでの先行諸法典を集大成したものである[8]．

　ハンムラビ法典には，一部欠損しているが計 282 条が刻まれており，条文の 215 条から 223 条に医療に関する条文の記載がある (表 4.1)[9]．218 条の「医者が重傷人をメスで手術して殺したり，目の膿瘍を手術して目を潰したら，彼の手 (指) を切る」という内容からは，その背後にリスクマネジメントの考え方が

存在したことを窺わせる．またギリシャ時代の医聖ヒポクラテスの宣誓文「ヒポクラテスの誓い」には，医師の患者に対する責務が列挙されており，この中には「病人の利益を図り，正義にもとる行為を意図することはなく，いかなる危害も加えない」という内容の記載がある[10]．つまりその時代において，医師が患者に害をなしうる可能性があることが明確に認識されていたのである．医療リスクマネジメントの歴史は，実は医療の歴史とともに始まっていると考えることができる．

4.4.2 医療マネジメントとシステムズアプローチ

1995年3月23日『ボストン・グローブ』紙の一面トップで報道された，米国が世界に誇るダナ・ファーバー癌研究所の抗癌剤過剰投与による医療過誤事件は全米のみならず全世界に大きな衝撃を与えた．この事件は，乳癌の実験的プロトコールに同意して治療を受けていた患者が，誤ってプロトコールに定められた4倍量の抗癌剤を4日間投与され，退院予定日に死亡した事件である．その後世界各国で重大な医療過誤事件が相次いでマスメディアに報道されるようになり，市民の医療に対する不信，不安，不満は頂点に達した．

この実験的プロトコールは，大量の抗癌剤(サイクロフォスファミド)で難治性乳癌を治療するもので，あらかじめ採取し保存しておいた自分の造血幹細胞を大量の抗癌剤投与後に移植(輸血)し，大きなダメージを受けた骨髄造血機能をできるだけ早期に回復させるものであった．

抗癌剤過剰投与の原因は，主治医がサイクロフォスファミドの処方を，「$(1000\,\mathrm{mg/m^2} \times 1.63\,\mathrm{m^2})/$日×4日間」とするべきものを，「$(4000\,\mathrm{mg/m^2} \times 1.63\,\mathrm{m^2})/$日×4日間」と処方したことにある．病院内のオーダリングシステムには，抗癌剤過量投与に対する警告機能が備わっていたが，サイクロフォスファミドについては「$4000\,\mathrm{mg/m^2} \times 2$日間」という他のプロトコールが存在していたため，「$(4000\,\mathrm{mg/m^2} \times 1.63\,\mathrm{m^2})/$日×4日間」の処方については警告が発せられなかった．

この誤った指示は，調剤に関与した2人の薬剤師，サイクロフォスファミドを実際に患者に投与した看護師，サイクロフォスファミドの血中濃度をモニターしていた治療チームの医師，彼ら全員に見落とされた．またサイクロフォ

スファミドには心毒性の重い副作用があるため定期的に心電図検査が行われていたが、心電図については隣接する別の病院の循環器の専門医が所見を読むシステムであったため、「QT延長」という重大な異常所見は心電図検査の2日後、すなわち患者が死亡した当日に報告された。さらに抗癌剤が過量に投与された事実は、患者の死亡から2か月半後に病院のデータマネジャーがカルテデータを研究用データベースに移すときに初めて発見された。この事件を契機に、世界中の医療現場がこれまで以上に真剣に医療リスクマネジメントに取り組むようになった。航空業界においては特にヒューマンファクターが重要と考えられているが、中でも医療分野のリスクマネジメントにおいて重要である。そのため医療リスクマネジメントにおいては航空業界の取り組みと同様に「何が起きたのか、誰が事故を起こしたのか」と特定の医療従事者を懲罰する観点からのアプローチではなく、「何が起きたのか、なぜ起こったのか、問題点は何か、その対策は何か」とシステムの観点からのアプローチ(システムズアプローチ)の重要性が強調されるようになった (図4.3)[11, 12]。

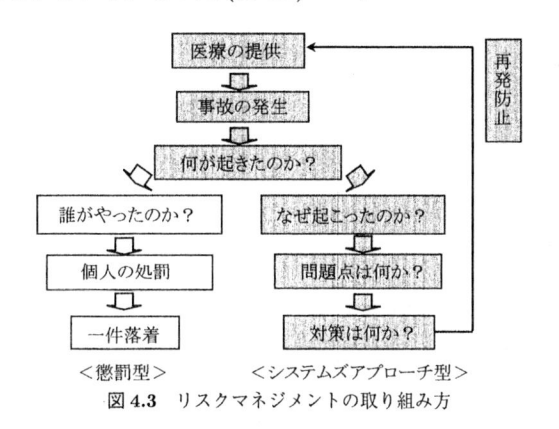

図 4.3　リスクマネジメントの取り組み方

4.4.3　医療安全対策の国際的動向

1995年に発覚したダナ・ファーバー癌研究所における抗癌剤過量投与の医療過誤事件以降、多くの医療過誤事件が相次いで世界中のメディアに取り上げられるようになり、このことから国家レベルでの医療事故に関する調査研究が世界的に展開した (表4.2)。

表 4.2 医療安全対策の国際的動向

	米 国	英 国	オーストラリア	日 本
1994年	ダナ・ファーバー事件			
1995年	(ダナ・ファーバー事件の報道)		The Quality in Australian Health Care Study	
1996年	大統領質諮問委員会		質作業班最終報告書	
1997年		ブリストル王立小児病院事件		
1998年		A First Class Service		
1999年	'To Err is Human' (IOMの戦略計画)			横浜市立大事件 都立広尾病院事件
2000年	IOMの行動計画	An Organization with a Memory (戦略計画)	Safety First (戦略計画)	特定機能病院等における安全管理体制の義務化
2001年		Building a Safer NHS for Patients (行動計画)	National Action Plan 2001 (行動計画)	Patient Safety Action (患者の安全を守るための医療関係者の共同行動) 医療安全対策検討会議等の設置 ヒヤリハット事例収集等事業開始
2002年				「医療安全推進総合対策」策定 医療機関における安全管理体制の強化
2003年				医療安全支援センター設置 特定機能病院等における安全管理体制の強化 厚生労働大臣医療事故対策緊急アピール
2004年				医師臨床研修必修化 医療事故事例収集等事業

　1998年には，頻発する医療事故に対し米国民に提供される医療サービスの質に意味ある改善を実現する戦略の策定のために「米国医療の質委員会 (The Committee on the Quality of Health Care in America)」が設置された．この委員会は，1999年に米国の医療の質にかかわる最大の懸念の1つである「患者

の安全」に焦点を絞ってまとめた "To Err is Human : Building a Safer Health System (人は誰でも間違える：より安全な医療システムを目指して)" というさまざまな医療事故に関する研究結果をまとめた報告書を出した[13]．この報告書のユタ州とコロラド両州における調査結果を1997年に米国で病院に入院した3360万人の患者に当てはめて推計すると，少なくとも全米で年間44,000人が防ぎ得た医療上の過誤のために死亡していることになる．またニューヨーク州における調査結果をもとにして推計すると，医療上の過誤による死亡者は98,000人に跳ね上がる．少ない方の数字を取ったとしても，医療過誤による年間死亡数は，自動車事故(43,458人)，乳癌(42,297人)，エイズ(16,516人)による死亡者数を上回り，当時の米国の主要死亡原因の8番目に位置する．

イギリスでは，ブリストル王立小児病院の不適切な心臓外科手術による医療事故の発覚を契機に医療安全対策が本格的に始まり，2000年には医療安全に関する政策がとりまとめられた報告書(An Organization with a Memory)，2001年には具体的な活動内容が示された報告書(Building a Safer NHS for Patients)が相次いで出された．

オーストラリアは全国レベルで医療事故が検討されている数少ない国の1つである．この中で最も重要な調査報告書は1995年に発表されたThe Quality in Australian Health Care Study (QAHCS) である．これは1992年に入院した14,000人分の入院患者診療録を詳細に調査した研究である．この報告書によると，入院患者の16.6%に有害事象が発生しており，有害事象の発生した患者の4.9%が死亡している．有害事象とは医療従事者のミスの有無にかかわらず，診療行為にともなって起きるトラブルのことである．このことから，オーストラリアでは年間47万件の医療事故が発生していると推計されている．

日本においては1991年1月の横浜市立大学医学部附属病院での患者取り違え事故と1991年2月の都立広尾病院での消毒剤誤注による死亡事故を契機に，数多くの医療事故がマスコミで報道されるようになった．米国，オーストラリア，英国，デンマーク，ニュージーランドの5か国の医療事故に関する報告を分析し，入院患者に平均8.9%の有害事象が発生し，それによる患者死亡率は平均0.38%であり，その約半数が予防不可能な医療事故であることが明らかになった．日本の医療レベルをこれら5か国と同等と仮定すると，わが国の年間延べ

退院患者数は約 1,350 万人であるので，入院患者に年間約 120 万件の有害事象が発生し，そのうち医療事故で死亡する者は年間約 26,000 人と推計される．

4.4.4 医療リスクマネジメントで使われる基本的手法

今日の医療リスクマネジメントの考え方は基本的に一般産業界の考え方と同じであり，4つのプロセスで説明することが多い．4つのプロセスとは，インシデント・アクシデントレポートから今後事故に発展する可能性のある問題点を把握する「リスクの把握」，問題点の重大性を評価し，対応すべき問題点を選別して背景要因を分析する「リスクの評価・分析」，医療システムの改善の視点から医療事故予防対策を検討，実施する「リスクの改善・対処」，予防策の遵守状況の確認とともに予防策が不十分な場合はフィードバックして再検討する「リスクの再評価」である (図 4.4)．

リスクの把握	→	インシデント・アクシデントレポート等により事故に発展する可能性のある問題点を把握する．
↓		
リスクの評価・分析	→	問題点の重大性を評価し，対応すべき問題点を選別して背景要因を分析する．
↓		
リスクの改善・対処	→	医療システムの改善の視点から医療事故予防対策を検討，実施する．
↓		
リスクの再評価	→	予防策の遵守状況の確認とともに予防策が不十分な場合はフィードバックして再検討する．

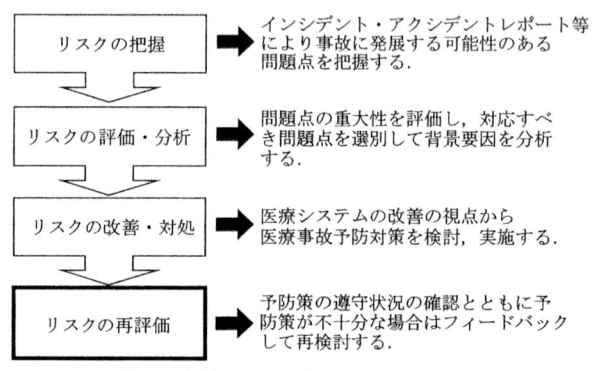

図 4.4 医療リスクマネジメントのプロセス

また医療リスクマネジメントにおいてよく活用される基本的手法は，リスクの把握では「インシデント・アクシデントレポート」，リスクの評価・分析では「RCA (root cause analysis)」，「SHEL モデル」，「4M-4E マトリックス法」，「FMEA (failure mode and effects analysis)」，リスクの改善・対処では「probability-impact 法」である．

a. インシデント・アクシデントレポート

1974 年に発生したワシントンのダレス空港における TWA 機の墜落事故を契機に，米国連邦航空局 (Federal Aviation Agency: FAA) は，1975 年にパイロッ

トや管制官らがニアミスを自主的に報告できるシステム (air safety reporting system: ASRS) を構築した．それは TWA 機の墜落事故の 6 週間前に，他社の航空機が経験した「管制官の指示をパイロットが誤解する」というニアミスと同じことが TWA 機で繰り返され，乗客乗員が全員死亡する大惨事につながったためである．もしニアミス情報を事前に関係者が共有していたら，大惨事を回避することができた可能性が高い．このような航空業界の取り組みを学び，医療界はインシデント・アクシデントレポート報告制度を取り入れている[12]．

ここでインシデントとは，患者に傷害を及ぼすことはなかったが，日常診療の現場等でヒヤリあるいはハッとした事象のことである．アクシデントとは，医療従事者が予想しなかった悪い結果が患者に起こった事象のことである．インシデント・アクシデントレポートに基づいて，医療事故につながる潜在的な事故要因を把握し医療事故の発生を未然に防止する．また発生したインシデント，アクシデントに対して適切な対応を図ることを目的とする．

b. RCA

米国の JCAHO (Joint Commission on Accreditation for Healthcare Organizations) が開発した root cause analysis (RCA) は，医療機関のシステムや診療のプロセスに焦点をあてた事故分析で，個々の医療従事者の医療行為の是非については検討しない．病院からの重大事故に関する自主的な報告について，「誰が」事故を起こしたかというよりは，「何が」スタッフに事故を起こさせたのか，「なぜ」事故が起こったのかということを徹底的に究明する．root cause と考えられるシステムの欠陥は，「スタッフの人数，配置や能力評価に関するもの」，「患者との，あるいはスタッフ間でのコミュニケーション」，「患者情報へのアクセスや臨床判断の支援に関するもの」，「物品や医療機器の管理に関するもの」などに分けられている．この分析の対象事項は原則として「予期せぬ患者の死亡」および「重大な機能障害」につながった医療事故であり「ニアミス」等は含まれていない[12, 16]．

c. SHEL モデル

SHEL モデルは KLM オランダ航空の機長であるホーキンスが考案したリスクの分析方法である．事故・トラブルには当事者だけではなく，それを取り巻くソフトウェアや環境，設備，関係者が密接に関係している．それらに何らか

の摩擦や歪みが生じたときに大きなトラブルが起こるという考え方に基づき，さまざまな観点から事実を分析し問題点を漏れなく取り上げるモデルである．SHEL モデルでは中心となる人間 (liveware) の周りに 4 つのコンポーネントを配置している．それらはシステムの運用にかかわるソフトウェア (software)，関連する機器 (hardware)，職場の環境 (environment)，他の人間 (liveware) であり，それらの要素の頭文字をとって SHEL と呼んでいる[15]．

d. 4M-4E マトリックス法

4M-4E マトリックス法は，NASA (米国航空宇宙局) で事故の分析に用いられたもので，事故の原因として人間 (man)，機器 (machine)，環境 (media)，管理 (management) の 4 つ (4M) を挙げ，それぞれに対して教育 (education)，技術 (engineering)，強制 (enforcement)，模範 (example) の 4 つ (4E) の視点から対策を立てる．事例分析では横軸に 4M の 4 つの項目をつくり，縦軸に 4E の 4 つの項目をつくる．こうしてできた 16 のマトリックスの中に，具体的な対策を書き込む[15]．

e. HFMEA™ [16]

FMEA (failure mode and effects analysis) とは，事前に予想されるあらゆる故障モードを列挙し，その中から影響度の高い故障モードを抽出し，事前に対策を講じる手法である．一般産業界において，製品設計や工程設計の潜在的故障，不良モードの早期発見と未然防止のために幅広く利用されている．

HFMEA™ (Healthcare Failure Mode and Effects Analysis) は，米国の National Center for Patient Safety で開発された手法で，工学領域で用いられている FMEA に，RCA でのマトリックス法と FDA (米国食品医薬品局) が開発した hazard analysis critical control point で使われている決定木 (decision tree) を取り入れたものである．実施手順を以下に示す．

1) 対象とする業務を決定する．
2) チームを構成する．
3) プロセスフローダイヤグラムにより対象プロセスを視覚的に記述する．
4) ワークシートを用意し，評価基準を決定する．
5) エラーモードを列挙し，その影響度を記述する．エラーモードとは「説明不足」「確認不足」「見落とし」「記入漏れ」などのことである．

6) RCAで使われている発生頻度と影響度のマトリックス評価法によりエラーモードの影響解析を行う．
7) 重要度の高いものに対して，原因を考え対策を検討する．

f. probability-impact 法

例えば「リスクの重大さ」を重大，中程度，軽度の3段階で評価し，「リスクの発生頻度」を高度，中程度，低度の3段階で評価する．これらの2軸を使ってマトリックスを作成し，リスク対策の優先順位を決定する (図4.5)．

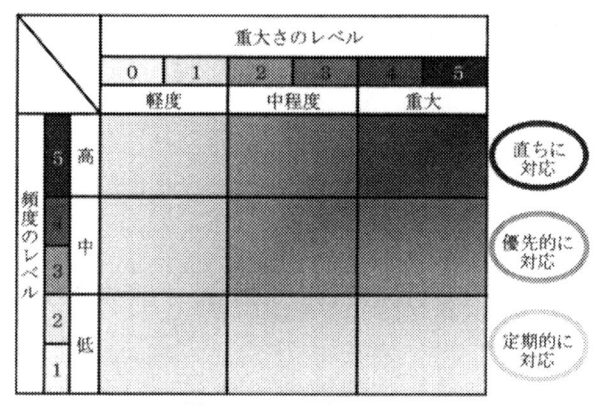

図4.5 リスク対策の優先度

4.4.5 今日の医療リスクマネジメントの新たな問題点

連日のマスコミ報道から容易に推測されるように，これまでの医療リスクマネジメントの取り組みが，今日十分に効果を上げているとはいえない[17]．一方医療現場からは，「リスクマネジメントに関する日々の積極的な取り組みが，具体的にどのような成果に結びついているのかいま一つ実感に乏しい」，「病院を挙げてリスクマネジメントにこれだけ真剣に取り組んでいても，十分な事故防止効果が得られないのは何故か？」という疑問が投げかけられている．

この臨床現場の疑問を解決するために，急性期総合病院の看護部門を対象にこれまでの取り組みを再検討した．急性期総合病院は，365日24時間，高度医療・救急医療を軸に濃厚な医療サービスを提供しており，他の医療施設と比較してその医療リスクはきわめて高い．一般的に看護部門のインシデント・アク

シデントレポート数は急性期総合病院全体の 80〜90% を占める．

　対象とした T 病院における看護部門のリスクマネジメントの構造を図 4.6 に示す．看護部門には 15 の看護ユニットがあり実働スタッフは約 300 名である．日々のインシデント・アクシデントレポートは各看護ユニットから看護科および安全推進委員会に上げられる．そこでレポートを評価・分析したうえで具体的な対策を立て，内容の説明とともに印刷物を全看護ユニットに配布する．各看護ユニットの師長・リスクマネジャーからスタッフへのリスクに関する新しい指示は，勤務交代の引き継ぎ時に事務連絡事項として文書と口頭で短時間に伝達される．各スタッフには指示された改善策の実行と再評価が求められる．

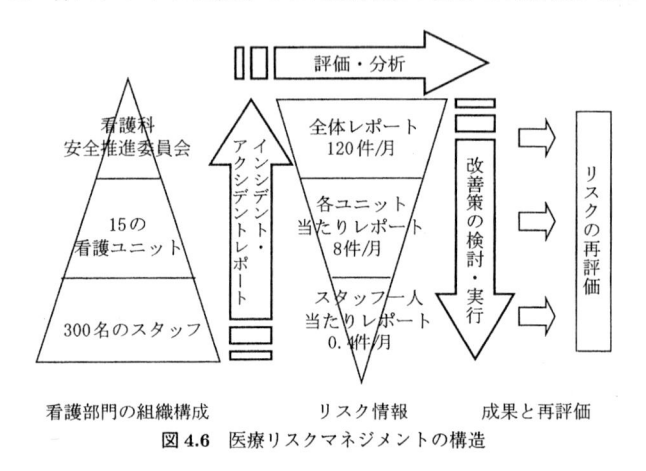

図 4.6 医療リスクマネジメントの構造

　T 病院看護部門においては毎月約 120 件のインシデント・アクシデントレポートが報告される．それぞれのレポートは安全推進委員会で評価・分析され改善策が策定され，それらは各看護ユニット，スタッフへと伝達される．インシデント・アクシデントレポートから得られたリスクに関連する情報は，看護科・安全推進委員会レベルでは月平均 120 件，看護ユニット単位では月平均 8 件，スタッフ 1 人当たりでは月平均 0.4 件である．日々の活動においてリスクマネジメントに関する情報の密度は現場に近づくほど低くなる．

　またインシデント・アクシデントレポートを分析して改善策を立てるとき，対処の優先順位が十分に考えられていない．改善策は再チェック・確認・照合・記録・識別表示・マーキング・意識付けなどの表現が多く，最終的にはスタッ

フ1人1人の「記憶力」や「注意力」や「やる気」に期待することで話が終わっている．改善案・対処方法は日々蓄積されるが，現場スタッフは全てを同時にこなさなければならないと受け止め，その負担は結果として人間の持つ能力の限界を超えてしまう．

多忙を極める臨床現場において，スタッフは改善策の着実な実行とその結果に対する評価が求められるが，そもそも具体的な数値目標が設定されていないことが多いため，改善策の評価自体が非常に困難である．つまり医療リスクマネジメントの4つのプロセス（「リスクの把握」→「リスクの評価・分析」→「リスクの改善・対処」→「リスクの再評価」）のうち，「リスクの改善・対処」と「リスクの再評価」がほとんど機能していない．

以上の検討結果から，臨床現場にはこれまでの医療リスクマネジメント手法では対応できない重大な問題点があることがわかった．それは組織全体のリスクマネジメントにおける目標と戦略が下位組織およびスタッフに明確に浸透しておらず，また定量的な目標値が設定されていないために改善策の結果の評価が曖昧となり，その結果フィードバック機能がほとんど機能していないことであった．つまり戦略的マネジメントシステムがないのである．

4.4.6　戦略的マネジメントシステムとしてのバランストスコアカード

1980年代後半以降は工業化社会から情報化社会への大転換期となった．情報化社会では，ブランド，データベース，特許，技術力，効率的な業務プロセス，顧客のロイヤリティー，従業員のモチベーション，従業員のスキルなどが大きな価値を生み出すが，これらは直接手に触れることはできない．今日ではこれらの「無形資産」が企業の市場価値の70～80%を占めるといわれている．これらの「無形資産」は伝統的な「財務指標」で測定することができないため，企業の経済的価値を正確に測定する新たな手段が必要とされた．キャプランとノートンは将来の企業価値を「財務の視点」「顧客の視点」「内部プロセスの視点」「学習と成長の視点」の4つの視点で測定する新しい業績評価指標として『ハーバード・ビジネス・レビュー』誌（1992年1月・2月号）に，バランストスコアカード（balanced score card: BSC）を紹介した[19]．

当初，無形資産も測定できる新しい業績評価システムとして紹介されたBSC

は，無形資産の重要性がますます高まり競争が激化する環境において，企業が生き延びるためにその体質を変えるための戦略的マネジメントシステムへと大きく変化した．戦略的マネジメントシステムとしてのBSCは「財務」，「顧客」，「内部プロセス」，「学習と成長」の4つの視点で組織のビジョン・戦略を全職員に浸透させ，組織を目標に向かって一丸とするための仕組みである[20]．

戦略的マネジメントシステムとしてのBSCの特徴は，上記4つの視点で因果関係を意識して戦略を立てることにある．戦略的マネジメントシステムとしてのBSCのコンセプトは基本的に「4つの視点」と「戦略マップ」と「フォーマット」によって構成される．

a. 4つの視点

営利企業においては，組織を株主，顧客，従業員，関係会社などの利害関係者の多面的な視点で捉え，経営戦略を各視点間の因果関係の中で考える．非営利組織では株主や顧客が，国民，住民，納税者，学生，患者などに置き換わる．4つの視点間の因果関係を「縦の因果関係」と呼ぶこともある．

1) 財務：株主の視点から見た成長性・収益性・リスクに対する戦略．
2) 顧客：顧客の視点から見た価値創造と差別化に対する戦略．
3) 内部プロセス：顧客と株主の満足を生み出すようないろいろなビジネスプロセスの戦略的優先順位．
4) 学習と成長：組織の変化・革新・成長を支援する雰囲気を作り出す優先順位．

b. 戦略マップ

戦略マップは組織が目標を達成するための戦略を4つの視点間の因果関係を使って視覚的にわかりやすく表現したものである．未来の結果は誰も知ることができないので，戦略マップを「論理的な戦略の仮説」ということもできる．

c. スコアカード

抽象的な戦略目標を具体的行動に結びつけるスコアカードの形は，BSC導入の組織の特徴や期待する成果により多様だが，基本的に縦軸の4つの視点と横軸の「戦略目標，重要業績評価指標，目標値，実施項目」で構成される．

1) 戦略目標：戦略を成功させるために必要な目標．重要成功要因 (critical success factor: CSF) と呼ぶこともある．4つの視点ごとに明確にし，誰に

でも理解できるような具体的な表現で書く．
2) 重要業績評価指標：戦略目標の達成度(業績)を示すもの(尺度)の中で，とくに重要と考えられる指標(key performance indicators: KPI)．指標には成果指標と先行指標があり前者は lag indicator，後者は lead indicator と使い分けることもある．その場合先行指標と成果指標の因果関係を「横の因果関係」と呼ぶこともある．
3) 目標値：KPI に対する目標レベル．
4) 実施項目：KPI の目標値に到達するための具体的な施策．

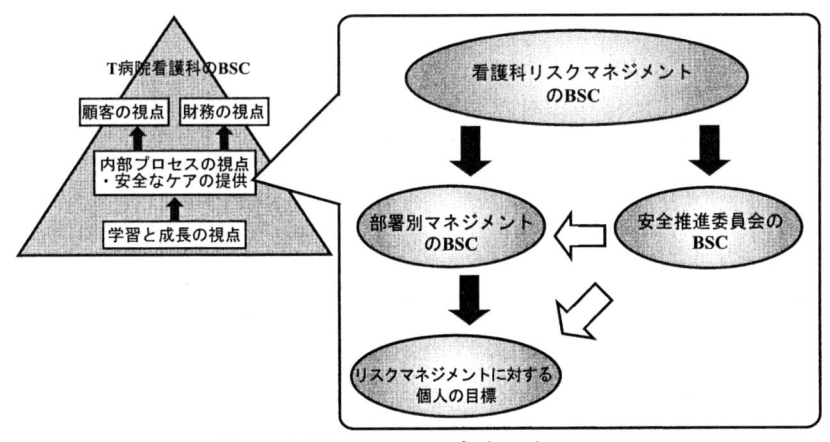

4.4.7 BSC による新しいリスクマネジメントシステムの構築

平成14年度よりT病院看護部門において，現状の医療リスクマネジメントシステムの問題点を解消するために戦略的マネジメントシステムとしての BSC を導入し，新しいリスクマネジメントシステムの構築を行った[20]．T病院看護部門のBSCによる新しいリスクマネジメントシステムの概略を図4.7に示す．

まずT病院看護科は「どのように病院の目標達成に貢献できるか」という視点で看護科全般のBSCを作成した．このBSCの「内部プロセスの視点」に「安全なケアの提供」という戦略目標があり，この目標に対してリスクマネジメントのBSCを展開した．看護科が作成したリスクマネジメントのBSCを勘案した上で，看護科安全推進委員会は年度目標を定め，委員会としてのBSCを作成

図 4.7 BSC によるリスクマネジメントシステム

した．各看護ユニットも看護科のBSCを受け，各々の特徴を勘案した上でそれぞれのリスクマネジメントのBSCを作成した．またスタッフは所属する看護ユニットのBSCを参考に，リスクマネジメントに関する個人目標を各自1つ掲げた．これらの一連のBSCとスタッフの個人目標(匿名)は全てのスタッフに公開された．

リスクマネジメントにBSCを導入することにより，重要業績評価指標とその目標値を設定するので，目標までの到達度を数値で正確に表すことができる．つまり目標値と最終結果(あるいは中間結果)のギャップを誰でも正確に認識できる．ギャップは何らかの問題があって生ずるものなので，その問題を正確に分析することにより実効性のある改善策を立てられる．改善策は次のBSCの実施項目に組み込まれ，最終的に目標達成できる可能性が高くなる．BSCの導入により，医療リスクマネジメントの深刻な問題点であった「リスクの改善・対処」と「リスクの再評価」のプロセスをうまく機能させることができる．

平成16年度のBSCを導入したリスクマネジメントシステムの概略を以下に説明する．T病院看護科のリスクマネジメントの戦略マップを図4.8に，スコアカードを表4.3に示す．「顧客の視点」では，外部顧客の患者に対しては安全なケアの提供(KPIはアクシデントの件数および重大性の低下)，内部顧客の職員に対しては看護科のリスクマネジメントシステムに対する満足，「内部プロ

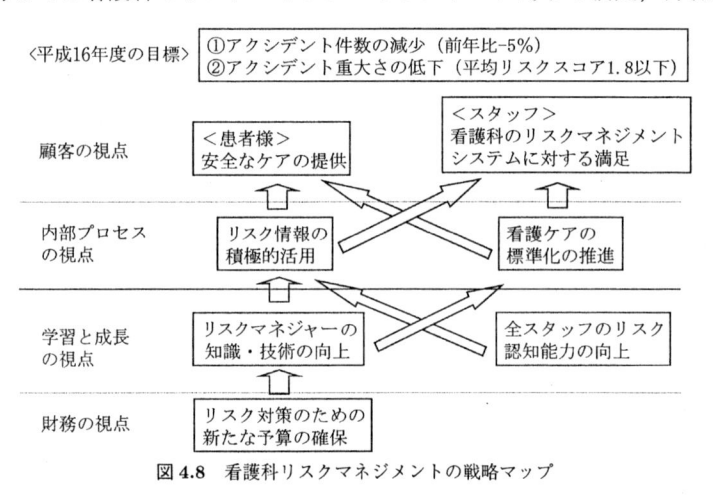

図4.8 看護科リスクマネジメントの戦略マップ

表 4.3 看護科リスクマネジメントのスコアカード

視点	重要成功要因(CSF)	重要業績評価指標(KPI)	担当者(owner)	目標値(target)	2004年度結果		実施項目(initiative/program)	プロセスの指標
					中間	最終		
顧客の視点	安全なケアの提供	・アクシデント件数 ・平均リスクスコア		・前年比−5% ・1.8以下				
顧客の視点	スタッフのリスクマネジメントシステムに対する満足	・満足度		・3.5以上			・アンケート調査(5段階)	・2月
内部プロセスの視点	リスク情報の積極的活用	・情報活用度 ・発表会参加者数		・3.5以上 ・各部署2名以上			・アンケート調査(5段階) ・リスクマネジメント発表会開催	・2月 ・10月,3月
内部プロセスの視点	看護ケアの標準化の推進	・クリニカルパス使用件数	クリニカルパス委員会	・43% (3,300件)			・各部署のパス使用件数の公表	毎月
学習と成長の視点	リスクマネジャーの知識・技術の向上	・学習内容の理解度	看護科安全推進委員会	・80%以上			・学習内容の理解度テスト	・2回
学習と成長の視点	全スタッフのリスク認知能力の向上	・リスクスコア一致度 ・ドリル正解率	看護科安全推進委員会	・90%以上 ・80%以上			・リスクスコア検討会 ・リスク認知度学習ドリル	・毎月 ・年4回(4,7,10,1月)
財務の視点	リスク対策のための新たな予算の確保	・看護科安全推進委員会への予算配布	看護科長	10万円				

セスの視点」ではリスク情報の積極的活用と看護ケアの標準化の推進,「学習と成長の視点」ではリスクマネジャーの知識・技術の向上と全スタッフのリスク認知能力の向上,「財務の視点」ではリスク対策の新たな予算の確保を各視点の戦略目標(重要成功要因)とした．ここでは「財務の視点」は前提で「学習と成長の視点」が期待となる因果関係が考えられている．

看護科安全推進委員会の戦略マップを図4.9に，スコアカードを表4.4に示す．看護科安全推進委員会は看護科のBSCにおいて,「学習と成長の視点」の重要成功要因である「リスクマネジャーの知識・技術の向上」と「全スタッフのリスク認知力の向上」の担当(KPIオーナー)と位置づけられている．看護科から与えられた目標を達成するために，看護科安全推進委員会は以下のような基本戦略を立ててBSCを作成した．

<平成16年度目標>
① アクシデント件数の減少・アクシデント重大さの低下
② 看護科職員のリスク認知力の向上(事例テスト平均80点以上)
③ 看護科職員のリスクに関する自己目標達成率の向上(自己目標平均2点以上)

顧客の視点
<患者様:安全なケアの提供>
・アクシデント件数
・平均リスクスコア

<職員:リスクマネジメントに対する積極的な取り組み>
・自己目標達成率

内部プロセスの視点
<医療事故に関する情報の共有>
・セーフティニュース他部門掲載回数

<職場の安全対策の徹底>
・点滴確認基本操作の遵守率
・転倒・転落アセスメントシート使用率
・安全環境スコア

学習と成長の視点
<リスクマネジャーの知識・技術の向上>
・伝達講習率
・学習会理解率
・事例分析率

<リスク認知能力の向上>
・事例ドリル正解率

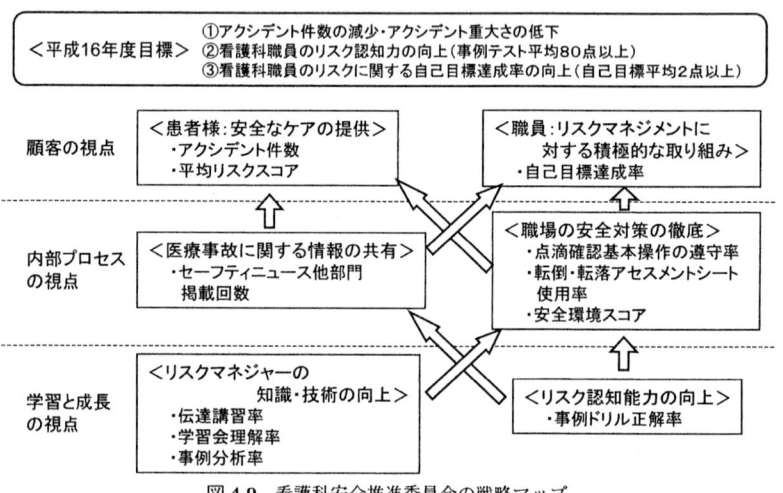

図4.9　看護科安全推進委員会の戦略マップ

1) 今年度15名中12名のリスクマネジャーが新たに任命された．そのためリスクマネジャー自身のスキルアップが重要である．
2) また転入・転出・ローテーションによるスタッフの異動が多いため，スタッフ1人1人のリスク認知能力，リスク意識を高めることを課題としている看護ユニットも多い．「リスク認知能力判定の事例ドリル」を活用すれば，スタッフのリスク認知能力，リスク意識を短期間に向上させること

ができるはずだ．
3) これらの取り組みにより，看護ユニットのリスクマネジャーの知識・指導能力が向上し，全スタッフのリスク認知能力が向上すれば，安全対策が徹底しマニュアルも遵守され患者様の安全と安心が保障され，スタッフも医療リスクから守ることができる．
4) 何もしなければリスク意識は薄れていくものである．定期的なセーフティニュースによってつねに新しいリスク情報に触れていれば，リスク意識を維持することができるはずだ．ニュースがマンネリ化しないよう他部門のニュースも継続して掲載する．
5) スタッフ1人1人がリスクマネジメントに関する自己目標を1つ持ち，年2回自己評価する．各部署で自己目標(匿名)は一覧表にまとめられ公開されている．他のスタッフの目標を見ることは「気づき」のチャンスを広げる．自己評価はリスク意識の継続につながる．これらの取り組みでスタッフと組織のベクトルが一致し，看護科の目標を達成できる可能性が高くなる．

4.4.8 BSCで構築した新しいリスクマネジメントシステムの成果

BSC導入後，インシデント・アクシデントレポート数は増加傾向にある．導入前後を比較すると，月平均レポート数は前83.3，後109.3であり，また総レポート数に対するインシデントの割合は前35.4%，後38.1%，アクシデントの割合は前64.6%，後61.9%である．またインシデント・アクシデントレポートのリスクの重大さのスコアの月平均値は導入前1.79，導入後1.65であり，これまでの目標値(平成14年度2.5以下，15年度2.0以下，16年度1.8以下)をクリアしている．このことからBSCを導入した看護科のリスクマネジメントシステムは良好に機能していると考えられた．

各看護ユニット・安全推進委員会の活動では，問題点が的確に把握され解決の優先順位が考えられるようになり目標設定が明確になった．それぞれの目標は看護科の目標と強くリンクし実効性のある施策と計画が立てられ，自ら選択したKPIにより目標までの到達度が強く意識されるようになった．KPIオーナー(責任者)はスタッフとよく対話するようになり，施策のプロセスを積極的

表 4.4 看護科安全推進委員会のスコアカード

		重要成功要因 (CSF)	重要業績評価指標 (KPI)	担当者 (KPI owner)	目標値 (target)	2004年度結果 中間/最終	実施項目 (initiative/program)	プロセスの指標
顧客の視点		看護ケアに対する満足	・アクシデント件数 ・平均リスクスコア	看護科	・前年度比5%減 ・1.8以下			
		職員のリスクマネジメントに対する積極的な取り組み	・リスクマネジメント自己目標達成率	リーダー	2点以上		全職員がリスクマネジメント自己目標を1人1つ持ち年2回自己評価する	前期：9月 後期：3月
		医療事故に関する情報の共有	・他部門のニュース掲載回数	セーフティニュースグループ	セーフティニュース全9回中6回		他部門協力によるニュース掲載	6回 (10月〜3月)
内部プロセスの視点		職場の安全対策の徹底	①点滴確認基本操作の遵守率 ②転倒・転落アセスメントシート使用率 ③安全環境スコア	安全パトロールグループ	①80% ②80% ③4点以上		安全パトロール実施第1回目：各病棟の実態をチェックシートを使って調査し改善策立案 ①点滴確認基本操作 ②転倒・転落アセスメントシートの仕様 ③安全環境	第1回目：6月 第2回目：10月 第3回目：2月
			チェックシートの改訂	安全パトロールグループ	100%		昨年度使用したチェックシートの内容を第1回パトロール終了後に改訂	9月まで
		全スタッフのリスク認知力の向上	・事例ドリル正解率	事例ドリルグループ	前期80% 後期90%		事例ドリル採点後、リスクマネジャーが各組織のリスク認識力の弱点を強化する	前期：8月 後期：1月
学習と成長の視点		リスクマネジャーの知識・技術の向上	①伝達講習参加率 ②学習会理解力 ③事例分析力	学習会グループ	①100% ②80点以上 ③4ケース		①院外研修参加者の伝達講習 ②外部講師による講義と理解力のテスト ③事例分析学習会 (GW)	①2回 (7, 9月) ②11月 ③4回 (12〜3月)

にコントロールするようになった．スタッフが個人目標を立てることによりリスク意識は明らかに高まり，より具体的な行動計画を立てるようになった．スタッフの意識と行動は，「言われたから仕方なくやる」という受動的なものから「自分が立てた目標，組織の目標はクリアしなければならない」という能動的なものに変化した．また各部署で行われる BSC を活用したリスクマネジメントの成果についての検討会や半期ごとの全部署の成果発表会は，いろいろなアイディアが生まれる「場」に変化した．

　BSC を活用したリスクマネジメントシステムの構築は未だ発展途上にあるが，これまでの経験からリスクマネジメントの PDCA が確実に回るようになり，また「学習する組織」が生み出される可能性が示唆された．この新しいリスクマネジメントシステムは医療分野のみならずヒューマンファクターが複雑に絡み合う組織にも十分応用できると考えられた．この新しいリスクマネジメントシステムに期待できる成果を以下にまとめる．

1) BSC の導入により組織トップ，構成ユニット，委員会，スタッフの目標が強く連動し，因果関係を考えた戦略が立てられるため，組織全体のリスクマネジメントシステムのパフォーマンスが確実に向上する．
2) 現場スタッフが重要業績評価指標の選択や目標値の設定に参加するため，「目標をぜひ達成したい」という意識が生まれる．
3) 目標は数値化され目標までの到達度が明確になる．結果と目標のギャップは問題点を明確にするため，実効性のある改善策が立てられる．改善策は次の BSC に組み込まれ確実に再評価される．つまりマネジメントの PDCA サイクルが確実に回る．
4) BSC の導入によりリスクマネジメントの PDCA サイクルが可視化され，組織の社会的責任 (corporate social responsibility) が明確化する．
5) 知識・技術が急速に発展している分野は，つねに新しいリスクにさらされている．そのためリスクに対する組織能力を常に向上させる必要がある．個人目標と BSC をリンクさせ，BSC で可視化されたリスクマネジメントの PDCA を継続的に回すことにより，個人と組織の関係において「暗黙知」と「形式知」の相互循環プロセス (SECI プロセス) が生まれ，その結果「学習する組織」を作り出すことができる (図 4.10)[21]．

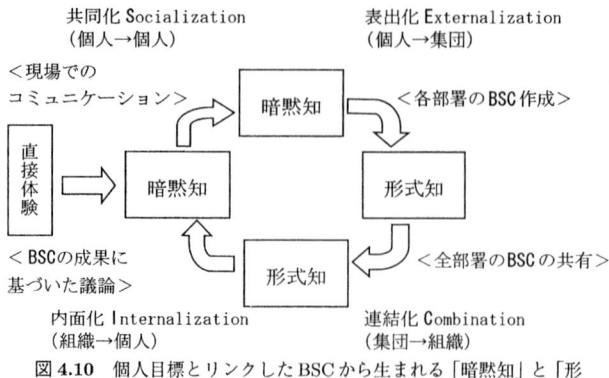

共同化 Socialization　　　　表出化 Externalization
（個人→個人）　　　　　　（個人→集団）

＜現場での
コミュニケーション＞　　暗黙知　　＜各部署のBSC作成＞

直接体験　→　暗黙知　　　　　　形式知

＜BSCの成果に
基づいた議論＞　　　　形式知　　＜全部署のBSCの共有＞

内面化 Internalization　　連結化 Combination
（組織→個人）　　　　　　（集団→組織）

図 4.10　個人目標とリンクしたBSCから生まれる「暗黙知」と「形式知」の相互循環プロセス

文　献

1) W.W. Lowrance, Of Acceptable Risk, William Kaufmann, Los Altos, 1976.
2) R.W. Kates, J. X. Kasperson, "Comparative risk analysis of technological hazards", *Proceedings of the National Academy of Sciences*, **80**, pp.7027, 1983.
3) 渡辺茂，須賀雅夫，システム工学とは何か，日本放送出版協会，1988.
4) 寺野寿朗，システム工学入門，共立出版，1985.
5) Y.Y. Haimes, Risk Modeling, Assessment and Management, John Wiley & Sons, 1998.
6) S. Kaplan, B. J. Garrick, "On the quantitative definition of risk", *Risk Analysis*, **1**(1), pp.11-27, 1981.
7) エルウイン・H・アッカークネヒト著，井上清恒，田中満智子共訳，世界医療史，内田老鶴圃，1996.
8) 下中邦彦編集，世界大百科事典 24，平凡社，1959.
9) 飯島紀，ハンムラビ法典，国際語学社，2002.
10) グレゴリー・E・ペンス著，宮坂道夫，長岡成夫訳，医療倫理 1，みすず書房，2000.
11) 李啓充，アメリカ医療の光と影，医学書院，2000.
12) 中島和江，児玉安司，ヘルスケアリスクマネジメント，医学書院，2000.
13) Institute of Medicine, To Err is Human : Building a Safer Health System, National Academy Press, 2000. (医学ジャーナリスト協会訳，人は誰でも間違える―より安全な医療システムを目指して，日本評論社，2000)
14) 藤澤由和，医療安全国際動向―政策的動向および施策とその方向性―，*J. Natl. Inst. Public Health*, **51**(3), pp.118-124, 2002.
15) 日本看護協会，日本看護協会編ガイドライン集 組織で取り組む医療事故防止，日本看護協会出版会，2000.
16) National Center for Patient Safety (NCPS) ホームページ (http://www.patientsafety.gov/SafetyTopics.html#HFMEA), 2005年5月13日.

17) 熊川寿郎, 医療リスクに関する組織能力の向上施策の提案, 平成14年度修士(経営学)論文, 筑波大学大学院ビジネス科学研究科経営システム科学専攻, 2002.
18) R. S. Kaplan, D. P. Norton, The Balanced Scorecard : Translating Strategy into Action, Harvard Business School Press, 1996. (吉川武男訳, バランススコアカード―新しい経営指標による企業変革―, 生産性出版, 1997)
19) R. S. Kaplan, D. P. Norton, The Strategy—Focused Organization : How Balanced Scorecard Companies Thrive in the New Business Environment, Harvard Business School Press, 2001. (櫻井通晴監訳, キャプランとノートンの戦略バランスト・スコアカード, 東洋経済新報社, 2001)
20) 熊川寿郎, 高野優子, 堀口京子, 馬渡法子, 金沢千恵子, 鈴木まさ代, 堤福子, 菊池美佐子, 古田愛子, 佐野廣子, 秋野たみ子, 神田律子, バランスト・スコアカード (BSC) を活用した医療リスクマネジメントシステムの構築, DREAM AWARD 2005 リスクマネジメント論文コンクール最優秀論文賞 (http://www.dream-lab.co.jp/award2005/pdf/kumakawa.pdf, 2005年5月13日.
21) 野中郁次郎, 知識創造の経営, 日本経済新聞社, 1990.

5
リスク特定の方法

5.1　は　じ　め　に

　前章ではリスクについていくつかの定義を述べた．例えば，「好ましくない結果の発生可能性とその大きさの測定」，「事態の確からしさと，その結果の組み合わせ」，あるいは，「事象の発生確率と事象の結果の組み合わせ」等があった．これらの定義は概念的には簡単だが，リスクマネジメントシステムの構築に関して，そこから手がかりとなるものは得られない．

　これらの定義の代わりに，リスクを「①事象やシナリオの集合，②事象やシナリオの発生可能性，③事象やシナリオに関連する結果の大きさ」という3つの要素の組として表す定義もある[1]．ここで，要素①は何か好ましくないこと，要素②は好ましくないことの発生可能性に対する測定，要素③は好ましくないことに関連する結果の大きさに対する測定をそれぞれ表している．この定義では，リスクマネジメントの初期段階では何を行うべきかが一目瞭然であろう．つまり，リスクマネジメントの方針や目標が決められた後，最初に行わなければならないことはリスク事象・リスクシナリオの集合を決めることである．ここでいうシナリオは因果的に関連する一連の事象を意味する．以下の説明の中では，単独事象もシナリオの1つと見なされる．

　そこで，この章では，リスクマネジメントの初期段階で実施されるリスク特定に関するさまざまな手法とそれらの応用について説明する．5.2節では，リスク特定のための通常の方法，実務分野において独自に開発されたさまざまな特別な方法について簡単に紹介する．5.3節では，大規模，複雑なシステムの

リスク特定で特に有効といわれている「階層ホログラフィックモデリング法 (hierarchical holographic modeling: 以下 HHM 法と略す)」を解説する．5.4 節では HHM 法の応用事例として，東京都の電力に関するリスクの特定，公共施設としての上下水道システムにおけるリスクの特定の事例を紹介する．

5.2　リスク特定の方法

　リスクを 3 要素の組として定義するとき，まずリスクマネジメントの初期段階でリスクシナリオを特定しなければならない．リスクシナリオを特定するための方法としては，1) チェックリスト，2) 関係者によるブレーンストーミング，3) 関係者によるブレーンライティング (brain-writing)，4) 実務家や専門家へのインタビュー，5) ドキュメントレビュー，6) アンケート調査法などが一般的である．一方，リスクが対象となる実務分野は非常に多いことから，各実務分野ごとに独自に開発されたさまざまなリスク特定の方法も多数存在する[3]．例えば，システム安全の解析によく使われている 7) FMEA (failure mode and effects analysis) 法や 8) FTA (fault tree analysis) 法，プロセス安全性評価に用いられる 9) HAZOP (hazard and operations analysis) 法，不都合分析用の 10) AFD (anticipatory failure determination) 法などがこれに当たる．

1) チェックリストとはリスクシナリオを記載した一覧表のことである．対象となる実務分野におけるリスクシナリオをあらかじめ特定しておき，その結果を一覧表形式のリストとして記録する．実際の現場では，このリストを順次チェックしていくことにより，迅速にリスクシナリオを特定できることから，よく利用される．チェックリストは，現場でのリスク特定のツールとしての効果は高い．ただし，チェックリストそのものはリスクの変化に対する適応力が弱く，実務の環境が変わると，そのリスクも変わってしまうので注意が必要である．
2) ブレーンストーミングとは，少人数で構成されたグループでいろいろなアイデアをできるだけ多く出させるという方法である．自由な雰囲気の中で，思い付くリスクシナリオをできるだけ多く提示し合い，それをヒントに，他のリスクシナリオを連想させていく．ブレーンストーミングは実施

しやすいという特徴があるので，リスク特定において，しばしば活用される．
3) ブレーンライティングとは，やはり少人数で構成されたグループにおいていろいろなリスクシナリオをできるだけ多く出させる方法である．各メンバーはリスクシナリオを紙に書き，回覧により他のメンバーの思考を刺激することによって，より多くのリスクシナリオを書き加えていく．
4) インタビューとは，リスクマネジメントシステムにかかわるステークホルダー，実務家や専門家にインタビューを行うことを通して，リスクシナリオを特定する手法である．
5) ドキュメントレビューは，日常業務で蓄積された報告書や文書，記録などを調べることによってリスクシナリオを特定する方法である．
6) アンケート調査法は，リスク特定のための質問票を作成することによって，広い範囲でリスクシナリオを特定する方法である．
7) FMEA法は，システム各要素の故障がシステムに及ぼす影響を一定形式の表にまとめることによってリスクシナリオを特定する手法である．例えば，自動車などのような有限個の部品から構成されるシステムに対し，生産（ミッション）フェーズに沿ってリスクシナリオを特定する．
8) FTA法は，システムにとって好ましくない事象から，それを起こさせる事象を逆にたどっていくことによってリスクシナリオを特定する手法である．FTA法は，健康や安全分野において，生命に脅威を与えるリスクの特定によく使われる．
9) HAZOP法は，好ましくない事象が発生した際のプロセスへの影響を検討することによってリスクシナリオを特定する手法である．HAZOP法は化学プロセスプラントのリスク分析に広く利用される．
10) AFD法は，好ましくない事象を起こす条件について仮説を立てて，それを立証することによってリスクシナリオを特定する手法である．明確にされなかったリスクシナリオをシミュレーションすることによって特定することができる．

上述の方法のうち，アンケート調査法と各分野の独自の方法とを除く1)～5)の方法は，適用しやすいことから実務現場では広く使われている．しかしなが

ら，これら通常の方法だけでは，特定できるリスクの範囲は限られている．広範囲にわたった大規模，複雑なシステム，例えば，交通システムや上下水道システムなどのような社会システムを対象とする場合，通常の方法だけでは，膨大なリスクシナリオを特定することは難しい．

大規模，複雑なシステムでは多くの要素がかかわっている．このような場合，適当なモデルを構築することによって，大規模，複雑なシステムがかかわる要素をある程度絞り込んでおいてから，通常の方法を用いてリスク特定を行う方が効果的だといわれる．言い換えれば，リスクシナリオの全集合を決める際には，まず，リスクシナリオの部分集合を見つけ，その後で全ての部分集合を合わせて全集合を求めるのである．

5.3 階層ホログラフィックモデリング (HHM) 法

前節で述べたように，通常の方法だけでリスクシナリオを特定しようとすれば，その効果は限定的となるため，適当なモデルを用いて，リスク特定の範囲をある程度絞ってから通常の方法を適用する方が効果的である．この節では，リスク特定のためのモデリング法として，Haimes が提唱している「階層ホログラフィックモデリング (HHM) 法」[2]を解説する．HHM 法とは，図 5.1 のような定性的な構造モデル (HHM モデル) を用いて，リスクシナリオを特定する方法である．HHM 法は大規模，複雑なシステムにおけるリスク特定の一般的な方法として広く認められている[3]．

5.3.1 基本的な考え方

企業や事業体，政府などの組織，または，電力システムや上下水道システムといった大規模，複雑なシステムは，もともと階層的な構造になっている．その中には，システムそのものを構成する基本的な要素，例えば，目的や目標，制約条件，評価基準などに関係する階層的な構造が存在する一方で，社会的要素，例えば，政治的，経済的，制度的，法律的，地域的要素に関係する階層的な構造も入り混じっており，大規模，複雑なシステムの内部にはたくさんの部分システムが形成されている．そして部分システムに潜在しているリスクの顕

在化は，部分システムに損害をもたらすとともに，全体システムへと悪影響を及ぼしていく．

したがって，こうした場合のリスクマネジメントシステムは，対象システムの持つ階層的な構造にうまく対応したものでなければならない．部分システムに潜在するリスクにいかに対処するか，あるいは，限られた資源を部分システム間にいかに効果的に配分するか，という問題は，リスクマネジメントにおいて解決しなければならない最も重要な問題となる．

部分システムに潜在しているリスクを特定するために，対象システムの構造モデルが必要となる．たくさんの階層的な構造が入り混じる大規模，複雑なシステムの構造モデルを作成するためには，多視点 (multiple-perspectives) 的な考え方が重要である．すなわち，複数の視点からシステムを多面的に記述し，異なる視点から得られたモデルをオーバーラップさせることによって全体システムのモデルを構築する．これは HHM 法の基本的な考え方である．言い換えれば，個別の視点から得られたモデルはシステムの 1 つの側面しかを記述しないが，各々のモデルが互いに補い合って，システム全体が表現されるのである．

HHM 法では，図 5.1 のような特殊なダイアグラム図が使われる．図 5.1 に示したのは，東京ドームにおけるプロ野球試合に関するリスクを特定するために，筑波大学大学院ビジネス科学研究科の社会人大学院生が作成した「階層ホログラフィックモデル」である．

通常，リスクシナリオはシステムが「計画どおり」機能しているシナリオ，または，「成功する」シナリオからの乖離として考えられる．したがって，基準となるシナリオがわかれば，基準シナリオから乖離したシナリオや事象をリスクシナリオとして特定できる．図 5.1 には，このような基準となるシナリオが描かれている．基準となるシナリオ，あるいは，HHM モデルをつくるために，まず，どのような視点や見方からプロ野球試合という「システム」を構築するか，が議論された．その結果，「東京ドーム」，「観客」，「野球選手」，「外部機関」，「緊急状態」といった視点が参加者全員の討論によって決められた．これらの視点が図 5.1 の各縦列の先頭にある太線のボックスに記されて，ヘッドトピック (head topic) が付けられる．各ヘッドトピックはさらに縦に描かれた細線のボックスで表すサブトピック (sub topic) へと分解される．

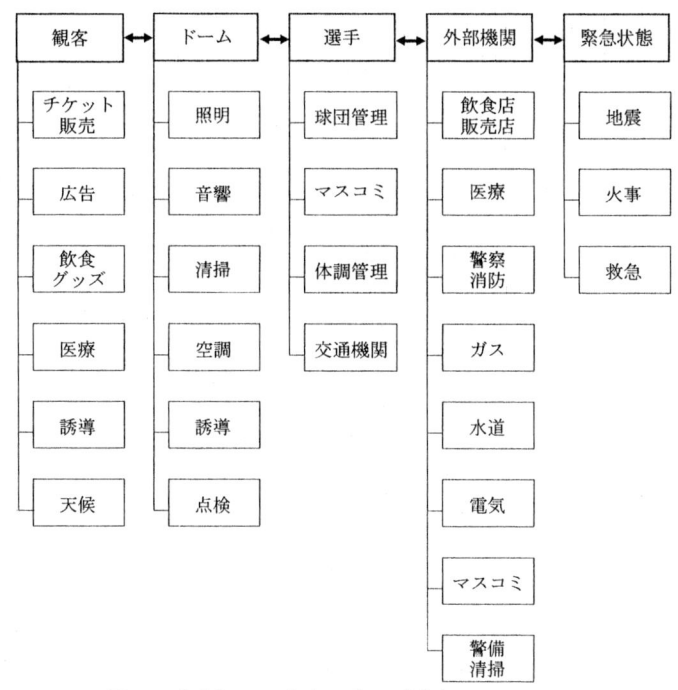

5.3 階層ホログラフィックモデリング (HHM) 法

観客	ドーム	選手	外部機関	緊急状態
チケット販売	照明	球団管理	飲食店販売店	地震
広告	音響	マスコミ	医療	火事
飲食グッズ	清掃	体調管理	警察消防	救急
医療	空調	交通機関	ガス	
誘導	誘導		水道	
天候	点検		電気	
			マスコミ	
			警備清掃	

図 5.1 東京ドームにおけるプロ野球試合の HHM モデル

サブトピックは見方によって，①システムを構成するサブシステムや要素，②計画どおり機能しているかどうかを判断するための要求や条件，基準など，を表している．例えば，「観客」の視点から野球試合を見ると，観客が球場へ出ることは試合が成功するための必要条件となる．そうすると，観客がチケットを購入し，野球を見に行く，天気が良くなければ，観客の集まりは良くないはずである，飲食・記念グッズの購入は観客の楽しみの一部となっているから，十分配慮しておく必要がある，といった成功するシナリオを決めることができる．また，「東京ドーム」の視点から野球試合を分析すると，東京ドームといったシステムは照明機材，音響機材，空調設備などのハードの部分と点検，清掃，誘導などのソフトの部分から構成される．これらの部分システムが計画どおり機能することは野球試合が成功するための必要条件となる．このようにしてサブトピックを特定し，図 5.1 のようなダイアグラム図を完成させる．

この例では，各視点の繋がりは野球試合が成功するための 1 つのシナリオに

もなる．例えば，「東京ドームは野球試合が行われる状態にある」，「選手が試合をする」，「観客が球場に集まる」，「観客を満足させるような環境が整っている」というシナリオは図5.1のヘッドトピックから作られる．

さらに，図5.1を用いて，何か好ましくないことが起こるか，という問いに答えるようにすれば，リスクシナリオ，リスク事象を特定することができる．そのために，まず，「虫眼鏡」を持つように，各サブトピックを見つめる．好ましくない事象は何であろうかを思い出す．例えば，東京ドームについて，照明や音響設備の故障，空調の故障；選手の体調管理について，病気，けが，お酒の飲みすぎ；球団管理について，試合への遅刻，やる気の消滅，監督の指示に従わない，場外喧嘩，乱闘などが特定できる．そして，サブトピックの関連性に焦点を当てることによってもリスクシナリオが生成される．例えば，交通規制，渋滞による選手の遅刻，マスコミの取材による選手のやる気，警備員の少なさや配置場所の不適当による観客誘導の乱れ，などが特定できるわけである．

以上の例からわかるように，HHM法とは，図5.1のようなHHMモデルと通常のリスク特定方法とを併用することによってリスクシナリオを特定する方法なのである．

5.3.2 実施手順

東京ドームで行われる野球試合のような問題に対し，ブレーンストーミングやブレーンライティングといった通常の方法を利用し，HHMモデルの構築とリスクの特定を同時に行うことができる．大規模，複雑なシステムを対象とするときは，HMM法の実施に当たって，次のような手順をとる．

1) リスクマネジメントの方針，目的および目標を設定する．

これはリスクマネジメントの最初の段階で行われていることである．ここでリスクマネジメントの方針，目的および目標はリスクの特定にとって重要な意義を持つ．なぜなら，リスクシナリオの集合はそもそもリスクマネジメントの方針，目的および目標に反するようなものから構成されるからである．

2) 視点ないしヘッドトピックを設定する．

リスクマネジメントの方針，目的および目標に基づいて，HHM法の切り口となる視点についてアイデアを出し合って，ヘッドトピックを名づける．ヘッド

トピックを太線のボックスに記入し，ダイアグラム図の最上段へ横に並べる．各太線のボックスを双方向矢印でつなぐ．これは，異なる視点から同じシステムを表現することを意味する．視点の設定は一見簡単そうな作業であるが，実際に実施してみると，最初に戸惑うことも多い．したがって，初めは実験的に少数の視点を設定しておき，作業の内容と手順に慣れたら，視点を充実させるようにする方がよいであろう．ダイアグラム図の形からわかるように，視点の追加と削除は困難なことではない．後からHHMモデルを柔軟に修正することができる．また，システムの複雑さにもよるが，視点の設定に当たって，何か特別な発想法や分類法を用いることもある．

3) HHMモデルを構築する．

各ヘッドトピックを縦に描かれた細線のボックスで表すサブトピックにブレークダウンする．必要ならば，サブトピックをさらに「サブサブトピック」に分解する．このような分解は2重，3重となることもありうる．あるヘッドトピックから展開しているサブトピックやサブサブトピックの全体はシステムのある側面を記述するモデルを構成しており，各々の視点から得られたモデルは互いに補い合って，システム全体を表現する．前にも述べたように，サブトピックは見方によって，システムを構成するサブシステムや要素，または，計画どおり機能しているかどうかを判断するための要求や条件，基準などを表している．すなわちHHMモデルには，システムが計画どおり機能している，または，成功するシナリオが描かれる．

4) リスクシナリオを特定する．

個別のサブトピックやサブトピック間の関係に着目することによって，具体的なリスクシナリオを特定する．この作業に際しては，「虫眼鏡」を持つように，個別のサブトピックを見つめる．「このサブシステムにおいて何か好ましくないことが起こるか」，あるいは，「これらの条件や基準が満たされなければ，どのようなことが起こるか」を考えながら，リスクシナリオを特定する．また，サブトピックとサブトピックとの相互関連をうまく利用することによってリスク特定を行う．実際には，リスク事象間の因果関係は非常に複雑で，あるサブトピックにとって結果となる事象は，ほかのサブトピックから見れば原因事象となることもよくある．したがって，いくつかのサブトピックをつないで分析

すると，リスク特定の作業を深いレベルまで進めることができるのである．

5) 上述の手順を納得するまで繰り返す．

HHMモデルを用いて，リスク特定を実施するときには，視点の追加と削除が容易に行われる．したがって，システムに想定しなかった側面が明らかとなったら，視点を追加してリスクの特定を続ける．反対に，特定されたリスクシナリオの集合があまり重要でない場合や，評価用のデータや情報が得られない場合には，関連する視点をHHMモデルから除去することも考えられる．

HHM法の特徴を次のようにまとめる．
- 複数の視点や見方を用いて同じシステムを記述する．
- 対象システムに存在する階層的な構造に対応する．
- 対象システムの基本的要素だけでなく，社会的要素もモデルに取り組む．
- 実際のデータや情報に合うようなモデルを構築する．

5.4　HHM法の応用事例

HHMモデルは定性的な構造モデルであるから，その解釈にはかなりの幅がある．しかし，大規模，複雑なシステムに潜在するリスクを網羅的に特定するには，むしろこのような定性的な構造モデルこそ有用なのである．

この節では，応用事例を取り上げることにより，HHM法の効果的適用について説明する．

5.4.1　東京都の電力に関するリスクの特定

図5.2，図5.3に示したのは，やはり，筑波大学大学院ビジネス科学研究科の社会人大学院生が作成した，東京都の電力に関するリスクを特定するための「階層ホログラフィックモデル」である．

2003年8月北米東部において，大規模な停電が発生した．この大停電事故をきっかけに，東京都の電力に関するリスクの特定を考えることとした．ここでは社会人大学院生が，東京都庁の職員の立場に立ち，東京都の電力に関するリスクを対処するために，まず次のような基本方針を掲げた．それは「停電事故の予防に努めるとともに都民の安全と首都機能を維持するためのライフライン

5.4 HHM法の応用事例

外部環境	電力施設	オペレーション
季節	発電所	組織体制
事故	送電網	電力供給の制度・仕組
テロ	変電所	復旧時のプログラム
災害	電力需給バランス	復旧時の備え
動物	モニタリング	

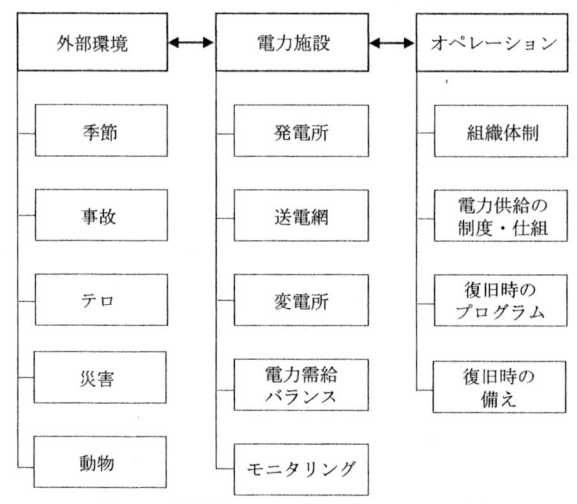

図 5.2　東京都の電力に関するHHMモデル (1)

を確保し，万一の発生時には迅速な復旧を可能とする体制の構築を目指す」，という指針である．基本方針の明確化によって，次のような目標が設定された．

- 都民の生命安全の確保のため，治安を維持し医療活動の継続を確保する．
- 首都機能を維持するため，経済インフラたる金融システム，ビジネス活動を継続しうる環境を維持し，行政機能を確保する．
- 上記目標を確保するため不可欠である，水道，通信，交通のライフラインを確保する．
- 万が一のときに，一刻も早い復旧を可能とする組織体制と復旧のためのシステムの構築を図る．
- 停電防止のためにしかるべき予算を確保し，東京電力との密接な連携を行い，対策をあらかじめ講じておく．

基本目標に基づいて，東京都の電力に関するリスクを原因の部分と結果の部分とに大きく分けて分析を行った．すなわち，大停電事故を原因とするリスクシナリオと，大停電事故を引き起こすリスクシナリオの両面からリスクの特定が行われた．この結果，7つの視点，つまり，「外部環境」，「電力施設」，「オペレーション」，「ライフライン」，「生命」，「首都機能」，「緊急時の状況」，が参加者全員の討論によって決められた．そのうち，図 5.2 に示される視点はおおよ

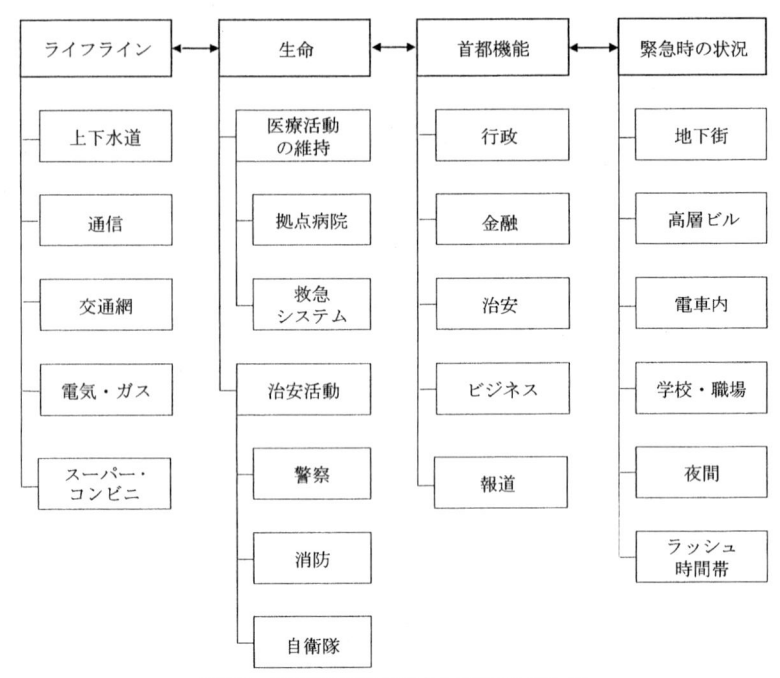

```
ライフライン ── 生命 ── 首都機能 ── 緊急時の状況

ライフライン:
  上下水道
  通信
  交通網
  電気・ガス
  スーパー・コンビニ

生命:
  医療活動の維持
  拠点病院
  救急システム
  治安活動
  警察
  消防
  自衛隊

首都機能:
  行政
  金融
  治安
  ビジネス
  報道

緊急時の状況:
  地下街
  高層ビル
  電車内
  学校・職場
  夜間
  ラッシュ時間帯
```

図 5.3　東京都の電力に関する HHM モデル (2)

そ大停電事故が発生する前の状況を表すものである．一方，図 5.3 は大停電事故が発生した後の視点から作られた HHM モデルとなる．図 5.2 において「外部環境」は，おもに，広い地域に広がる送電網といったサブシステムに損害を与える外部要因を記述する視点である．外部要因はさらに「季節」，「事故」，「テロ」，「災害」，「動物」に分けられる．この外部要因ごとに，リスクシナリオを特定する．例えば，動物や鳥の侵入や営巣による送電線のショート，ネズミによる送電線の切断，台風による送電鉄塔の倒壊，テロによる変電所の破壊，などが特定できる．ここでは，サブトピックは送電網に損害をもたらす外部要因に対するある種の分類となる．

　「電力施設」の視点からは，東京都の電力システムを構成する主要なサブシステム，例えば，「発電所」，「送電網」，「変電所」，「電力需要バランス」，「モニタリング」が記述される．これらのサブシステムを見つめることにより，どのような故障や損害が起こりうるのかを想定していく．例えば，事故や災害によ

る送電線の切断，電力消費量の急増による需給バランスの崩れ，送配電状況の異常を見過ごすことによる設備の異常，などを特定することができる．

「オペレーション」は，大停電の前後にかかわらず，電力の供給や停電の復旧策にかかわる人的，組織的なミスに焦点を当てて，リスクを特定する場合に用いられる．この視点から，「組織体制」，「電力供給の制度・仕組」，「復旧時のプログラム」，「復旧時の備え」といったサブトピックを決定した．これらのサブトピックから，さまざまなリスクシナリオ，例えば，過労による人的ミス，連絡の不備による誤った判断，手順のミスによる誤作動，などが特定される．

「ライフライン」とは，「上下水道」，「通信」，「交通網」，「電力・ガス」，「スーパー・コンビニ」など，都民の日常生活を支えるための設備や施設のことである．ここでは，大停電がライフラインと呼ばれる諸システムに与える影響を検討することによってリスク特定を行う．例えば，「上下水道」について，停電による水源地ポンプの停止，水処理施設の停止，マンションのくみ上げポンプの停止；「通信」について，電話局の機能ダウンによる通信不能，基地局の機能停止による携帯電話の不通；「交通網」について，停電による電車の停止，交通信号の停止，などが特定できる．

「生命」という視点では，都民の生命安全にかかわる最も重要な医療活動と治安活動に焦点を当てて，リスク特定を行う．まず，大停電時，都民の生命安全を守るために，どのようなことは必要であるかを想定する．大停電が発生すると，「医療活動の維持」に何らかの支障が必ず出てくる．その場合，けが人や急病人の治療を提供できる「拠点病院」の確保は都民の生命安全を守るために，最低限実施しなくてはならない対策となる．さらに，傷病者の拠点病院への輸送手段としての「救急システム」の維持も重要である．一方，停電した場合の，犯罪防止や消防活動という観点から，「警察」による治安活動の強化，「消防」による火災の防止や傷病者の移送が必要となる．また，停電や渋滞などによる交通システムの障害に対応するために，警察による交通整理・交通規制も実施されなければならない．そして場合によっては，これらの活動が円滑的に行われるように，「自衛隊」による支援も必要となるであろう．

このようにして，都民の生命安全を守るための「成功するシナリオ」が描かれる．その上で，成功するシナリオからの乖離をリスクシナリオとして特定す

る．例えば，非常時発電装置の不備による医療の停止，交通マヒによる病人移送に支障，通信システムの不通による犯罪捜査の遅れ，などが特定されるのである．

「首都機能」は，停電が国の政治と経済の中心である首都にもたらす影響を検討する視点である．ここでは，首都の機能を，「行政」，「金融」，「治安」，「ビジネス」，「報道」などに細分化する．このようにして，リスク特定の焦点をある程度絞ってから，リスク特定を行う．例えば，経済活動のほとんどは東京都の中心に行われていることから，停電による銀行，証券，政府機関の活動停止，停電によるビジネスデータの消失，さらには，報道活動が行えなくなることによる都民不安の増幅や秩序の乱れ，などが特定される．

「緊急時の状況」は，停電事故が発生した直後の状況を想定してリスク特定を行う視点である．停電直後の状況を時間的，空間的に分けて分析した．つまり，「地下街」，「高層ビル」，「電車内」，「学校・職場」のような場所，「夜間」，「ラッシュ時間帯」のような時間帯を想定して，大停電の影響を検討した．例えば，都民がエレベーターや電車に閉じ込められてパニックに陥るシナリオ，交通システムの麻痺で帰宅できなくなるシナリオ，地下街では，闇夜に紛れた窃盗や強盗が多発するシナリオ，などが特定できる．

この節で取り上げた応用例では，7つの視点から東京都の電力に関するリスクを特定するためのHHMモデルを構築した．このモデルを実際に使えるようなモデルに発展させるには，さらに他の視点の追加が必要となる．例えば，時間的な視点は停電に関するリスクを特定する際には重要である．特に停電の損害は，復旧までに要する時間によって，その深刻さが大きく変わってくる．

5.4.2 上下水道システムにおけるリスクの特定

この節では，HHM法のもう1つの応用例として，公共施設の上下水道システムに関するリスクの特定を行う．上下水道システムは，生活用水および工業用水の供給，生活汚水および工業汚水の処理，台風，豪雨等による浸水被害の防止，さらに，河川，海洋等の水質の保全などを通じて，人々の生活環境，社会福祉を向上させることを目的としている．上下水道システムを安全かつ安定的に機能させるために，あらかじめシステムに潜在するリスクシナリオを特定

し，リスクの発生可能性とその影響を総合的に評価し，リスクを対応する仕組みを作る必要がある．

図 5.4, 5.5 に示したように，ここではまず，上下水道システムが「計画どおり」機能しているかどうかを検証するために，8 つの視点 (太線のボックス) を用意した．すなわち，上下水道システムの範囲を表す「スコープ」の視点，地域の特徴を表す「地域」の視点，上下水道システムを構成する設備や施設を表す「施設」の視点，システムの機能を実現するための「プラント」の視点，「日常管理」の視点，システムの機能を維持するためのメンテナンスの視点，時間的視点と組織の視点である．これら 8 つの視点から上下水道システムの機能を検証する．なお，これらの視点は最初から一括してまとめられたものではなく，逐次に追加されていったものである．つまり，リスク特定の過程において，既存

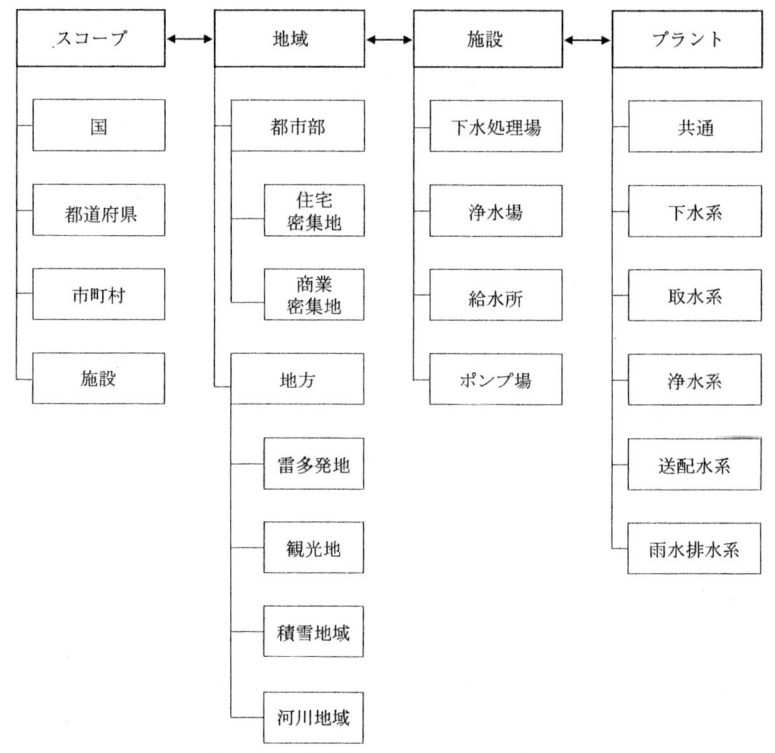

図 5.4 上下水道システムの HHM モデル (1)

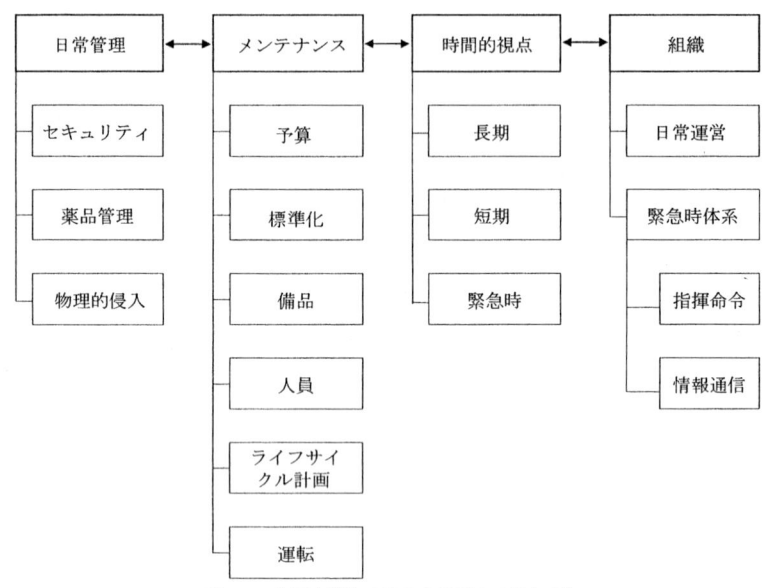

図 5.5　上下水道システムの HHM モデル (2)

の視点だけでリスクシナリオを特定するのは不十分であると考えたときには，新しい視点を追加してシステムを再検証するのである．

　次に，各々の視点から見た上下水道システムをサブトピック (細線のボックス) に分解する．例えば，スコープの視点からは，上下水道システムが国，都道府県，市町村，施設といった4つのレベルに分解された．スコープのレベルによって，上下水道システムに対する政治的，経済的，制度的な要求が異なることから，リスクシナリオを個別に特定する必要がある．また，1つの視点から，システムをもっと細かく分解する必要が生じる場合もある．例えば，地域の視点では，上下水道システムが都市部分と地方部分とに分解された．しかし，地方というサブトピックが地域の特徴を十分に反映していないことから，このサブトピックをさらに雷多発地，観光地，積雪地域，河川地域に分解している．

　一方，1つの HHM モデルに全てのサブトピックを包括的に記述できない場合がある．この場合は，別途にサブ HHM モデルを用いて記述することも可能である．例えば，プラントの視点では，上下水道システムが共通，下水系，取水系，浄水系，送配水系，雨水配水系といった多くのプラントから構成される．

各プラントはさらに多数の設備や部品から構成される．したがって，プラントの視点からは，上下水道システムを2重または3重に分解する方が望ましいのである．そこで，プラントごとの設備を記述するために，図5.6のようなサブHHMモデルを導入する．この場合，上下水道システムが「計画どおり」機能しているシナリオは，次のように解釈するべきである．

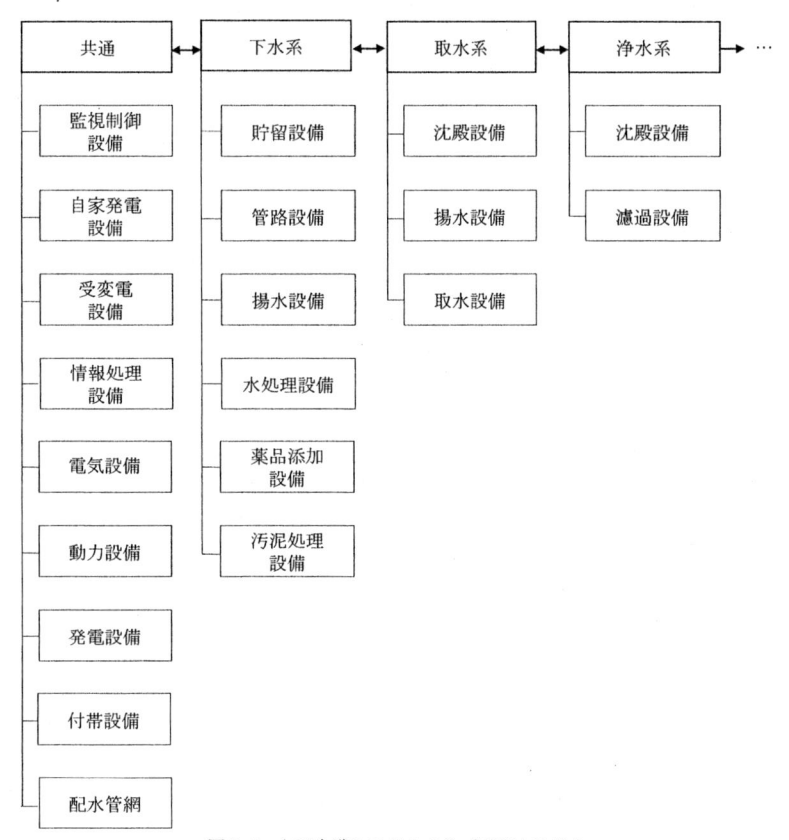

共通	下水系	取水系	浄水系	…
監視制御設備	貯留設備	沈殿設備	沈殿設備	
自家発電設備	管路設備	揚水設備	濾過設備	
受変電設備	揚水設備	取水設備		
情報処理設備	水処理設備			
電気設備	薬品添加設備			
動力設備	汚泥処理設備			
発電設備				
付帯設備				
配水管網				

図 5.6 上下水道システムのサブ HHM モデル

上下水道システムを構成する異なった機能を持つ各プラントは，それぞれがさらに1つのサブシステムとしてたくさんの設備や部品から構成されているが，これらの設備や部品が「計画どおり」機能していくと，サブシステムとしてのプラントが「計画どおり」機能し，そしてその結果として，上下水道システム

全体の，プラントの視点による「計画どおり」のシナリオが描かれるのである．

最後のステップとして，前節と同じように，作成された HHM モデルの各々のサブトピックについて，関連するリスクシナリオ，リスク事象を特定する．前述したように，サブトピックは基本的に全体システムを構成するサブシステム，または，システムが「計画どおり」機能しているかどうかを判断するためのある種の要求または条件を表しており，これらのサブトピックまたはサブトピック間の因果関連を考えながら，何か好ましくないことが起こるかを調べていく．ここでは，関係者によるブレーンストーミングやブレーンライティング，実務家や専門家へのインタビューなどの方法が特に有効だといわれている．

5.4.3 リスクシナリオのマスターリスト (抜粋)

前項では，上下水道システムにおけるリスクを特定するための HHM モデルを構築した．この項では，この HHM モデルを用いて，実際にリスクシナリオ，リスク事象の特定を行った結果の一部をリスクシナリオのマスターリストに書き込むイメージにて以下に示しておく[5]．

a. 監視制御設備

シーケンサの故障による自動制御不能；システム電源設備の故障による一部監視不能；保守データの主系への混入による一部誤動作；機器の故障による中央監視制御の不能；交換部品の製造中止による機器の故障対策不能；精度不足による制御不安定；ケーブル断線による過注入，水位オーバー等；工事中のミスによる断線；ソフト入れ替え時のミス；コンピュータウイルス；SQC 故障によるポンプ自動運転不能；……．

b. 自家発電設備

運転時の騒音による近所からのクレーム；冬季または定期運転の未実施による緊急時の未作動；自動電圧調整器の故障による発電機の停止；操作ミスやモードの戻し忘れによる停電による発電機の起動不能；監視ミスによる燃料の不足による発電機の停止；停電時バックアップ電源の欠落；……．

c. 受変電設備

GIS 設備の老朽化，工事施工管理の不備で，SF6 ガスの大気放出，温室効果による地球の温暖化；機器の破損；漏電による火災；電力会社の停電；交通事

故による停電；主変圧器焼損；落雷；セキュリティ対策の不備；イタズラ；短絡・地絡事故による停電；小動物の侵入で，盤内の燃焼や火災；電力会社側事故；……．

d. 情報処理設備

部品入手不可で，修理不可；システム故障で，データ損失；システム侵入で，システム故障；データ流出；OS 不具合によるサーバダウンで，情報閲覧機能の停止；記憶装置へのアクセス不能；蓄積情報の喪失；プログラムバグ；コンピュータウイルスの感染；内部からのシステムへの侵入；外部からのシステムへの侵入；データ改ざん；操作ミス；保守会社のシステムを踏み台にした不正アクセス；……．

e. 電気設備

工事施工時における PCB 使用機器の不適正廃棄，紛失による PCB の流出で，土壌，地下水等の環境汚染；工事中のミスによる漏水で，プラント処理機能の低下；塩害などによる腐食；バッテリーの寿命による制御電源の喪失；絶縁の劣化や超負荷によるケーブルの火災；換気風量の不足による電気設備の故障；……．

f. 動力設備

絶縁劣化による寿命短縮，焼損で，高調波が発生し，過電流，誘導障害が生じる；コンデンサの直列リアクトルがなくなったことによる高調波拡大，電圧ひずみ増大；腐食性ガスの進入による電気部品の腐食；……．

g. 発電設備

エンジンの経年劣化で，始動しない；停電時のバックアップ電源の欠落；燃料配管の破裂；操作ミス，モードの戻し忘れ；監視ミスによる燃料不足；自動電圧調整器故障；冬季または定期運転不足；燃料補給の忘れ；油圧の低下や過速度による機関故障；操作ミスによる過負荷や過電流；……．

h. 付帯設備

空調・換気管理の不備；ケーブル火災；冷却能力換気風量不足による機器の異常動作；ケーブルの被害(短絡・地絡)；ネズミ被害；電灯の消し忘れによる維持管理費の増加；バッテリー寿命；制御電源の喪失；水処理設備の不調；……．

i. 配水管網

大型車両の振動による配水管の亀裂，折損；漏水による断減水の発生，浸水，

冠水，通行止め；配管，給水装置工事の設計・施工の不備で，給水装置の誤接続；腐食性土壌への管埋設，配管への酸，塩水の浸食による送配水管の腐食；直流電気鉄道の漏れ電流による送配水管の電食；……．

文　　献

1) S. Kaplan, B. J. Garrick, "On the quantitative definition of risk", *Risk Analysis*, **1**(1), pp.11–27, 1981.
2) Y.Y. Haimes, Risk Modeling, Assessment, and Management, John Wiley & Sons, 1998.
3) S. Kaplan, Y.Y. Haimes, B. J. Garrick, "Fitting hierarchical holographic modeling into the theory of scenario structuring and a resulting refinement to the quantitative definition of risk", *Risk Analysis*, **21**(5), pp.807–819, 2001.
4) Y.Y. Haimes, S. Kaplan, J. H. Lambert, "Risk filtering, ranking, and management framework using hierarchical holographic modeling", *Risk Analysis*, **22**(2), pp.383–397, 2002.
5) 公共施設におけるリスク・マネジメント技術調査専門委員会，"上下水道施設におけるリスク・マネジメント"，電気学会技術報告，第1005号，電気学会，2005．

6
リスクとリターンのマネジメント

　前章までの議論で，リスクとチャンスが状況や環境に依存してさまざまな要因に分類されること，およびそれらを適切に把握し運用することがチャンス発見・マネジメントにとって重要であることがわかった．以降では，サブジェクトを金融分野に絞り，金融におけるリスクおよびチャンスマネジメントとは何かについて考察していく．

6.1　リスクとリターン

　よく，ハイリスク・ハイリターンという言葉を耳にするが，一般に，高い収益(リターン)が見込まれる投資ほど，価格変動等に起因する資産損失のリスクも高い．投資におけるチャンスを，高いリターンが見込まれる投資機会と置きなおせば，投資においては，リスクの存在するところにこそチャンスが存在すると考えることができる．言い換えれば，投資とは，リスクをとることによってチャンスを手に入れる行為そのものである．

　このように，金融分野においては，概念的に

$$\text{リスク} \simeq \text{チャンス}$$

という関係が，一見当てはまるように見える．実際に，銀行や証券会社などの金融機関は，取引相手のリスクを引き受けることによって，手数料や金利などの収益を上げるビジネスチャンスを手に入れるのである．ところが，一度引き受けたリスクをきちんとマネジメントしないことには，収益につながるどころか，莫大な損失を受けることもありうる．このように，投資を行うという意思決定をする時点では，リスクを引き受けることとチャンスを手に入れることは，

同義と取り扱って問題ないのであるが，想定される結果の方は，

$$\text{リスク} \Rightarrow \text{資産損失}$$

$$\text{チャンス} \Rightarrow \text{収益(リターン)}$$

のように区別した方が，両者の違いがより明確となる．すなわち，チャンスもリスクもともに投資の意思決定に対するトリガーとしての使い方が可能であるが，想定される結果まで含めると，チャンスをリターンに結び付ける可能性のあるものと考えることによって，資産損失を想定するリスクとはむしろ対極的な意味合いを持たせることができる．

では，これらの語句とマネジメントという言葉と結び付けた場合はどうか．マネジメントという言葉には，何かを継続的かつ効率的によい状態に保つという意味がある．この意味を適用すると，投資におけるチャンスマネジメントとは，投資における最適な意思決定をつねに的確に行える状態に保ち実行することである．一方，リスクマネジメントとは，リスクを資産損失に関わるものとし，それを適切に把握し場合によっては低減化もしくは削除することによって，よい状態を保つことと考えられる．このように，こと投資を考える上では，リスクマネジメントとはチャンスマネジメントの前提条件であり，リスクマネジメントができて初めてチャンスマネジメントも可能となる．ただし，一般には，資産損失の可能性と同時にリターンの最大化も考えなければ，最適かつ効率的な意思決定を持続的に行うことはできない．すなわち，投資におけるチャンスマネジメントは，リスクとリターンのマネジメントの上に成り立っている．

本章では，このような，投資におけるリスクとリターンのマネジメントについて取り扱う．まず，次節で投資リスクの分類と背景について述べ，次に，金融分野において特徴的であるリスクとリターンの計量化と，計量化データを用いた意思決定手法を中心に説明する．最後に，資産損失リスクのみに着目した，リスクの計量化手法について概説する．

6.2　投資リスク

リスクは投資行動に重大な影響を与える一方で，金融市場の成立とリスクは，本来，密接な関係がある．もし，投資にリスクが存在しないのであれば，投資

家は利益率の高い投資対象にのみ投資すればいいという単純なルールに従った投資行動をすればよいことになり，利益率の低い投資対象は自然と淘汰されていってしまう．しかしながら，実際に投資には必ずリスクが存在し，期待される収益とリスクのバランスを考慮しながら投資家は投資を行う．このように，投資対象もしくは保有資産の持つリスクの性質を適切に把握することは，将来の資産損失を未然に防ぐ上で重要な役割を果たす．本節では，このような投資リスクの分類と背景について説明する．

6.2.1 金融リスクの種類

金融リスクは，その要因から一般に以下の4つに大別される．
1) 市場リスク
2) 信用リスク
3) オペレーショナルリスク
4) 流動性リスク

1) の市場リスクは，株式市場や外国為替などに存在する，価格そのものが変化することによって生じるリスクである．2) の信用リスクは，取引相手，もしくは発行元が倒産してしまうことによって生じるリスクである．3) のオペレーショナルリスクは，適切なシステム管理や人材管理の欠落から生じるリスクで，最近では2002年における合併時のみずほ銀行のシステム障害が記憶に新しい．4) の流動性リスクは，必要な証券等の取引相手が見つからず取引できない，もしくは取引相手が見つかったとしても，互いの条件が折り合わず思った通りの価格で取引が成立せず不利益を被るなど，取引資産の流動性が低いことから生ずるリスクである．

6.2.2 金融工学の歴史とリスク分類

上記のリスク分類の順番は，そのまま金融工学発展の歴史とも関係している．工学とは最終的に設計を目的とする学問であるが，その第1段階として設計対象もしくは基本プロセスのモデル化が行われる．その意味で，金融工学の第1歩は，1900年にBachelierが株式の挙動をブラウン運動として表現したことが始まりであるとされている．その後，Samuelsonによる幾何的ブラウン運動の

導入や，Markovitz の平均分散ポートフォリオ理論，Sharp and Lintner の資産価格モデル (CAPM) を経て，1973 年に発表された Black and Scholes によるオプション公式へと発展していった．このように，株式市場の計量化や資産運用を中心に発展した理論は，オプション理論の誕生を契機により広範囲な資産運用に対して適用されるようになっていく．また，金融工学が対象とする資産も，株式のみならず金利や為替などバラエティに富むようになり，それと同時に金融リスク管理の関心も，次第に市場リスクのみならず信用リスクの計量化へとシフトしていったのである．

Black and Scholes によるオプション価格公式と同じころ，オプション理論を応用することによって倒産確率を計量化するモデルが Merton によって発表された．このモデルは，後に構造モデルと呼ばれ，現在でも倒産確率の指標を与えるモデルとして広く用いられている．信用リスクを計量化するモデルはいくつか存在するが，実際にそれらが活用され始めたのは 1990 年代になってからである．市場リスクとは市場で取引されている資産の価格変動がもたらす資産損失の可能性であるので，市場取引されている資産価格を計量化することは全て市場リスクの計量化と関係があるということができるが，信用リスクは取引相手の信用力に関わるリスクであるため，もともとは定性的なリスクである．それが 1990 年代以降，企業の信用度合いの目安でもある格付けや社債市場の発展にともない，信用リスクを計量化することの需要が増したのである．また，信用リスクを積極的に管理するといった動きは，さらに 1990 年代後半になってクレジットデリバティブの普及や信用リスクの証券化を促し，信用リスクの計量化はより注目されるようになっていった．

すでに市場取引されている単一の資産であった株式価格のモデル化からスタートした金融工学は，2000 年代に入って企業経営に潜在するリスクの計量化や市場取引が現時点で活発ではない新しい市場の開拓へと，興味の対象が拡張しつつある．オペレーショナルリスクは，会社内の人間やコンピュータの判断もしくは管理ミスから生じる損失に関わるリスクであるが，市場リスク，信用リスクに比べ客観性が低く計量化が難しいとされている．その一方で，市場リスクおよび信用リスクは投資対象や取引相手に依存する損失リスクであるため，場合によっては資産を手放すことや相手との取引を中止することによって

個別に損失を回避することも可能であるが，オペレーショナルリスクは，企業における人材やシステムなど会社内部の要因に寄与するところが高いため，企業本体と切り離すことができないリスクである．また，政治や訴訟など外性的要因であっても，それが不可避なものであると考えられる場合は，オペレーショナルリスクに含まれる．このように，オペレーショナルリスク管理は業種を問わず重要であるが，特に金融機関に対しては，BIS (国際決済銀行) がオペレーショナルリスク管理のガイドラインを発表し[4]，金融庁が金融検査マニュアル[5]の中で事務・システムリスクを管理すべき重要なリスクの1つと位置付けたことにより，より重要度が高まってきている．また，2006年末 (国内では2007年3月) に施行される新BIS規制 (自己資本比率規制) では，オペレーショナルリスクについて「内部プロセス・人・システムが不適切であること若しくは機能しないこと，または外性的事象が生起することから生じるリスク」という定義が採用されており[6]，オペレーショナルリスクも考慮した自己資本比率が8%を超えることが，銀行が国際業務を行うための基準として定められている．オペレーショナルリスクとしてカバーすべき範囲は，日常頻繁に起こりうる事務上のミスのような低インパクトではあるが頻度の高いもの，もしくはシステム障害のように低頻度ではあるが影響力の大きいものなど多岐にわたり，オペレーショナルリスクの計量化と管理への関心は高まっている．

神様：これからはオペレーショナルリスクも考慮する必要があるな．

銀行経営者：オペレーショナルリスクとは何ですか？

神様：人間の判断やシステムの作動ミスによって生じる損失のことじゃ．

銀行経営者：神様，人間にはミスはつきものです．ミスがあるから人間なんです．

神様：ミスをするなと言っているのではない．ミスした場合に発生する損失をあらかじめ見積もっておけというのじゃ．

銀行経営者：それはいったい誰がやったらよいのでしょうか….

神様：お主がやるに決まってるであろう．

流動性リスクにおける流動性とは，取引されることにより資産が人から人へ移りわたっていくさまを，液体や気体が同じ場所に留まらず絶えず流れ動くこ

とに例えたものである．すなわち，ある資産の流動性が高いとは，その資産の取引が活発であることを示す．一般に，ある資産に対する取引が活発であるためには，以下の2つの条件が必要となる．

- 十分な市場参加者が存在すること．
- その資産に対する需要と供給のバランスがとれていること．

現時点での適正取引価格が参照できる場合，もしその資産の流動性が高ければ，その価格ですぐに取引が成立する可能性が高いと考えられる．ところが，流動性が低い資産は，売りたいもしくは買いたいタイミングに必ずしも取引相手が現れるとは限らないため，仮に適正取引価格が参照できたとしても，その取引価格で取引が成立するとは限らない．例えば，売り手側がある時点でどうしても保有資産を売り払いたい場合は，買い手を見つけるために値段を下げるのを余儀なくされる．結果として，本来売買が成立するであろうと見込まれた適正価格と比べ，損失が生じたことになる．このように流動性が低いことによる損失リスクの評価は，現段階では発展途上である．また，損失リスクそのものを評価できたとしても，それを価格付けや資産運用に応用するといった問題は，従来の金融工学的アプローチのみでは困難であると考えられる．このような問題に対しては，最近活発になりつつある人工市場モデルや行動ファイナンスに基づく原理を価格付けまで発展させることができれば，その応用として非常に興味深いテーマとなることが期待される．

銀行経営者：なぜ，世の中には流動性が低い資産が存在するのですか？

神様：人気がないからじゃろう．

銀行経営者：じゃあ，なぜ私はこんなにも流動性の低い資産ばっかりかかえてしまったのでしょうか？

神様：そのときは，流動性があったのじゃ．

銀行経営者：では，どうすればいいですか？

神様：そうだな，早いとこ片付けないと，次の話し合いで流動性リスクとやらも考えるようになるかもな．

銀行経営者：どうやって片付ければ….

神様：何度も言わせるな．自分で考えるに決まっているであろう．

6.3 投資の指標

資産運用をする際，リスクのみを評価するのでは消極的な結果になりかねない．通常は，リスクと同時にリターンを評価し，それらの値を比較しながら投資の意思決定を行う．期待収益率とは，このような投資におけるリターンを評価する 1 つの指標であり，株式投資からどの程度の収益が期待できるかの目安となる．一方，期待収益率を投資収益率の予測値とした場合，その予想がどの程度外れて安いかの目安が収益率ボラティリティである．ボラティリティ (変動率) の名の通り，実際の収益率の変動が期待収益率と比べてどの程度であるかの指標を与えている．シャープ・レシオは，収益率ボラティリティをリスク，期待収益率をリターンとした場合の，リスクに対するリターンの大きさを表現したもので，6.4.5 項でもう一度議論するように，投資の効率性を判断する指標である．

以下，上記指標を 1 つ 1 つ説明する．なお，ここでは株式価格に対する過去データが利用可能であるとし，過去データから上記パラメータを推定する手法例を示す．

6.3.1 期待収益率

現時点において保有金額の一部をある株式に投資したものとする．このとき，1 か月後に株式を売却してしまえば，1 か月後の株式価値から現時点の投資額 (現時点株式価値) を引いたものが収益として残る．この額を現時点株式価格で割ったものが 1 か月後の投資の収益率，すなわち

$$収益率 = \frac{1\,\text{か月後の保有株式価値} - 現時点保有株式価値}{現時点保有株式価値}$$

である．ここでは，このような株式投資の 1 か月の収益率を μ で表す．収益率 μ が正であれば，その投資から利益が生じたことになり，負である場合は損失となる．現在時点で 1 か月先の株式価格を知ることはできないので，収益率 μ は不確定性を持っている．

上記収益率は現時点から 1 か月後にかけての株式投資の収益率であるので，

現時点では確定的ではないが，その期待収益率は株式価格の過去の履歴などから推計することができる．例えば，過去 10 年間の株式価格の月次データから各月ごとの月次収益率を計算し，その平均を用いて μ の推定値 $\bar{\mu}$ とするのである．以下は，N か月分の月次収益率データ μ_i ($i=1,\ldots,N$) から 1 か月の期待収益率を推計した場合の $\bar{\mu}$ である．

$$\bar{\mu} \simeq \frac{\mu_1+\mu_2+\cdots+\mu_N}{N}, \quad \mu_i := \frac{X_i-X_{i-1}}{X_{i-1}} \tag{6.1}$$

ただし，X_i ($i=0,1,\ldots,N$) は第 i か月目の基準日における株式価格である．

6.3.2 収益率ボラティリティ

ボラティリティは日本語で変動率を意味し，収益率ボラティリティとは，実際の月次収益率が期待収益率の周辺でどの程度ばらつくかを表す指標である．収益率ボラティリティは，各月ごとの月次収益率と期待収益率 $\bar{\mu}$ の差の 2 乗和から以下のように推計される．

$$\bar{\sigma} \simeq \sqrt{\frac{\{\mu_1-\bar{\mu}\}^2+\{\mu_2-\bar{\mu}\}^2+\cdots+\{\mu_N-\bar{\mu}\}^2}{N(N-1)}} \tag{6.2}$$

なお，上記のように過去データから推計されるボラティリティはヒストリカルボラティリティと呼ばれ，収益率の期待値周りでの変動を見積もる目安としてよく用いられる．

ボラティリティが 0 であるとは，式 (6.2) より，全ての月次収益率がその平均に等しいことを意味する．期待収益率やボラティリティを推計するのに用いたデータは過去のもので，過去データの変動がないからといって将来も変動しないと結論することは必ずしもできないが，少なくともボラティリティ $\bar{\sigma}$ が小さい場合は，次の 1 か月間の収益率の期待値周りでの変動も小さいと考えられる．よって，ボラティリティが小さい場合は，それだけ収益率の予測がしやすいことがわかる．

単一の株式に対する投資を考える際，期待収益率とボラティリティは投資のリターンとリスクに対する有益な情報を与える．なぜなら，期待収益率は投資からどの程度の収益が期待されるかの推定値を与え，ボラティリティは実際の結果がその推定値からどの程度はずれる可能性があるかの目安を与えるからで

ある.例えば,期待収益率が 0.05 でボラティリティが 0 で与えられるような資産は,1 か月先の資産価値が現在の投資額に対して 5%増加することが確実に期待されるような資産である.一方,期待収益率が 0 でボラティリティが 0.1 で与えられるような資産は,平均的にみて収益率は 0 となることが期待されるが,実際の値は 0 から ±10% 程度の範囲でばらつく可能性が高いことを示す.そのため,ボラティリティが高い資産ほど将来収益の予測が難しく,結果として,資産損失の可能性も高くなる.逆にボラティリティが低い資産は,それだけ将来の予測がしやすく,損失する可能性が少ない資産であると考えられる.すなわち,ここで導入した収益率ボラティリティは,投資に対する 1 つのリスク指標を与えている.

6.3.3 シャープ・レシオ

ボラティリティが同じである 2 つの資産を考えよう.ボラティリティが同じであるならば,期待収益率の大きい資産の方がより高い収益が見込まれる分だけ投資を行う価値が高い.また,逆に期待収益率が同じであるがボラティリティの異なる 2 つの資産が存在するとしよう.この場合,ボラティリティの低い資産の方が,投資を行った際の資産損失リスクが低いと考えられる.一方,ボラティリティの高い資産は,実際の収益率が期待したものより高い可能性も大きいのであるが,資産損失リスクもまた大きい.投資家にとっては,同程度の収益率が期待できるのであれば,資産損失リスクの小さい方を選択するのが無難である.

以上のように,2 つの資産の期待収益率と収益率ボラティリティが既知の場合に,ボラティリティが両者で等しい場合は期待収益率が高いほうが,また期待収益率が同じである場合は収益率ボラティリティが低い方が投資をする上での価値が高い.シャープ・レシオは,このような「投資における価値」を資産に対する期待収益率と収益率ボラティリティの比を用いて表現したものであり,以下のように定義される.

$$\phi := \frac{\bar{\mu} - r_f}{\bar{\sigma}} \tag{6.3}$$

ただし,r_f は無リスク利子率と呼ばれ,無リスク資産と呼ばれる収益率ボラ

ティリティが 0 で与えられるような資産の収益率である．なお，r_f はある期間 (この場合は 1 か月) で確実に保証される収益率であり，無リスク利子率には，一般に国債の利回りやスワップレートが用いられるが，ここでは簡単のため銀行貯金の利回りと考えて差し支えない．シャープ・レシオの分子は，資産の期待収益率値の無リスク利子率に対する超過収益率であり，この値が正で大きいほど，無リスク資産に比べて高い収益が期待されることになる．また，分母は収益率ボラティリティで，この値が大きいほど価格変動リスクの高い投資対象である．収益率ボラティリティが同じであれば，シャープ・レシオの高い資産ほど期待 (超過) 収益率が高い．一方，期待収益率が同じであれば，シャープ・レシオの高い資産ほど収益率ボラティリティは低く，その分資産損失のリスクも低い．よって，シャープ・レシオを計算することは，期待収益率とボラティリティの情報だけを基に意思決定を行う投資家にとっては，投資の判断基準へとつながる．

6.4　ポートフォリオのリスク

　古くから知られているように，資産を 1 か所に集中させるよりも，複数に分散させた方が資産損失のリスクは少ない．例えば，旅行に行く際に，旅行資金をいくつかの場所に分けて持っていった方が，一度で全部を無くす可能性は低く，その分，資産損失のリスクは低いと考えることができる．

　株式投資において資産を分散させるとは，簡単にいえば複数銘柄に同時に投資するということである．このように，単一の銘柄のみではなく，複数銘柄に同時に投資することを分散投資と呼ぶ．分散投資の組み合わせはさまざまであるが，その 1 つ 1 つのことをポートフォリオと呼ぶ．なお，ポートフォリオという言葉は，もともと紙ばさみを意味し，証券会社などでは有価証券を紙ばさみに挟んで保管することが多かったため，投資家が保有する有価証券を一体としてみるときも，ポートフォリオと呼ぶようになったことが語源とされている．以下，ポートフォリオを構成した際の，期待収益率と収益率ボラティリティがどのように与えられるかを考察しよう．

6.4.1 ポートフォリオ重み

現時点において，保有資産を複数銘柄の株式に同時に投資することが可能であるとし，これらの資産からポートフォリオを構成することを考える．このようにいくつかの銘柄を選択して分散投資を行った際，投資総額に対する個別株式投資金額の割合を，ポートフォリオ重みと呼ぶ．例えば，現時点における保有総額 X_t を，A, B, C の3つの株式に対して分散投資した場合，資産 A, B, C に対するポートフォリオ重み w_a, w_b, w_c は以下のように与えられる．

$$w_a = \frac{A に対する投資額}{X_t}$$
$$w_b = \frac{B に対する投資額}{X_t} \qquad (6.4)$$
$$w_c = \frac{C に対する投資額}{X_t}$$

投資総額 X_t について，

$X_t = A$ に対する投資額 $+ B$ に対する投資額 $+ C$ に対する投資額

であることから，式 (6.4) における 3 式の辺々足し合わせると，

$$w_a + w_b + w_c = \frac{X_t}{X_t} = 1 \qquad (6.5)$$

が成り立つことがわかる．一般に，ポートフォリオの重みは，

$$ポートフォリオ重みの和 = 1 \qquad (6.6)$$

を満たしている．

ポートフォリオ重みは，現時点における投資総額の各資産に対する配分比率を表し，資産配分されない株式のポートフォリオ重みは0と考えることができる．また，ポートフォリオ重みが負の値をとることは，空売りに対応する．このように，現時点における資産配分は，各資産に対応するポートフォリオ重みを決めることによって表現することが可能である．また，いずれの場合も，ポートフォリオ重みの和はつねに1である．

6.4.2 ポートフォリオの期待収益率

先の例のように3つの株式 A, B, C に投資した場合の，期待収益率を考えよう．株式 A, B, C の1期間 (例えば1か月) における期待収益率を $\bar{\mu}_a, \bar{\mu}_b, \bar{\mu}_c$ と

すると，個別株式に投資した際の期待収益は，投資額にこれらの期待収益率をかけたものであるので，

$$A に投資した際の期待収益 = \bar{\mu}_a \times A に対する投資額$$
$$B に投資した際の期待収益 = \bar{\mu}_b \times B に対する投資額 \quad (6.7)$$
$$C に投資した際の期待収益 = \bar{\mu}_c \times C に対する投資額$$

が成り立つ．また，式 (6.4) より，株式 A, B, C に対する現時点での投資額は，

$$w_a \times X_t, \quad w_b \times X_t, \quad w_c \times X_t$$

のように計算できるので，現時点で X_t を株式 A, B, C に対して分散投資した際の期待総収益は，

$$\bar{\mu}_a w_a X_t + \bar{\mu}_b w_b X_t + w_c \bar{\mu}_c X_t$$
$$= (w_a \bar{\mu}_a + w_b \bar{\mu}_b + w_c \bar{\mu}_c) X_t \quad (6.8)$$

で与えられる．上記の期待収益を初期投資額 X_t で割ったものが期待収益率であるので，結局，次式が成立する．

$$A, B, C に分散投資した際の期待収益率 = w_a \bar{\mu}_a + w_b \bar{\mu}_b + w_c \bar{\mu}_c \quad (6.9)$$

一般に，ポートフォリオを構成した際の 1 期間期待収益率は以下のように計算される．

$$ポートフォリオの期待収益率 = 各資産の期待収益率の重み付け和 \quad (6.10)$$

6.4.3 ポートフォリオの収益率ボラティリティ

前節で説明したが，収益率ボラティリティとは，期待収益率に対して，実際の収益率がどの程度変動するかの目安を与え，ボラティリティが大きい資産ほど，収益率の変動が大きい資産と考えられる．分散投資の大きなメリットの 1 つは，資産の組み合わせによっては，期待収益率を変えずにボラティリティだけ小さくすることができる点である．

いま，2 つの株式 A, B の期待収益率および収益率ボラティリティが互いに等しいと仮定しよう．このとき，それぞれの資産に対する期待収益率およびポートフォリオ重みを $\bar{\mu}_a, \bar{\mu}_b, w_a, w_b$ とすると，$\bar{\mu}_a = \bar{\mu}_b$ である．また，ポートフォリオの期待収益率は，各資産の期待収益率の重み付け和であるので，

$$w_a \bar{\mu}_a + w_b \bar{\mu}_b = (w_a + w_b) \bar{\mu}_a = \bar{\mu}_a \quad (6.11)$$

が成り立ち，ポートフォリオ重みをどのように選んだとしても，期待収益率は

個別資産に投資した場合と同じである．

一方，株式 A, B の収益率ボラティリティを，それぞれ σ_a, σ_b とすると，2資産からなるポートフォリオの収益率ボラティリティは以下のように計算される．

$$\sqrt{w_a^2\sigma_a^2+w_b^2\sigma_b^2+2w_aw_b\rho_{a,b}\sigma_a\sigma_b} \qquad (6.12)$$

ここで，$\rho_{a,b}$ は株式 A と株式 B の収益率の相関係数と呼ばれるもので，以下の性質を持つ．

1) 相関係数 $\rho_{a,b}$ は，-1 と 1 の間の値をとる．
2) $\rho_{a,b}$ が正の場合，A の収益率と B の収益率が同方向に動く傾向があり，
3) $\rho_{a,b}$ が負の場合，A の収益率と B の収益率が逆方向に動く傾向がある．
4) $\rho_{a,b} = 0$ の場合は，どちらの傾向も特に見られない．

例えば，式 (6.12) において，$\rho_{a,b} = 0$ のときを考えると，

$$\sqrt{w_a^2\sigma_a^2+w_b^2\sigma_b^2} \qquad (6.13)$$

である．よって，$w_a = w_b = 1/2$ のように選べば，$\sigma_a = \sigma_b$ より，

$$\sqrt{\frac{1}{2^2}\sigma_a^2+\frac{1}{2^2}\sigma_b^2} = \frac{\sigma_a}{\sqrt{2}} \qquad (6.14)$$

となり，個別に投資を行った際のボラティリティに比べて，ポートフォリオの収益率ボラティリティが $1/\sqrt{2}$ に減少していることがわかる．また，$\rho_{a,b} \neq 0$ の場合においても，

$$\sqrt{w_a^2\sigma_a^2+w_b^2\sigma_b^2+2w_aw_b\rho_{a,b}\sigma_a\sigma_b} \leq \sqrt{w_a^2\sigma_a^2+w_b^2\sigma_b^2+2w_aw_b\sigma_a\sigma_b}$$
$$= w_a\sigma_a+w_b\sigma_b$$
$$= \sigma_a \qquad (6.15)$$

であるので，ポートフォリオの収益率ボラティリティは，少なくとも個別資産に投資した場合と同じか小さくなる．

6.4.4 平均分散効率的ポートフォリオ

一般に，単一資産に投資した場合と比べて，分散投資した方がポートフォリオの収益率ボラティリティは減少する．この際，同時に期待収益率も減少してしまっては必ずしも魅力ある投資とはいえないので，通常は，期待収益率をある水準に保ちながら，収益率ボラティリティが減少するようなポートフォリオ

を構築する．すなわち，期待収益率と収益率ボラティリティを参照するような投資家は，以下の平均分散ポートフォリオ最適化問題に基づいて投資を行う．

ポートフォリオの期待収益率一定の条件の下で，収益率ボラティリティを最小化するポートフォリオを構築せよ．

なお，同じ水準の期待収益率に対して収益率ボラティリティが最小となるポートフォリオのことを，「平均分散効率的ポートフォリオ」と呼ぶ．上記問題は，1990年にノーベル経済学賞を受賞したMarkovitzによって，1952年にその解法が示された．平均分散ポートフォリオ最適化問題に対しては，2次計画問題を解くことによって，具体的な解である最適ポートフォリオ重みを求めることができるのであるが，ここではその解法を示すのではなく，シャープ・レシオとの関係から議論していくことにする．

a. 期待収益率-ボラティリティグラフ

投資対象となる株式の期待収益率および収益率ボラティリティが与えられているとする．このような資産は，図6.1のように，期待収益率を縦軸，収益率ボラティリティを横軸とするグラフ上の点として表示することができる．ただし，x座標は収益率ボラティリティ，y座標は期待収益率を表すとする．また，無リスク資産は，期待収益率がr_f，収益率ボラティリティが0の資産であり，図6.1では，縦軸上にあるy座標がr_fの点として与えられる．

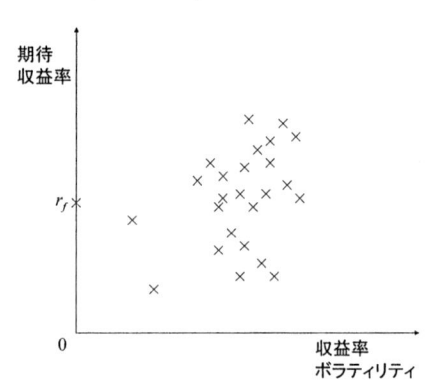

図 6.1　期待収益率-収益率ボラティリティグラフ

資産どうしの相関係数が既知であるとすると，ポートフォリオ重みを決めることにより，ポートフォリオの期待収益率と収益率ボラティリティが計算され

る．平均分散ポートフォリオ最適化問題において，期待収益率一定のもとで収益率ボラティリティを最小化することは，図 6.2 の期待収益率一定 $(=\bar{\mu})$ の直線上で，収益率ボラティリティが最も小さいポートフォリオを求めることに対応する．

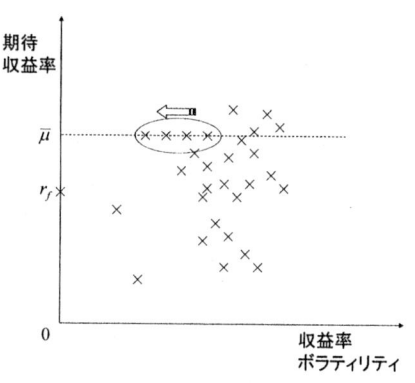

図 6.2 平均分散の最適ポートフォリオ

b. シャープ・レシオと無リスク資産を含むポートフォリオ

無リスク資産以外の投資対象をリスク資産と呼ぶこととすると，全てのリスク資産の収益率ボラティリティは正である．また，リスク資産のみから構成されるポートフォリオもまた，リスク資産の 1 つとみなすことができる．ここで，リスク資産の組み合わせからなるポートフォリオ A の，期待収益率および収益率ボラティリティを $\bar{\mu}_A, \sigma_A$ とし，図 6.3 上に表示する．このとき，A と無リスク資産を結ぶ直線の傾きを計算すると，

$$\frac{\bar{\mu}_A - r_f}{\sigma_A} \qquad (6.16)$$

であり，直線の傾きはポートフォリオ A のシャープ・レシオを与えていることが分かる．また，この直線の傾きが大きければ大きいほど，ポートフォリオ A のシャープ・レシオも大きい．

ここで，ポートフォリオ A と無リスク資産の組み合わせで，新たなポートフォリオを構成することを考える．ポートフォリオ A に対する資産配分重みを α とすると，無リスク資産に対する重みは $1-\alpha$ である．よって，無リスク資産を含む新たなポートフォリオの期待収益率および収益率ボラティリティは，以

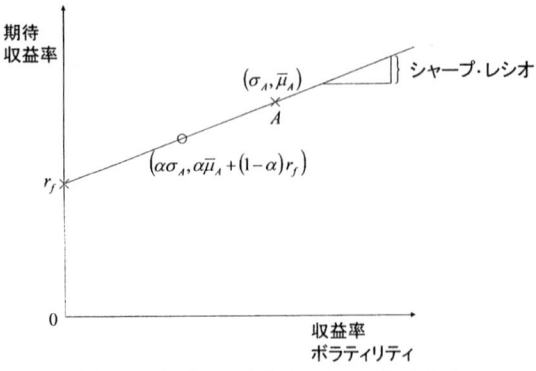

図 6.3 ポートフォリオ A のシャープ・レシオ

下のように与えられる.

$$期待収益率 = \alpha\bar{\mu}_A + (1-\alpha)r_f$$
$$収益率ボラティリティ = \alpha\sigma_a$$
(6.17)

式 (6.17) において $\alpha=0$ の場合は,無リスク資産における期待収益率および収益率ボラティリティを表し,$\alpha=1$ の場合は,ポートフォリオ A を表すことが分かる.さらに,図 6.3 のように,無リスク資産とポートフォリオ A を通る直線を考えると,$0<\alpha<1$ の場合,式 (6.17) は無リスク資産とポートフォリオ A を結ぶ線分上の点を与え,$\alpha>1$ の場合は,ポートフォリオ A より右側の半直線上の点を表している.このように,無リスク資産とポートフォリオ A を組み合わせることによって構成される新たなポートフォリオは,期待収益率–収益率ボラティリティグラフ上で,無リスク資産とポートフォリオ A を結ぶ半直線上の点として表現される.

6.4.5 資産価格モデル

投資対象となりうる全てのリスク資産から構成されるポートフォリオの中で,シャープ・レシオが最大となるものを考えよう.このようなポートフォリオを M,ポートフォリオ M の期待収益率および収益率ボラティリティを $\bar{\mu}_M$,σ_M とすると,M のシャープ・レシオは,M と無リスク資産を結ぶ直線の傾きによって与えられる.よって,図 6.4 のように,無リスク資産とリスク資産ポー

トフォリオを結んだ直線を考えた場合，ポートフォリオ M の与える直線は傾きは，全てのリスク資産ポートフォリオの中で最も大きい．

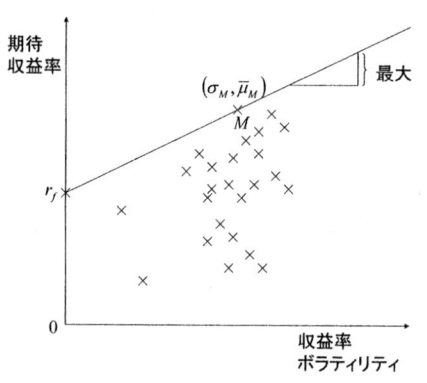

図6.4　市場ポートフォリオと資本市場線

ポートフォリオ M に含むことが可能な株式の数が十分に多い場合，M は市場全体を反映すると考えられる．この意味で，ポートフォリオ M を市場ポートフォリオ，M を通る直線を資本市場線と呼ぶ．資本市場線上の任意の期待収益率および収益率ボラティリティは，6.4.4項で示した通り，市場ポートフォリオと無リスク資産の組み合わせによって達成可能である．また，資本市場線上のポートフォリオは全て同じシャープ・レシオを持つ．言い換えれば，資本市場線上のポートフォリオとは，投資可能な資産の組み合わせから構成されるポートフォリオの中で，シャープ・レシオを最大化するポートフォリオの集合である．

同じ期待収益率を与えるポートフォリオを考えた場合，資本市場線上のポートフォリオよりも収益率ボラティリティが小さいポートフォリオは存在しない．もし，このようなポートフォリオが存在した場合，シャープ・レシオが市場ポートフォリオよりも高いリスク資産から構成されるポートフォリオが存在することになってしまい，M が市場ポートフォリオであることに反してしまう．よって，平均分散効率的ポートフォリオに関して以下の性質が成り立つ．

全ての平均分散効率的ポートフォリオは資本市場線上にある．

もし，投資家が期待収益率と収益率ボラティリティのみを指標として投資を

行うのであれば，全ての平均分散効率的ポートフォリオは資本市場線上に乗るので，投資に必要なのは市場ポートフォリオと無リスク資産の組み合わせのみで，あとは資産配分重みを決めるだけである．このように，市場ポートフォリオは，平均分散効率的な投資家が投資判断をする上で，重要な役割を果たす．また，市場ポートフォリオとの相関を用いれば，以下の資産価格モデル (capital asset pricing model: CAPM) として知られる，市場ポートフォリオを構成する任意の資産の期待収益率を計算することが可能である．

[資産価格モデル]

市場ポートフォリオに含まれるリスク資産 i と市場ポートフォリオとの相関を $\rho_{i,M}$ とする．このとき，リスク資産 i の期待収益率 $\bar{\mu}_i$ は，以下のように表現される．

$$\bar{\mu}_i = r_f + \beta_i (\bar{\mu}_M - r_f) \tag{6.18}$$

$$\beta_i := \frac{\rho_{i,M} \sigma_i}{\sigma_M} \tag{6.19}$$

ただし，σ_i はリスク資産 i の収益率ボラティリティ，$\rho_{i,M}$ はリスク資産 i と市場ポートフォリオ M との相関係数である．

証明： リスク資産 n と市場ポートフォリオから構成される新たなポートフォリオ Z の資産 n に対する重みを α とすると，ポートフォリオの平均 r_α および標準偏差 σ_α は以下のように与えられる．

$$r_\alpha = \alpha r_n + (1-\alpha) r_M \tag{6.20}$$

$$\sigma_\alpha = \sqrt{\alpha^2 \sigma_n^2 + 2\alpha(1-\alpha)\rho_{nM}\sigma_n\sigma_M + (1-\alpha)^2 \sigma_M^2} \tag{6.21}$$

ポートフォリオ Z は $\alpha=0$ で市場ポートフォリオに一致し，かつ資本市場線より上にはならない，すなわち市場ポートフォリオは $\alpha=0$ で資本市場線に接することがわかる．市場ポートフォリオの傾きは $\lambda_M = (r_M - r_f)/\sigma_M$ であるので，次式が成り立つ．

$$\left. \frac{\partial r_\alpha / \partial \alpha}{\partial \sigma_\alpha / \partial \alpha} \right|_{\alpha=0} = \frac{r_M - r_f}{\sigma_M} \tag{6.22}$$

また，

$$\left.\frac{\partial r_\alpha}{\partial \alpha}\right|_{\alpha=0} = r_n - r_M \tag{6.23}$$

$$\left.\frac{\partial \sigma_\alpha}{\partial \alpha}\right|_{\alpha=0} = \left.\frac{\sigma_n^2 \alpha + (1-2\alpha)\rho_{nM}\sigma_n\sigma_M - (1-\alpha)\sigma_M^2}{\sigma_\alpha^{1/2}}\right|_{\alpha=0}$$

$$= \frac{\rho_{nM}\sigma_n\sigma_M - \sigma_M^2}{\sigma_M} = \rho_{nM}\sigma_n - \sigma_M \tag{6.24}$$

であるので

$$r_n - r_M = (\rho_{nM}\sigma_n - \sigma_M)\frac{r_M - r_f}{\sigma_M}$$

$$= \rho_{nM}\sigma_n\frac{r_M - r_f}{\sigma_M} - (r_M - r_f)$$

$$= r_f + \frac{\rho_{nM}\sigma_n}{\sigma_M}(r_M - r_f) - r_M \tag{6.25}$$

が得られる．整理すると，式 (6.18) が成り立つことがわかる．

銀行経営者：神様，わが行の資産は十分分散されてるはずなのに，ちっともリスクが小さくなった気がしません．

神様：システマティックリスクが高いのじゃ．

銀行経営者：システマティックリスク？

神様：金利変化とか経済状況とか，市場全体が共有するリスクでな．これが高いと，あとは保有資産を減らすくらいしかリスク回避のしようがない．

銀行経営者：保有資産を減らすのですか．でも，それはそれで，また流動性リスクとか問題になるのでは…．

神様：まぁ，そういうことじゃな．

6.4.6　ベータと割引率

CAPM は，資産 i の (無リスク利子率に対する) 超過収益率が市場ポートフォリオの超過収益率に比例し，かつ，その比例係数が式 (6.19) で与えられることを示している．この比例係数は総称してベータ (β) と呼ばれ，資産 i について個別に決まる変数である．

個別銘柄に対するベータは，リスク指標としてしばしば参照される．その理由について考察しよう．市場ポートフォリオに含むことが可能な株式の数が十

分に多い場合，市場ポートフォリオは株式市場全体を反映すると考えられる．実際に，世の中の投資家が全て平均分散効率的である場合は，投資家は市場ポートフォリオと無リスク資産の組み合わせで資産配分をすることからも，市場ポートフォリオが市場全体を代表するポートフォリオであることがわかる．このように捉えれば，ベータは，個別株式の期待収益率の市場全体の動向に対する感応度を表していると解釈できる．

また，同じベータを持つ資産は，期待収益率が等しい．すなわち，図 6.5 のように，期待収益率–収益率ボラティリティグラフ上では x 軸に平行な直線上に乗る．期待収益率の等しい資産をどのように組み合わせてポートフォリオを構成しても，期待収益率は変わらないが，収益率ボラティリティは小さくすることができる．同じ期待収益率で，収益率ボラティリティが資本市場線上のものより小さいポートフォリオは存在しないので，この期待収益率が等しい直線と資本市場線の交点における収益率ボラティリティが，期待収益率の等しい資産を組み合わせて構成されるポートフォリオの，収益率ボラティリティの下限である．ここで，ポートフォリオのベータを β とすると，CAPM の公式より，ポートフォリオの期待収益率 $\bar{\mu}$ は，

$$\bar{\mu} = r_f + \beta(\bar{\mu}_M - r_f) \tag{6.26}$$

で与えられる．よって，収益率ボラティリティの下限は以下のように計算される．

$$収益率ボラティリティの下限 = \beta \sigma_M \tag{6.27}$$

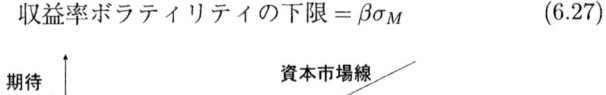

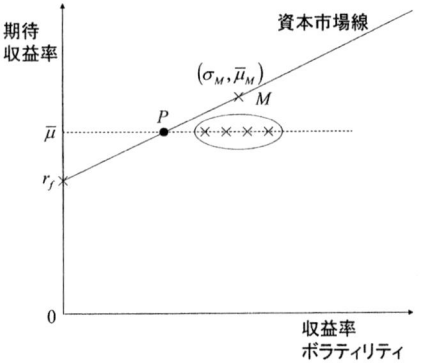

図 6.5 期待収益率の等しいポートフォリオの集合とベータ

同じベータを持つ資産をどのように組み合わせても,式 (6.27) の値を下回る収益率ボラティリティを達成するポートフォリオを構成することはできない.この値が β に比例することから,ベータは,投資対象が持つ潜在的なリスクを与えていることがわかる.

6.5 損失リスクの計量化指標

前節までに取り扱った投資指標の他に,資産損失の下限を見積もる指標として,以下に導入するバリューアットリスクと期待バリューアットリスクがある.バリューアットリスクと期待バリューアットリスクは,ある信頼性水準の下における資産損失の最悪ケースの値もしくは期待資産損失を与え,投資における資産損失のリスクを数値化するのによく用いられる指標である.

6.5.1 バリューアットリスク

収益率ボラティリティは収益率の期待値周りのばらつき度合いを表し,結果としてボラティリティの高い資産ほど投資の際に損失する可能性が高いと述べたが,実際に損失のリスクを見積もる際は以下の表現を満たすような $\bar{\mu}_{95\%}$ を用いた方が直観的には理解しやすい.

資産収益率 μ が $\bar{\mu}_{95\%}$ 以上である確率は 95%である.

このとき,現時点株式価値が X_t の場合の,1 か月の株式投資に対する信頼性レベル 95%のバリューアットリスク (Value at Risk: VaR) は,次のように定義される.

$$\mathrm{VaR}_{95\%} := (1+\bar{\mu}_{95\%})X_t \tag{6.28}$$

ここで,先と同じように過去 N か月間の月次収益率

$$\bar{\mu}_1, \bar{\mu}_2, \ldots, \bar{\mu}_N \tag{6.29}$$

が観測されたとする.このとき,上記記述を満たす $\bar{\mu}_{95\%}$ は,$\bar{\mu}_i\ (i=1,\ldots,N)$ を値が大きい順にならべた場合の,100 分の 95 位点に対応する値として近似することができる.すなわち,

$$\frac{m^*-1}{N} < \frac{95}{100} \leq \frac{m^*}{N} \tag{6.30}$$

を満たす自然数を m^* とすると，大きい順から数えた月次収益率の m^* 番目の値が，$\bar{\mu}_{95\%}$ を与える．

VaR の直観的な解釈は以下の通りである．現時点投資額が X_t だった場合に，その資産が1か月後に VaR$_{95\%}$ を下回らない確率は95%である．すなわち VaR$_{95\%}$ は，信頼性水準95%における将来資産価値の下限を与えている．

6.5.2 期待バリューアットリスク

VaR は，将来時点の投資価値がどの程度で抑えられるかの指標を与え，直観的にも理解しやすく実用上有用な指標であると考えられる．一方，もし仮に信頼性水準95%で想定した資産価格下限を，将来時点資産価値が下回るような状況が発生した際，その資産価値がどの程度となるかの指標に，以下の期待バリューアットリスク (Conditional Value at Risk: CVaR) が存在する．

現時点株式価値が X_t の場合の，1か月の株式投資に対するバリューアットリスクが式 (6.28) のように与えられているとする．このとき，信頼性水準95%の期待バリューアットリスクは，次のように定義される．

$$\text{CVaR}_{95\%} := \mathbb{E}(X_{t+1} | X_{t+1} \leq \text{VaR}_{95\%}) \tag{6.31}$$

ただし，X_{t+1} は1か月後の株式価値である．式 (6.31) の右辺は条件付き期待値で，1か月後の株式価値 X_{t+1} が VaR$_{95\%}$ を下回る場合の株式価値 X_{t+1} の期待値を意味する．

期待バリューアットリスクを先と同じように N か月分の月次収益率を用いて表現すると以下のようになる．まず，N 個の月次収益率 $\bar{\mu}_1, \ldots, \bar{\mu}_N$ を小さい順に以下のようにならべかえる．

$$\mu_1^* \leq \mu_2^* \leq \cdots \leq \mu_{N-m^*}^* \leq \mu_{N-m^*+1}^* \leq \cdots \leq \mu_N^* \tag{6.32}$$

ただし，m^* は式 (6.30) を満たす自然数であり，

$$\bar{\mu}_{95\%} = \mu_{N-m^*+1}^* \tag{6.33}$$

が成り立つ．ここで，$\mu_i^* < \bar{\mu}_{95\%}$ を満たす月次収益率のみの平均を $\bar{\mu}_{95\%}$ とすると，

$$\bar{\mu}_{95\%} := \frac{\mu_1^* + \mu_2^* + \cdots + \mu_{N-m^*}^*}{N - m^*} \tag{6.34}$$

である．このとき，信頼性レベル95%の期待バリューアットリスクは，以下の

ように計算される．

$$\mathrm{CVaR}_{95\%} := (1+\bar{\mu}_{95\%})X_t \tag{6.35}$$

銀行経営者：神様，この節で計算しているリスク指標は過去データに基づいてますよね．ですが，リスク管理をする上で重要なのは現在もしくは将来の資産が，どういう状態なのかを知りたいんじゃないんでしょうか．

神様：そうじゃ．よく気が付いたな．あと，これらのリスク指標を計算するには，十分なデータが揃ってないといかん．

銀行経営者：では，私の銀行で保有するような，取引の少ない資産価値の評価には適用できそうにありません．

神様：まぁ，そう言うな．とりあえず，過去の実績値がどうなのか調べるのは，リスク推定の基本じゃ．

銀行経営者：その後は，どうしましょうか….

神様：わしに言わせるな．お主がどうにかして計算してきて，わしが信頼できそうかどうか判断するのじゃ．

なお，本節では，導入した投資リスク指標の推定に過去データを用いたが，このような過去データに依存する手法は簡便な反面，ある程度の精度を得るためには，過去の資産価格が十分な期間にわたり断続的に観測されていなければならない．さらに，過去データを用いる以上避けられない問題ではあるが，過去で起こった価格変化が将来でも同程度の頻度で起こることを仮定しており，例えば経済情勢や政策，他国の情勢や投資行動の変化により，過去に想定しなかった価格変化が将来頻繁に起こってしまうような場合は，注意が必要である．

6.5.3 コヒレントなリスク尺度

バリューアットリスクも期待バリューアットリスクも将来時点における資産価値もしくは損失の大きさを見積もる尺度である．数学で尺度という言葉を用いる場合，共通して満たされるべき性質が存在する．リスクに対する尺度も同様に，尺度が満たすべき性質について議論されてきたが，その中で代表的なものが以下のコヒレントなリスク尺度と呼ばれるものである．

コヒレントなリスク尺度とは以下の性質を満たす尺度である．

1) 正の同次性 (positive homogeneity)

2) 平行移動不変性 (translation invariance)
3) 単調性 (monotonicity)
4) 劣加法性 (subadditivity)

ここで，これらの性質を満たす尺度を $\rho(\cdot)$ とした場合に，正の同次性とは，ある資産の将来時点価格 X に対し，

$$\rho(\lambda X) = \lambda \rho(X), \quad {}^{\forall}\lambda > 0 \tag{6.36}$$

が成り立つこと，平行移動性とは，

$$\rho(\lambda X + c) = \rho(X) - c \tag{6.37}$$

が全ての定数関数 c に対して成り立つことである．また，単調性とは，2つの投資対象の将来時点資産価値 X, Y に対して，$X \leq Y$ であれば，$\rho(Y)$ に対しても同順の関係

$$\rho(X) \leq \rho(Y) \tag{6.38}$$

であること，劣加法性とは，$\rho(\cdot)$ が

$$\rho(X+Y) \leq \rho(X) + \rho(Y) \tag{6.39}$$

を満たすことである．

一般に，劣加法性とは，分散投資を裏付けるリスク尺度にとって重要な性質であるが，バリューアットリスクによって定義されるリスク尺度は，コヒレントなリスク尺度の性質のうち，この劣加法性を満たしていない．このような例を以下に示そう．まず，X_t を現時点資産価値とすると $\text{VaR}_{95\%}$ は，信頼性水準95%における1期後の資産価格 X_{t+1} の下限を表す．ここで，現時点 t の価値が $X_t = 10{,}000$ 円である資産に投資したとする．もし，この資産の価値が1時点後に $X_{t+1} = 9{,}000$ 円になった場合，損失額は $X_t - X_{t+1} = 10{,}000 - 9{,}000 = 1{,}000$ 円である．すなわち，このような投資における1期間の投資の損失を L_x とすると，L_x は以下のように与えられる．

$$L_x = X_t - X_{t+1} \tag{6.40}$$

ここで，バリューアットリスクを用いた損失に対する尺度を以下のように定義する．

$$\rho(L) = X_t - \text{VaR}_{95\%} \tag{6.41}$$

$\rho(L)$ は，資産 X に投資した際の信頼性水準95%の最大損失を表している．

ここで，発行体がデフォルトしたら額面分の損失が発生する2つの債券 A, B

6.5 損失リスクの計量化指標

に投資することを考える.これらの債券の額面および 1 期間後にデフォルトしている確率は以下のように与えられているとする.

債券 A: デフォルト確率 4%,額面 3,000 円.
債券 B: デフォルト確率 4.5%,額面 2,000 円.

簡単のため,現時点における債券価格は額面と同じであるとすると,デフォルトが発生しなかった場合 (生存時) における損失は 0 である.ここで,債券 A および B に投資した際の損失を L_a, L_b と表記すると,

$$L_a = \begin{cases} 0 & (\text{生存時}) \\ 3{,}000 \text{ 円} & (\text{デフォルト時}) \end{cases} \tag{6.42}$$

$$L_b = \begin{cases} 0 & (\text{生存時}) \\ 2{,}000 \text{ 円} & (\text{デフォルト時}) \end{cases} \tag{6.43}$$

が成り立つ.また,両債券とも生存する確率は信頼性水準 95% を超えているので,

$$\rho(L_a) = 0, \quad \rho(L_b) = 0 \tag{6.44}$$

である.一方,2 つの債券に同時に投資した場合,損失が発生しないのは両債券ともデフォルトしないときなので,その確率を求めると,

$$(1-0.04) \times (1-0.045) \simeq 0.92$$

であり,信頼性水準である 95% を割り込むことがわかる.よって少なくとも,

$$\rho(L_a + L_b) > 0 \tag{6.45}$$

が成立する.したがって,この場合,

$$\rho(L_a + L_b) > \rho(L_a) + \rho(L_b) \tag{6.46}$$

となってしまい,劣加法性が成立しないことがわかる.

表 6.1

状態	確率	損失
A, B ともデフォルト	$0.04 \times 0.045 = 0.0018$	$3{,}000 + 2{,}000 = 5{,}000$ 円
A だけデフォルト	$0.04 \times (1-0.045) = 0.0382$	$3{,}000 + 0 = 3{,}000$ 円
B だけデフォルト	$(1-0.04) \times 0.045 = 0.0432$	$0 + 2{,}000 = 2{,}000$ 円
A, B とも生存	$(1-0.04) \times (1-0.045) = 0.9168$	$0 + 0 = 0$ 円

銀行経営者:先生,大変です.
神様:わしは先生ではなくて神様じゃ.で,何が大変だって?

銀行経営者：バリューアットリスクの代わりに期待バリューアットリスクを使ったら，わが行の損失が大きく見積もられてしまいました．

神様：それは当たり前じゃ．期待バリューアットリスクは，損失がバリューアットリスクで見積もられたものを超えた際の期待損失を計算するものだからな．

銀行経営者：やはり，バリューアットリスクに戻しましょうか．

神様：まぁ，損失を大きく見積もる分にはよいんじゃないかな．これからは，期待バリューアットリスクを使おう．

第 6 章 の ま と め

本章では，まず，投資におけるリスクとリターンのマネジメントとチャンスマネジメントの関係について考察し，リスクとリターンの計量化手法について簡単に説明した．ここでの結果は，他の章と比べてやや数学的なものとなってしまったが，こと投資においては，リスクを計量化することは投資判断をする上で不可欠であり，そこに数学的なモデルを適用することによって，客観的な指標のもとで効率的な資産運用方法を目指すことが可能となる．一方，リスクとリターンの計量化およびそれに基づく数学モデルは，このような客観的な投資判断において重要であるが，それが全てではない．得られる数値や数学モデルには，前提となる仮定や数値誤差があり，出てきた結果がつねに現実の世界と整合性がとれているわけではない．ときには，数値化されていないデータや，経験等に基づく主観的な判断が，よい結果をもたらすこともありうる．このように，投資におけるチャンスマネジメントにおいては，得られた数値や情報を適切に理解し，客観，主観の両側面から総合的に投資判断を行うことが，最終的には重要である．

文　　献

1) M. Crouhy, D. Galai, R. Mark, Risk Management, McGraw-Hill, 2000.
2) D. Duffie, K. J. Singleton, Credit Risk, Princeton University Press, 2003.
3) D.G. Luenberger, Investment Science, Oxford University Press, 1998.

4) 金融庁ホームページ, "バーゼル銀行監督委員会関連 (http://www.fsa.go.jp/p_fsa/inter/bis/bis-j.html)", 1998年9月.
5) 金融庁ホームページ, "金融検査マニュアル（預金等受入金融機関に係る検査マニュアル）(http://www.fsa.go.jp/manual/manualj/yokin.html)", 1999年7月（最終改正：2004年2月).
6) 日本銀行ホームページ, "自己資本に関する新しいバーゼル合意の概論（仮訳）(http://www.boj.or.jp/intl/03/data/bis0304b1.pdf)", 2003.

7

金融リスクマネジメント技術の適用
―天候デリバティブの価格と事業リスクヘッジ―

　本章から次章にかけては，金融リスクマネジメント技術の適用と実務応用と題して，近年発達した金融リスクマネジメントの技術がどのように実務に適用されつつあるかを，天候デリバティブを題材にして説明していく．本章においては，まず天候デリバティブについて概観した後，代表的な取引商品である気温を中心にその価格付け手法について説明する．さらに，天候デリバティブを用いた電力事業収益のヘッジ効果を検証していく．なお，次章では，主に，実務的な観点からの天候デリバティブ発展の背景，現状，および今後の課題について詳しく述べられている．

7.1　天候デリバティブとは

　天候デリバティブの歴史は，1997年に総合エネルギー会社であるエンロンとKochの間で，冬季の気温を対象にした取引が成立したことから始まったとされている．以降，欧米においては，電力等のエネルギー会社を中心に，また日本においては銀行や保険会社などの金融機関を中心に天候デリバティブ市場が形成されてきた．デリバティブ(派生商品)とはいっても，原資産である天候データそのものが価値を持つわけではないため，天候デリバティブの市場形成においては，市場参加者が持つ天候リスクの性質やその国の気候，風土もしくは制度が大きく影響を与える．例えば，電力やエネルギーの自由化が進んでいる欧米では，市場参加者はエネルギー会社が中心であり，自由化が遅れている一方で，気候の変化が売り上げに影響を与える産業を多くかかえる日本の場合，金

融機関が中心となり，バラエティに富んだ商品の開発が盛んに行われている．このように，天候デリバティブは，投資目的ではなく，天候データと相関が高い企業の売り上げや損益を補填する保険目的として発展してきたといえる．

7.2　天候デリバティブ概要と天候のモデル

　天候デリバティブの対象となる原資産は用途に応じてさまざまであるが，代表的なものとして，気温や降雪量，降水量が挙げられる．特に，気温は，以下の点においてその取引が活発である．
- 多地点，多期間にわたるデータの取得が比較的容易である．
- 想定される市場参加者が多い．すなわち，エネルギー関係の企業や，家電，食料品関係の企業など，売り上げが気温と相関を持つ企業が数多く存在する．
- 国際的にみても取引事例が多く，国際分散投資への利用が期待される．

以降では，気温に対する天候デリバティブを中心に議論を進める．

7.2.1　天　候　先　物

　通常の先物契約とは，将来時点における資産の取引価格(先物価格)を，現時点において決めてしまうものである．現時点においては，先物価格を決めるのみでお金のやりとりは行われないため，先物契約の価値は0であるが，将来の取引時点(満期時点)においては，先物価格とその時点の資産価格との差によって価値が生じる．例えば，将来時点の資産価格が先物価格よりも高ければ，買い手側は安い価格で資産を手に入れることができる．この満期時点における資産価値と先物価格との差額は，満期時点における先物契約の価値と考えられるので，買い手側にとっての満期時点における先物契約の価値は以下のように与えられる．

$$\text{満期時点における先物契約価値} = \text{満期時点の資産価格} - \text{先物価格} \quad (7.1)$$

もし，先物価格の方が資産価格よりも高ければ，式(7.1)の右辺は負となり，買い手側にとっての損失となる．取引所における先物取引においては，実際に資産の受け渡しをするのではなく，当該時点における資産価格と先物価格の差額

を支払うことにより決済が行われることが多い．天候先物とは，このような先物取引を，天候データを指標として行うものである．

天候デリバティブを考える上で，先物は最も基本的な契約と考えることができる．なぜなら，もし取引所等で先物市場が形成されれば，先物を原資産とするオプションも取引可能となり，市場の流動化へとつながるからである．ただし，実際には先物を含めた天候デリバティブの取引所取引は，世界的にみても活発であるとはいえず，市場取引のほとんどは相対である．一方，日本国内においても，天候デリバティブは，事業主と保険会社間，もしくは逆相関の天候リスクをもつ企業どうしなど，ほとんどが相対で取引が行われる．このような状況の中ではあるが，2004年8月15日付の紙面上で，東京金融先物取引所 (TIFFE) は以下のような内容の先物取引を開始する予定であると報じている．

- 東京，大阪を含む国内4都市の平均気温を対象にした先物商品を上場．
- 1年先までの気温が1か月単位で取引できる．気温1°Cにつき50,000円から100,000円とし，0.01〜0.05°C刻みで売買する．

図7.1は，気温上昇を見込む投資家が，1°Cあたり100,000円で25°Cで限月と呼ばれる取引の対象となる月 (例えば8月) の平均気温先物を買った場合の，実際の平均気温に対する受取額の関係を表すものである．もし，限月における平均気温が25°Cを上回り，例えば図のように28°Cだった場合は，この投資家は

$$100{,}000 \times (28-25) = 300{,}000 \text{ 円}$$

を受け取る．逆に25°Cを下回り，例えば22°Cだった場合は，

$$100{,}000 \times (22-25) = -300{,}000 \text{ 円}$$

を受け取る (すなわち，300,000円を支払う)．

先に述べたように，天候デリバティブの取引は相対が中心であり，天候先物の取引所取引は世界的に見ても活発であるとはいいにくいが，TIFFEを中心とした今後の国内における天候デリバティブの取引所取引の活発化を期待して，本章では天候先物を中心に価格付けおよびヘッジ効果の検証を行うことにする．具体的な検証を行う前に，天候デリバティブ価格付けの前提となる天候データのモデル化について概説する．

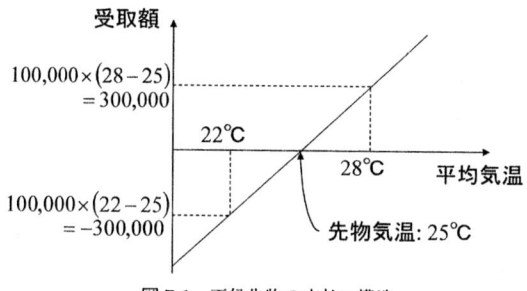

図 7.1　天候先物の支払い構造

7.2.2　天候データのモデル化

天候そのものを実験などで再現するのは困難であり，また仮にできたとしてもコストがかかるので，通常は数式などを用いて天候モデルを構築し，天候デリバティブの価格付けを行う．このように天候モデルを構築する場合，大きく分けて以下の2つのアプローチが考えられる．

- 気象物理に基づく数学モデルによるアプローチ
- 過去の実績値に基づく統計モデルによるアプローチ

以下，それぞれのアプローチについて簡単に説明する．

a.　気象物理に基づく数学モデルアプローチ

気象物理に基づく数学モデルでは，陸，海，空の全地球的な構造をモデル化し，気象の変化を流体力学や熱力学を利用して表現することによって，将来時点における天候データを決定論的に算出するのであるが，現実には，測定誤差や数値誤差，モデル化誤差にともなう，モデルから求まる推定値と現実の値とのずれが生じる．また，このようなずれは，先の時点になればなるほど大きくなると考えられる．そこで，気象庁が行う長期予報においては，入力するデータの初期値を何通りかにずらすことによってわざと推定値をばらつかせ，予測値を分布として計算することによって，確率的な予報を行っている．以下は，月平均気温の長期予報に用いられる手続きである[7]．

[予報の手続き]

Step 1:　過去30年に対して月平均気温を算出し，30個のデータを大きい順に並べ，33.3%分位点を平年並みの上限，66.6%分位点を平年並みの下限と定義する．

Step 2: 1か月予報に関しては,26通りの初期値を設定し26通りの時系列予報を出す.3か月予報に関しては,31通りの初期値を設定し31通りの時系列予報を出す.

Step 3: Step 2 のデータの平均やばらつきを統計的に評価し,平年を上回る確率 p_u,平年並みの確率 p_m,平年を下回る確率 p_d を算出する.

b. 統計モデルアプローチ

過去の実績値から統計モデルを導出し,将来の天候データを推定する手法は,天候デリバティブの価格付けにおいては最もよく使われる手法である.特に,気温や降水量など,長期にわたり定期的なデータが取得可能であるような場合は,統計モデルは有効であると考えられる.以下,気温に対して,過去データから統計モデルを導出する手続きを述べる.

ある地点における連続する N 日の気温 (日次平均気温) が与えられているとしよう.与えられた過去データに適合するように統計モデルを構築する手法はいくつか提案されているが,それらに共通するステップは以下の通りである.

Step 0: 気温データがスタートする日付を1日目とした場合の,$n(=1,\ldots,N)$ 日目の気温を $T(n)$ とする.

Step 1: $T(k)$ を,長期トレンド成分 $G(n)$,季節周期成分 $S(n)$,および残差成分 $Z(n)$ に分解する.すなわち,

$$T(n) = G(n) + S(n) + Z(n) \tag{7.2}$$

Step 2: 残差成分 $Z(k)$ に対して,適合する分布 (もしくは時系列モデル) を求める.

統計的手法に基づいて天候モデルを構築する際,ある程度長期にかけての過去データが利用可能であることが前提とされる.日本国内の気象データに対しては,地上気象観測原簿に1961年1月1日以降の日別平均気温が記載されており,その他,湿度や降水量についても参照することができる.

7.2.3 天候デリバティブの価格付け

先に述べた通り,現在提案されている天候デリバティブ価格付けのための天候モデルの大部分は,統計的手法に基づいている.長期予報の情報を部分的に反映した統計的手法も提案されているが,気象に対する物理モデルを直接利用

した天候デリバティブの価格付け手法は，現時点では困難であると考えられ，今後の重要な課題であるといえる．

いったん，統計モデルが求まれば，通常は以下の 2 つのステップによって天候デリバティブの価格付けが行われる．

前提条件: 天候デリバティブの種類 (先物，オプション，etc...)，条件 (満期，掛け値，支払い額の上限など) は所与とする．

Step 1: 統計モデルを構築し，期待支払い額を計算する．

Step 2: Step 1 で求めた期待支払い額にリスクプレミアムを上乗せして天候デリバティブの価格とする．

Step 2 のリスクプレミアムは，Step 1 で求めた期待支払額とともに，支払額の分散もしくは標準偏差等の何％かをリスクの引き受け側の対価 (プレミアム) として計算し，価格を求める際，期待支払い額に上乗せするものである．また，このような期待支払額に対するリスクプレミアムの割合は，リスクの市場価格とも呼ばれることがあり，リスクの引き受け手がどの程度の対価を市場に要求するかの指標となる．

Step 1 の期待支払額の計算も Step 2 のリスクプレミアムの計算も，通常は構築した統計モデルの性質に依存してその計算の難易度や手法が異なる．このような，期待支払額およびリスクプレミアムの計算に使われる代表的な手法は以下の通りである．

1) 計算可能な解析解を求める手法 (例えば文献[1,2])
2) トレンド予測に基づく手法
3) バーニングコスト法に基づく手法[6]
4) ブートストラップ法に基づく手法[3]
5) モンテカルロ法に基づく手法[6]

上記手法は，番号が大きくなるにしたがって計算量は増加する．1) の解析解を求める手法は，比較的，理論上扱いやすいと考えられる確率分布や確率過程を想定して，解析的に期待支払額やリスクプレミアム (もしくはリスクプレミアムを考慮した価格そのもの) を導出するものである．一般的に，解析解は計算上最も効率的であり，これが求まれば解の理論的性質等を分析する際も都合がよい．ところが，現実をより忠実に反映したモデルを構築しようとすると，そ

れは必ずしも理論的に取り扱いやすいモデルとは限らない．特に，天候モデルの場合，次元の問題がネックとなり，計算可能な解析解の導出が一般的には困難である．

このような，モデルの次元が高いなどの問題で解析解を求めることが困難な場合，シミュレーションによって数値的に解を求めることが考えられる．そのようなとき，有効なのが5)のモンテカルロ法である．モンテカルロ法は，与えられた統計モデルにおける残差項の部分を確率変数としてランダムに発生させ，満期時点における天候デリバティブの支払額をシミュレーションするものである．通常は，上記のシミュレーションを何回も行うことによって，支払額のサンプル平均を求め，それを期待支払額とする．同様に，サンプル分散も計算し，リスクプレミアムを求め，最終的に天候デリバティブの価格を導出する．このようなモンテカルロ法においては，ある程度の精度を達成する解を導出するためのサンプル数は，問題の程度にもよるが，通常は数万もしくは数十万といわれ，これらのサンプルに対しておのおの支払額を求め，平均を計算するという操作が要求される．そのため，一般にモンテカルロ法は，上記手法の中で一番計算時間を要する．ただし，モンテカルロ法はモデルの次元に依存せずに適用できるなど，汎用性も高く，天候デリバティブに限らず，金融デリバティブの価格等を数値的に求める際に，よく使われる手法である．

残りの手法の中で，3)と4)の手法は，上記1),5)の手法と異なり，天候データに関する過去の実績値をより積極的に利用しようというものである．これらの手法は，残差項が従う確率分布を陽に求めず，過去の実績値分布から直接，期待支払額を計算するというものである．ただし，バーニングコスト法の場合は，データの順番についても過去のものをそのまま取り扱い，トレンド修正した過去データに対して，天候デリバティブの支払い条件を当てはめ，過去の実績値からどの程度の支払額が期待されるかを計算する．そのため，バーニングコスト法を適用する場合は，期待支払額を計算するのに用いるサンプル数は過去のデータ数に限られるという問題がある．ただし，実際に起こった過去データを直接用いるという点においては，現実の事象に一番即した手法と考えることができる．それに対して，ブートストラップ法は，トレンド修正した天候データの過去の実績値の中から，重複を許してランダムに抽出したデータを用いて，

天候デリバティブの支払額を計算していくものである．重複を許すため，期待支払額を計算するのに必要なサンプルの数が，必ずしも過去のデータ数に縛られるわけではなく，見かけ上サンプル数を増やすことができ，バーンコスト法より平滑化された予測分布を想定することができる．

最後の1つのトレンド予測に基づく2)の手法は，モデルに対する仮定としては，1), 5) と 3), 4) の中間に入るものである．すなわち，過去の実績値を積極的に利用するという点においては，3), 4) に近いのであるが，1), 5) の手法のように，残差項が従う確率分布を特定のものに仮定することもできる．基本的には数値計算によって解を導出するのであるが，繰り返し計算を必要とせず，通常の統計解析に使われる簡単な代数計算で解を導出することができる．このような計算効率上においては，2) の手法は，1) の解析的手法の次に効率がよいということができる．また，トレンド分析によって求まった価格を過去の取引価格と想定することで，過去の実績値に対する天候デリバティブの事業ヘッジ効果を測定することも可能である．このようなトレンド予測に基づく手法については，7.4節でさらに説明を加える．

次節以降では，2) のトレンド予測に基づく価格付けを用いて，電力事業主が天候デリバティブを用いた場合の電力事業収益ヘッジ効果の測定を行う．具体的には，過去の販売電力量と気温データの実績値に対し，どの程度の電力事業収益ヘッジ効果が，天候デリバティブを利用することによって得られるかについて検証を行う．

7.3　電力需要の長期傾向と季節性

まず，わが国における電力販売量の長期傾向と季節性について考察する．

7.3.1　販売電力量の長期トレンドと変動

ここでは，東京電力における月別販売電力合計を用いて，わが国における電力需要の長期傾向を見ていくことにする．なお，ここでは，電灯電力需要実績月報に記載されている1963年4月から2003年12月まで月別販売電力合計を用いる．

図 7.2 は，1963 年から 2000 年までの年度別販売電力量を，各年度ごとに表示したものである．ただし，横軸は年度で縦軸は販売電力量を表している．また，同年度の GDP (国内総支出) も同じグラフ上に表示されている．販売電力量，GDP ともに年度ごとに増加しており，GDP の増加を日本経済成長の指標の 1 つと考えた場合，長期的にみた販売電力量の増加は経済の成長と強い相関があることがわかる．

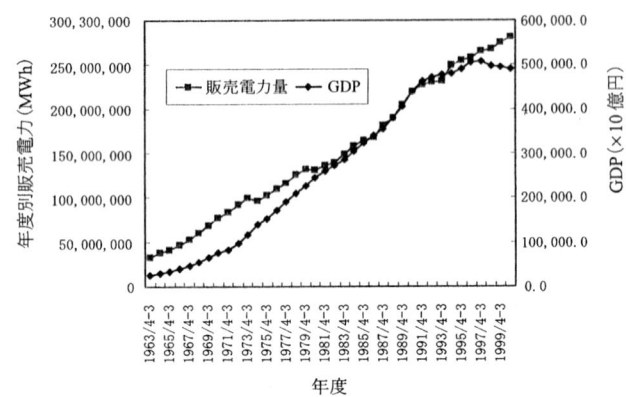

図 7.2 年間販売電力量と GDP の各年度ごとの増加

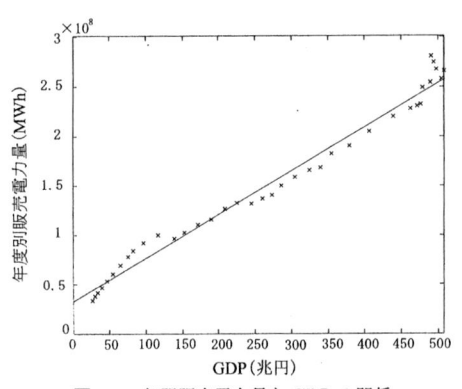

図 7.3 年間販売電力量と GDP の関係

図 7.3 上の×印は，各年度における年間販売電力量と GDP の関係を表示したものである．また，直線は，GDP 総額を説明変数，年度別販売電力量を被説明変数とする回帰直線である．この場合，重相関係数の値は 0.99 であり，年間販

売電力量のほとんどは，GDP 総額によって説明可能であることがわかる．年間販売電力量および GDP ともに年度とともに増加傾向にあることから，年度単位でみた販売電力量の増加は，GDP の増加に寄与するところが大きいといえる．このことは，販売電力量の長期的な増加傾向の要因として，GDP に代表される経済成長が大きな役割を果たしていることを示している．

7.3.2 電力需要と気温

前節の分析結果より，販売電力量変化の長期的な傾向は，GDP を指標とした経済成長によって説明可能であることがわかった．では，より短期的な，季節ごとの販売電力量変化はどのような傾向にあるのだろうか．

夏季の販売電力をみた場合，猛暑であれば販売電力量は増加し，冷夏であれば販売電力量は落ち込むであろうことは容易に想像がつく．また，冬季において気温が低い場合においても，電力需要が増すであろうと推測される．このことを，1963 年 4 月から 2003 年 12 月までの，東京の月平均気温と販売電力の関係から見ていこう．

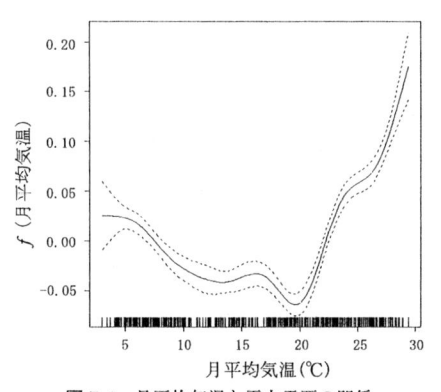

図 7.4 月平均気温と電力需要の関係

図 7.4 は，長期トレンドを除去した対数販売電力量を電力需要とした際の，電力需要と月平均気温の関係を一般化加法モデル[5)]

$$電力需要 = f(月平均気温) + \eta \tag{7.3}$$

を用いて図示したものである．ただし，η は残差項であり，f は η の分散が最

も小さくなるように計算された平滑化スプライン関数である．長期トレンドは除去されているので，電力需要が正の場合は，販売電力量が年平均よりも高い傾向にあり，負の場合は低い傾向にあることを示す．この図から，電力需要が最も低いのは，月平均気温が20°Cのあたりであり，それより気温が低くなれば，徐々に，電力需要は増加し，17°Cを下回ったあたりでいったんなだらかになる．そして，約13°Cを下回ったところで再び増加傾向となり，その後は気温が低くなるにつれて電力需要は増加する．一方，月平均気温が約20°Cを超えたところでは，気温が高くなるにつれて電力需要は急激に増加していく．特に，気温22～23°Cを超えたところでは，電力需要は，気温がそれ以下の場合よりもつねに高い．また，気温が20°C以上のところでは，気温変化に対する電力需要の変化，すなわち気温変化に対する電力需要の感応度も高いことがわかる．このような気温変化に対する電力需要変化の割合は，気温が低い場合も大きいと考えられるが，気温が高いところの方がより顕著であり，結果として，気温の高い夏季は，気温変化に対する電力需要変化の感応度が高いと結論付けることができる．

7.3.3　夏季の販売電力量の推移

電力会社の場合，電力需要が過度に増加することは，設備費用の面から必ずしも望ましいとは言い難いが，電力需要がある一定の範囲で変動する場合は，電力事業収益は販売電力量とともに増加すると考えられる．前述のように，平均気温が相対的に高い夏季は，気温変化に対する電力需要変化も大きいので，夏季に気温が平年気温と比べて大きく変動すれば，その分，電力事業収益も大きく変動する可能性が高いと考えられる．このことを考慮して，以下，夏季における販売電力量と気温の関係に的を絞り議論を進めていく．

ここでは，夏季における電力需要の過去データとして，1963年から2003年までの6, 7, 8月における東京電力の販売電力量を用いる．図7.5は，1963年6月を第1期目とした場合の，夏季の月別販売電力量を表示したものである．ただし，横軸の期間は，最初の3期間が1963年6, 7, 8月，次の3期間が1964年6, 7, 8月であり，最後の3期間は2003年6, 7, 8月を表している．また，実線は，これらの点を最小2乗近似する3次の曲線である．この図から，丸印の付

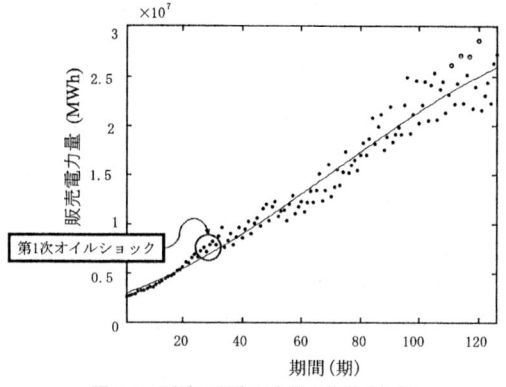

図 7.5 夏季の販売電力量の推移 (東京)

いているあたりより，月ごともしくは年ごとの販売電力量のばらつきが顕著になることがわかる．実際に，丸印が付いているのは，第1次オイルショックのあった1973年ごろであり，高度成長期から第1次オイルショックにかけては，販売電力量はほぼ一定の水準で増加してきたが，オイルショックを境に販売電力量のばらつきが次第に大きくなっていくのが見てとれる．

東京における月別販売電力量と平均気温との関係に関する本節の議論をまとめると，次の通りである．

- 平均気温が相対的に高い夏季は，気温変化に対する電力需要変化が大きい．すなわち，夏季に，平年気温と比べて気温が大きく変動すれば，電力事業収益も大きく変動する可能性が高い．
- 第1次オイルショック以降の1970年代後半から，電力需要の平年値に対するばらつきが大きくなる傾向にある．

このような電力需要と気温との関係を考慮に入れて，以降では，電力需要の気温に対する感応度の高い夏季の，さらに，販売電力量のばらつきの大きくなってきた1970年代後半に焦点を絞り，どのような天候デリバティブが電力事業収益の分散を低く抑えるのに有効であるか検証していく．

7.4 天候デリバティブを用いた電力事業収益ヘッジ効果の測定

本節では，まず，7.2.3項で紹介したトレンド予測に基づく価格付け手法について説明を加える．その後，電力事業収益に対する天候デリバティブのヘッジ効果の検証を行う．

7.4.1 月平均気温を原資産とする天候デリバティブ

ここでは，天候デリバティブの原資産として月平均気温を考える．すなわち，ある基準時点となる月から第n番目の月の月平均気温を$T(n)$とした場合，nが限月であるような天候先物の満期時点における支払額(先物ロングポジション側の受取額)は，以下のように与えられる．

$$\text{先物の支払額} = \alpha\left(T(n) - F(n)\right) \tag{7.4}$$

ただし，αは掛け値と呼ばれる1℃当たりの値段であり，$F(n)$は先物価格(ただしこの場合は気温)である．もし，契約形態がプットオプションである場合は，あらかじめ決められたストライクプライスを$K(n)$とすると，満期時点におけるオプションの支払額は次式で与えられる．

$$\text{プットオプションの支払額} = \alpha \cdot \max\left(K(n) - T(n),\ 0\right) \tag{7.5}$$

以降では，簡単のため$\alpha = 1$とし，金額についての調整は取引ボリュームで行うこととする．

7.4.2 トレンド予測に基づく天候デリバティブ価格付け

トレンド予測に基づく天候デリバティブの価格付け手法は，以下の手順に基づいている．

Step 1: 全ての契約を，満期時点でのみお金のやり取りを行う先物タイプの契約とみなす．

Step 2: このような先物タイプの契約の過去の実績値に対する支払額を計算し，トレンドと残差項に分解する．

Step 3: トレンドを先物価格，残差成分を先物ロングポジションにおける受取額とし，先物価格を求める．将来時点の先物価格を求める際は，トレン

ドの予測値を求める.

　Step 1 の先物タイプの契約とは，オプションのように買い手側が契約時点でプレミアムを支払い，満期時点で原資産の値に応じて支払額を受け取るような契約でも，お金のやりとりは全て満期時点に行われるように仮定する，いわばスワップ契約である．例えばプットオプションの場合，満期時点に式 (7.5) を受け取る代わりに支払う固定価格 (先物価格，もしくはスワップ価格) を契約時点において決定し，満期時点で原資産に依存する価値 (7.5) と固定価格を交換すると仮定するものである．将来時点での確定的なキャッシュフローを現在価値に割り戻す際の割引率は，デフォルトリスクがないとすれば無リスク利子率として差し支えないので，契約時点に支払うべきプレミアムは固定価格を無リスク利子率で割り引くことによって求めることができる．すなわち，オプションのように，プレミアムの支払い時点が満期時点と異なる場合も，将来時点で不確定な支払額と交換する確定額を求めることによって，契約時点に支払うべきオプションプレミアムの額が求まることがわかる.

　契約時点にお金のやり取りを行わない先物取引においては，適正な先物価格をどのように求めるかが鍵となる．もし，原資産が市場取引されている場合は，無裁定の条件を適用し，契約時点の原資産価格に満期時点までの利子の分を上乗せすることによって，先物価格を求めることができるのであるが，天候デリバティブのように原資産が市場取引されていない場合は，これを直接適用することはできない．このような場合において重要な役割を果たすのは，買い手側 (先物ロングポジション) と売り手側 (先物ショートポジション) の投資家が持つ効用関数である.

　買い手側も売り手側もリスク中立であれば，適正価格は先物の支払額の期待値であると考えられる．なぜなら，リスク中立な効用関数を持つ投資家にとっては，不確実な収益を得ることと，その期待値によって与えられる確実な収益の価値に相違はなく，もし双方の投資家がリスク中立であれば，両者にとっての適正価格は支払い額の期待値である．上記の Step 2, 3 において，最小2乗法や最尤法を用いることによって残差平均が0となるトレンドを求め，それを先物価格とすることは，このようにリスク中立の仮定の下で先物価格を求めることに対応している．以下，夏季における東京の月平均気温の過去の実績値から，

実際に先物価格を求める例を示す．さらに，このような先物を用いて，電力事業収益をヘッジした場合の，ヘッジ効果の測定を行う．

7.4.3 天候先物を用いた最小2乗分散ヘッジ

7.3.3項の分析から，夏季の販売電力量のばらつきは，第1次オイルショックから1970年代後半にかけて大きくなり始めたことがわかった．そこで，本項では，1970年代後半以降の販売電力量データに焦点を絞り，天候デリバティブのヘッジ効果の測定を行うことにする．

図7.6は，1976年から2003年までの，夏季(6，7，8月)の月平均気温の推移を表している．ただし，実線で表される曲線は，長期トレンドを表す3次曲線であり，1976年6月を第1期とする期間を説明変数，月平均気温を被説明変数とした回帰分析によって求められている．ここで，$\alpha=1$の場合においてトレンド予測に基づく価格付けを適用すると，長期トレンドの値は当該期間における先物価格を，実際の月平均気温と長期トレンドの残差は先物支払額を与えている．もし，このような先物価格の下で先物取引が全期間において行われていたと仮定すれば，全期間にまたがる先物取引のトータルコストは，残差の和によって与えられる．最尤法や最小2乗法を用いて回帰分析を行った場合，残差の和は0であるので，このような先物取引にかかるトータルコストは，買い手側売り手側ともに0と見なすことができる．上記の観点からも，トレンド分析によって与えられる先物価格は，適正価格と考えることができる．

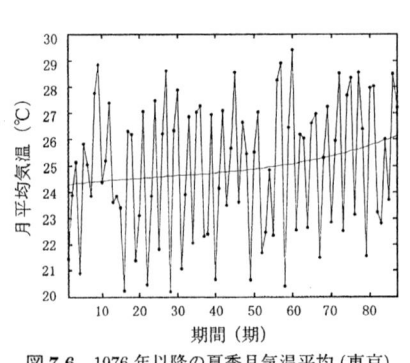

図7.6 1976年以降の夏季月気温平均(東京) 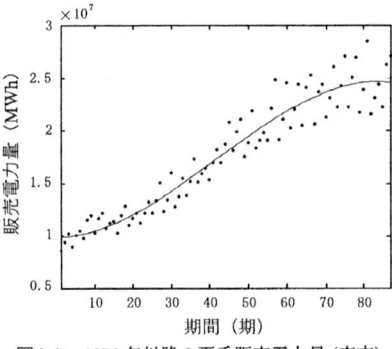　　図7.7 1976年以降の夏季販売電力量(東京)

7.4 天候デリバティブを用いた電力事業収益ヘッジ効果の測定

図 7.7 は，図 7.6 と同じ期間における夏季の販売電力量の推移を表している．図 7.5 のものと比べると，より販売電力量のバラつきが強調されていることがわかる．実線は，1976 年 6 月を第 1 期とする期間を説明変数，月平均気温を被説明変数とした回帰分析の，長期トレンドを表す 3 次曲線である．この場合も，月別販売電力量から長期トレンドを除去した残差の全期間における和は 0 である．また，販売電力量が長期トレンドより高い場合は，販売電力量が平年と比べて超過傾向であり，低い場合は販売電力量が過小傾向にあることを示す．ここでは，電力販売によって得られる月別の超過収益を $P(n)$ とし，まず $P(n)$ が，各期における超過販売電力量に比例すると仮定して，天候先物のヘッジ効果について分析する．すなわち，以下の仮定をおく．

仮定 1： 電力事業の超過収益は，超過販売電力量に比例する．すなわち，ある定数 c に対して，

$$P(n) = c \times (\text{月別販売電力量} - \text{販売電力量の長期トレンド}) \qquad (7.6)$$

が成り立つとする．

仮定 1 は，天候先物のヘッジ効果を測定するためにとりあえずおいたものであり，他の場合については 7.4.4 項において検討することにする．

ここで，長期トレンドを先物価格とした場合の，第 n 期における先物契約の支払額を $Z(n)$ とする．このとき，$Z(n)$ は，図 7.6 の破線で表される月平均気温と，長期トレンドを表す実線との差を各期ごとに計算したものである．いま，電力事業主が，各期の支払額が $Z(n)$ で与えられる先物契約を，1976 年 6 月以降の全ての期間において行った場合に，どの程度の電力事業収益のヘッジ効果が得られるかを測定したい．ここでは，収益率分散をヘッジ効率の指標として，電力事業の収益率分散がどの程度低減化されたかによって，ヘッジ効果の測定を行う．そのため，以下のような最小 2 乗ヘッジ問題を考える．

$$\text{最小化：} \quad \mathrm{var}(P(n) + \Delta(n)Z(n))$$

$$\text{条件：} \quad \mathrm{mean}(Z(n)) = 0$$

ただし，$\mathrm{mean}(\cdot)$ はサンプル平均を表し，$\mathrm{var}(\cdot)$ はサンプル分散を表す．また，

$\Delta(n)$ は,第 n 期の支払額が $Z(n)$ で与えられる先物の契約単位であり,$\Delta(n)$ 単位の先物契約を結んだ場合,ロングポジションの投資家は,第 n 期に $\Delta(n)Z(n)$ を受け取ることができる.また,計算を簡単にするため,以下の仮定をおく.

仮定 2:$\Delta(n)$ は全ての期間において一定 $(=\Delta)$ である.

仮定 2 の下で,$\mathrm{var}(P(n)+\Delta Z(n))$ を最小にする $\Delta = \Delta^*$ は,以下のように計算することができる.

$$\Delta^* = -\frac{\sigma_p}{\sigma_z}\rho_{zp} \tag{7.7}$$

ただし,σ_z, σ_p は,それぞれ,$P(n), Z(n)$ の標準偏差であり,ρ_{zp} は $P(n)$ と $Z(n)$ の相関係数である.式 (7.7) より,$\rho_{zp} > 0$ であれば $\Delta < 0$ なので,超過収益 $P(n)$ と天候先物の支払額 $Z(n)$ が正の相関を持つ場合,電力事業主は,先物に対してショートポジションをとる.このとき,最小分散は,

$$\mathrm{var}(P(n)+\Delta^* Z(n)) = \sigma_p^2 \left(1-\rho_{zp}^2\right) \tag{7.8}$$

で与えられる.これを,もとの電力収益分散 σ_p^2 で割ったものを,分散低減化率 V_r として定義すると,次式が成り立つ.

$$\begin{aligned}
\text{分散低減化率 } V_r &:= \frac{\mathrm{var}(P(n)+\Delta^* Z(n))}{\sigma_p^2} \\
&= \frac{\sigma_p^2\left(1-\rho_{zp}^2\right)}{\sigma_p^2} \\
&= 1-\rho_{zp}^2 \tag{7.9}
\end{aligned}$$

V_r は,

$$0 \leq V_r \leq 1 \tag{7.10}$$

を満たし,その値が小さければ小さいほど天候先物によって分散が低減化されることがわかる.このことは,残差 $Z(n)$ によって定義される天候先物の支払額と電力収益 $P(n)$ の相関が高ければ高いほど,天候先物による電力事業収益のヘッジ効果が高いことを示す.

ここで,仮定 1 のように,超過収益 $P(n)$ がトレンドを除去した電力販売量に比例するとすると,ρ_{zp} は,長期トレンドを除去した月平均気温と販売電力量との相関係数に一致する.実際に,図 7.6,図 7.7 のデータに対し,トレンド除

7.4 天候デリバティブを用いた電力事業収益ヘッジ効果の測定

去後の月平均気温と販売電力量の相関係数を計算すると，

$$\rho_{zp} = 0.811 \tag{7.11}$$

が得られる．なお，図 7.8 は，トレンド除去後の月平均気温と販売電力量の関係を表しており，両者に正の相関があることがこの図からも見てとれる．式 (7.9) より，この結果得られる分散低減化率 V_r は以下のように与えられる．

$$V_r = 0.342 \tag{7.12}$$

すなわち，東京電力における販売電力量の過去の実績値から天候先物による収益ヘッジ効果を検証した場合，天候先物を利用することによって，夏季の電力事業収益の分散を元の値の約 34% まで減らすことができることがわかる．

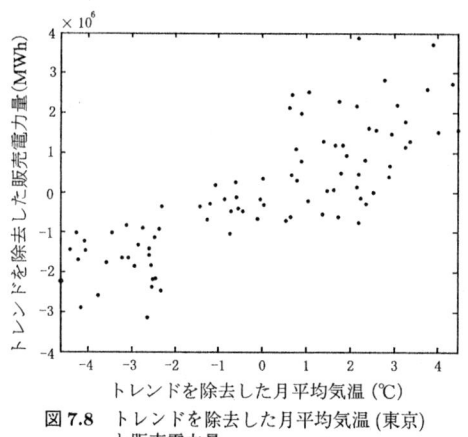

図 7.8 トレンドを除去した月平均気温 (東京) と販売電力量

上記と同様の分析を，大阪の月平均気温と関西電力の月別販売電力量で行ったものが，図 7.9 および図 7.10 である．ただし，図 7.9 は，1963 年から 2003 年までの大阪の夏季 (6, 7, 8 月) の月平均気温の推移を表している．図 7.5 と同様に，第 1 次オイルショックのあった 1973 年に丸印が付けられている．販売電力量がばらつき始める期間が，東京電力のそれと比べて若干早いように見受けられるが，ばらつきが顕著になるのは 1970 年代後半の第 40 期前後であることがわかる．

そこで，図 7.8 のように，1976 年以降のデータを用いて，ともにトレンドを除去した大阪の月平均気温と関西電力販売電力量の関係を表示したのが，図 7.10

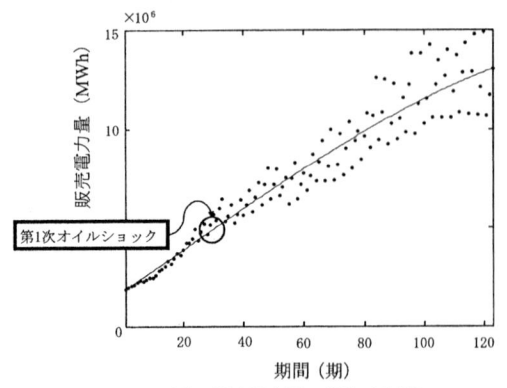

図 7.9 夏季の販売電力量の推移(大阪)

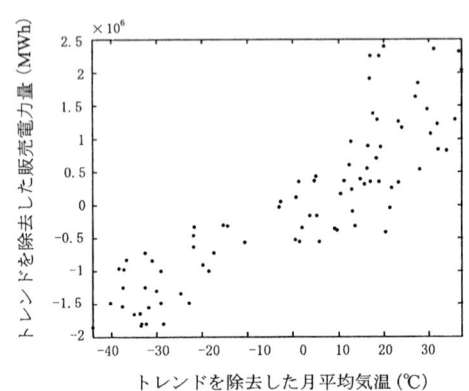

図 7.10 トレンドを除去した月平均気温(大阪)と販売電力量

である.この場合,両者の相関係数は,

$$\rho_{zp} = 0.875 \tag{7.13}$$

分散低減化率 V_r は,

$$V_r = 0.235 \tag{7.14}$$

のように計算され,分散低減化率が東京のそれと比べて約10%程低く,東京よりも天候先物によるヘッジ効果が高いことがわかる.

最後に,上記において計算した東京と大阪の結果に加えて,名古屋の月平均気温と中部電力の月別販売電力量の過去の実績値から算出した電力事業収益の分散低減化率を,表7.1に示す.地域によって多少のばらつきはあるものの,

表7.1 各都市の天候先物を利用した電力事業収益の分散低減化率

地域 (電力会社)	相関係数 ρ_{zp}	分散低減化率 V_r
東京 (東京電力)	0.811	0.342
大阪 (関西電力)	0.875	0.235
名古屋 (中部電力)	0.847	0.283

これらの都市における平均気温を参照した天候先物は，電力収益と販売電力量が比例関係にあるときに，高い収益ヘッジ効果があることがわかる．

7.4.4 一般化加法モデルと天候プットオプションを用いた電力収益ヘッジ

次に，一般化加法モデルを用いて，前項と同様な分析を行った場合の結果を見てみよう．ただし，一般化加法モデルとは，式 (7.3) に示されるように，被説明変数を，説明変数の関数と残差項で表現した際に，残差項の分散を最小にするような平滑化スプライン関数 f を求めるものである．f を線形関数としたものが，通常の重回帰分析に用いられる線形回帰式である．

ここで，7.4.3 項と同様に，各期の電力事業主の超過収益を $P(n)$ とし，$P(n)$ は，トレンドを除去した電力販売量に比例すると仮定する．また，トレンドを除去した月平均気温を $Z(n)$ とし，次式を満たす平滑化スプライン関数 f を考える．

$$P(n) = f(Z(n)) + \eta(n) \tag{7.15}$$

ただし，$\eta(n)$ は残差項である．また，式 (7.15) における $\eta(n)$ の分散を最小にする平滑化スプライン関数 f を，f^* とする．このとき，式 (7.15) を書き直すと，

$$\eta(n) = P(n) - f^*(Z(n)) \tag{7.16}$$

である．もし，f^* が線形関数で与えられれば，一般化加法モデルで得られる結果は，7.4.3 項で考えた最小分散ヘッジにおいて，$P(n) + \Delta Z(n)$ の分散を最小にする Δ^* を与える．

7.4.2 項で述べたように，月平均気温をトレンドと残差に分解した際，トレンド部分を先物価格とすることで，残差項 $Z(n)$ は月平均気温を原資産とする先物の各期における支払額 (先物ロングポジションの受取額) と見なすことができる．もし，取引されている商品が先物だけであるなら，最小分散ヘッジによっ

て，電力事業主が利用できる商品も先物のみである．また，電力事業主にとって，受け取ることが可能な先物の支払額は，先物の契約単位に比例する．すなわち，もし Δ 単位の先物契約を結んでいるのであれば，受取額は $\Delta Z(n)$ である．これを，一般化加法モデルのように，$f(Z)$ とすることは，残差 $Z(n)$ を支払額とする一般の先物に対して，非線形の支払構造を持つ商品を想定することに対応している．

一般には，$Z(n)$ に対して非線形の支払構造を持つ商品は取引されていないので，先物やオプションをうまく組み合わせることによって，非線形の支払額を達成するポジションを構成することになるのであろうが，上記のように超過販売電力量はトレンドを除去した電力販売量に比例すると仮定すると，図 7.11 に示されるように，東京の場合，f は線形関数となる．ただし，図 7.11 は，トレンドを除去した月平均気温を説明変数として，販売電力量に対して一般化加法モデルを適用したもので，f が原点を通る線形関数で与えられることがわかる．このことは，超過販売電力量がトレンドを除去した電力販売量に比例する場合に，天候先物を利用することが最もヘッジ効果が高いことを示している．なお，一般化加法モデルによって計算される分散低減化率は，

$$V_r = 0.348 \tag{7.17}$$

であり，最小分散ヘッジのそれとほぼ等しいことがわかる．

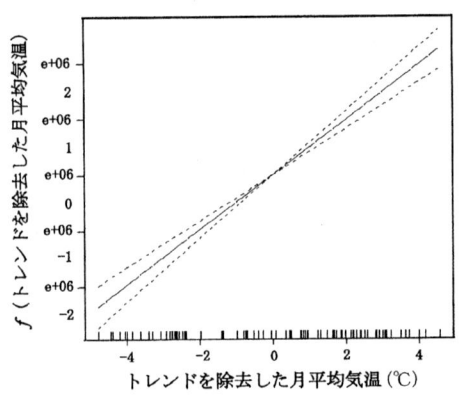

図 7.11 一般化加法モデルによるトレンドを除去した月平均気温と販売電力量（東京）

次に，以下の要領で天候プットオプションを構築することを考える．ただし，月平均気温を原資産とする天候プットオプションとは，対象となる月平均気温があらかじめ決められた気温を下回った場合，下回った気温の分だけプットオプションの買い手側がお金を受領する契約である．通常，プットオプション契約を結ぶ場合，買い手側はプレミアムと呼ばれるオプション料を契約時点で支払い，満期時点において，

$$\max(あらかじめ決められた気温 - 対象となる月平均気温, 0) \quad (7.18)$$

に掛け値 α を掛けたものを受け取るのであるが，ここでは，お金のやり取りは満期時点においてのみ行うものと仮定する．すなわち，オプションの買い手側は，満期時点においてあらかじめ決められた価格 (スワップ価格) を支払う代わりにオプションの支払額を手にするとする．いったん，スワップ価格が求まれば，契約時点に本来支払うプレミアムは，スワップ価格を無リスク利子率で割り戻すことによって求めることができる．ここでは，月平均気温をトレンドと残差に分解した際のトレンドを，プットオプションの行使価格とする．また，このようなオプション契約に対するスワップ価格は，7.4.3 項で紹介した，トレンド予測に基づく価格付け手法を用いて求めることが可能である．

ここでは，いったん，トレンド予測に基づく価格付け手法を適用することによってスワップ価格を求めた後で，次式に表される一般化加法モデルを考える．

プットオプションの支払額 − スワップ価格
$$= g(トレンド除去後の販売電力量) + \eta(n) \quad (7.19)$$

式 (7.19) の左辺は，プットオプションの保有者の損益を表す．スワップ価格を求める際にトレンド予測に基づく価格付けを用いれば，式 (7.19) の左辺の過去の実績値における損益の総和は 0 である．もし，g(トレンド除去後の販売電力量) が超過電力収益に比例するとすると，一般化加法モデルにおいて式 (7.19) の残差 $\eta(n)$ の分散を最小にする g を求めることは，プットオプションによって最もヘッジ効果の高い超過収益と販売電力量の関係を，関数 g を用いて表現することに対応する．

実際に大阪の月平均気温と関西電力の販売電力量データを用いて，式 (7.19) の残差項 $\eta(n)$ の分散を最小にする g^* を求めたものが，図 7.12 の実線に示されている．ただし，ここで用いたデータは，図 7.10 のものと同じである．この場

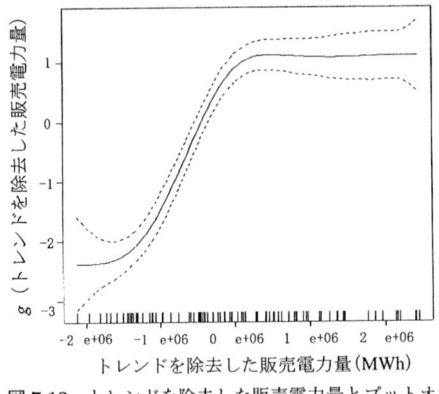

図 7.12 トレンドを除去した販売電力量とプットオプション支払額（大阪）

合，一般化加法モデルから計算される分散低減化率は，

$$V_r = 0.110 \tag{7.20}$$

で与えられる．このことから，もし販売電力量と超過収益の関係が g^* で与えられるものに近ければ，プットオプションによるヘッジ効果が高いことがわかる．言い換えれば，この例は，販売電力量と超過収益の間に図 7.12 の実線のような関係があれば，電力事業主は本節で構築したようなプットオプションを積極的に利用することによって，高い事業収益効果が得られることを示している．

第 7 章 の ま と め

本章では，まず天候デリバティブについて概観し，代表的な取引商品である気温を中心にその価格付け手法について説明してきた．さらに，天候デリバティブを用いた電力事業収益のヘッジ効果について検証した．本章で取り扱った電力事業収益に対しては，天候デリバティブは高い収益ヘッジ効果もたらすとの見解が得られたが，天候に売り上げが左右される他の業種に対して同様の分析を行ったとしても，その結果から直接，天候デリバティブの有効性を示すことは容易ではないと考えられる．なぜなら，次章でも述べられているように，事業収益として計上されている数値は，例えば景気や為替など天候以外の要因

にも影響され，そこから天候のみに依存する収益変動部分を取り出すことは困難であるからである．ただし，これまでは，事業主の方も，天候デリバティブが利用可能であることを前提に収益の最適化を行ってこなかった．すなわち，今後，天候デリバティブ市場が活性化されれば，天候リスクに依存する事業と天候デリバティブの組み合わせによる新しいビジネスモデルを前提に，期待収益も高く，かつ天候デリバティブによるヘッジ効果も高いと考えられる収益構造を，事業主自ら構築することが可能になるかもしれない．このような，事業主，投資家，売り手側などの資産価値を総合的に高めるような天候デリバティブ市場の発展を，今後の日本市場に期待する．

文　　献

1) M. Cao, J. Wei, Weather Derivatives Valuation and Market Price of Weather Risk, Working Paper, 2003.
2) M. Davis, "Pricing weather derivatives by marginal value", *Quantitative Finance*, 1, 305-308, 2001.
3) B. Efron, R. Tibshirani, An Introduction to the Bootstrap, Chapman & Hall, 1993.
4) H. Geman (Eds), Insurance and Weather Derivatives, Risk Books, 1999.
5) T. Hastie, R. Tibshirani, Generalized Additive Models, Chapman & Hall, 1990.
6) 土方薫，総論　天候デリバティブ，シグマベイズキャピタル，2003.
7) 気象庁ホームページ (http://www.jma.go.jp/jma/index.html)

8

金融リスクマネジメント技術の実務応用
―天候デリバティブの現状と今後の課題―

8.1　天候リスクの特徴

　前章において解説してきたような天候デリバティブが，ビジネスの世界で実際にどのように利用されているのかということについて説明しよう．しかし，その前に，天候リスクの特徴について整理しておきたい．天候リスクの特徴が天候デリバティブの実務的利用の特徴に深く結び付いているからである．

8.1.1　自然現象としての天候リスクの特徴
　まず，天候リスクには，気象現象が本質的に持つ次のような特徴がある．
1) **普遍性と広範性**：当然のことながら，天候はこの世界のあらゆる事物，生物に対して，平等で普遍的な影響を与える．天候が，ある地域やある集団に対して不平等で偏った影響を与え続けることはない．また，その影響には，例えば農作物の生育や，人間や動物の行動などに対する制約条件となるような直接的な影響もあれば，新聞などでよく見かける，冷夏や暖冬が景気に対してもたらす間接的な影響などもあり，その影響はきわめて広範なものである．

　　余談ではあるが，景気変動モデルに天候や気象の条件がどのように組み込まれているのかという点に，筆者は興味があり，経済研究機関などに尋ねてみることがあった．しかし，これまでのところ，モデルへの明確な組み込み方を確認できたことはない．書物によれば，米国の公的経済統計の中で気象変動がGNPに与える影響を試算した例があるというこ

とであり，何らかの妥当なモデル化の手法が存在するものと思われるが，純粋にその影響額を試算するのは容易ではないであろう．

いずれにしても，その影響が厳然として存在し，しかも広範なものであることは容易に想像できる．これは，天候デリバティブビジネスが，地理的，業種的に普遍的な潜在需要を持っていることも意味している．

2) **個別性と偏向性**：気温のような気象事象と，降水や風速，日照，湿度などの気象事象との間には，その影響の広範性にかなり違いがあることを認識する必要がある．すなわち，気温の方がより広範な地域に同一の影響を与える一方で，その推移が緩慢であるのに対して，気温以外の気象事象は，言わば気温によってもたらされる二次的な事象として，その発生が地形などの局地的，個別的な条件に左右され，それゆえにその変化や推移が相対的に迅速である．

また，気温リスクの特徴として認識しておくべきことに偏向性もある．1999年12月から2000年2月まで，米国の特に中部以西では記録的な暖冬状況となった．1997年に誕生したばかりの天候デリバティブビジネスは，当時，ほぼ全てが気温のリスクをヘッジする取引であり，中でも冬季の暖冬リスクをヘッジするための契約が大きなボリュームを占めていた (そもそも，冬季の気温のボラティリティは，夏季の気温のボラティリティに比べて大きいので，ヘッジニーズも多いのが普通である) ことから，大打撃を蒙った．

特に，天候デリバティブビジネスのパイオニアであった総合エネルギー会社 (power marketer) に続いて，ビジネスに参入したばかりであった保険会社や再保険会社が蒙った損失は甚大であり，参入直後であったにもかかわらず，早々に事業の継続を断念したり，休止したりする会社が相次いだ．偶々，筆者は 2000 年夏に何人かの現地保険会社の担当者と話をする機会を得たが，彼らは口をそろえて，こう言っていた．「気温リスクは広大な米国を丸ごと包み込むほど広範な影響を持ち，しかも，かなり長期間にわたって一方向に推移する．金融取引の対象にするには非常に扱いにくいリスクであることを改めて思い知った」と．

このような気温以外のリスクが持つ個別性と気温リスクが持つ偏向性

は，天候デリバティブをどのように商品設計するかという点や，リスク管理をどのような手法によって行うかという点で，きわめて大きなビジネス上のハードルとなっている．

3) **決定論的因果律と「複雑系」的特性・「時系列」的特性**：天候や気象は大気循環としての物理現象であり，熱力学や大気の運動力学といった気象物理学によってメカニズムの因果律がモデル化されている．

しかし，全球モデルのようなさらに大規模な大気の変動に関しては，単純な因果律を前提にした線形モデルでは対応できないことが予想されていた．そこで，英国の物理学者ルイス・リチャードソン (L.F. Richardson, 1881～1953) は，大気の力学方程式に多数の微妙に異なる初期値を代入して得た結果から「力学的数値予報」を行う実験を実施した．しかし，この実験はコンピュータが存在しない第1次世界大戦中に行われたものであり，その結果は現実と大きく乖離した．リチャードソンはその実験結果を1922年に論文 ("Weather prediction by numerical process") にまとめ，「もしも6,4000名の人間の手を借りて一度に大量の初期値を与えた計算ができれば，正確な数値予報が可能であろう」とした．後に，彼のこの結論は「リチャードソンの夢」と呼ばれたが，コンピュータの登場により，正に夢が叶えられる時代が到来した．

1963年，米国の気象学者エドワード・ロレンツ (E. Lorenz, 1917～) は非線形モデルを使って決定論的数値予測を行った．その結果として認識された現象が，「初期値敏感性」すなわち有名な「バタフライ効果」と呼ばれるものである．これは，非線形モデルの場合，わずかな初期値の差が予測結果に大きなばらつきを与えるという現象であり，これによってロレンツはいわゆる「複雑系」の始祖となった．

このような「力学的数値予報」の試みは，現在，わが国でも気象庁の「アンサンブル予報」として，実用化と精緻化が進みつつある．この「アンサンブル予報」では，異なった初期値から得られる結果のばらつきを，気象事象の発生確率分布として読み替えることにより，企業の天候にかかわるリスクマネジメントに役立てようというものである[1]．

また，このような決定論的な分析に並行して，統計的な時系列分析も行

われている．時系列的な分析によって，天候の傾向性や循環性を観察しようとするものであるが，この分析の中でいろいろな天候リスクの特徴が浮かび上がっている．例えば，金融データと同様，気温のデータは「長期従属性 (long memory)」を持ち，自己相関を緩慢にしか減少させない (文献[2]に詳しい) という現象や，気象データが10年から20年での周期で非可逆的で不連続な推移を繰り返すとする「レジーム・シフト」[3]現象などは，今後，より精緻な天候デリバティブのプライシングモデルを構築する際に重要になる可能性がある．

また，決定論的な気象分析との関係では，そもそも天候デリバティブが，天候予報モデルの誤差のリスクをヘッジするための取引なのか，不可測性にかかわるリスク (あるいは予測モデルのモデルリスク) をヘッジするための取引であるのかという点や，天気予報をプライシングモデルにどのように組み込むかという点に思いが至る．

一方，時系列的な分析との関係では，累計的な性格 (継続的な事象がどの水準に達するかということがポイントになる) が強い気温リスクに対しては長期従属性を考慮したプライシングモデルを用意し，イベント的な性格 (突発的な事象が発生するか否かということがポイントになる) が強いその他の気象要素に関するリスクに対してはマルコフ性 (ある時点の状態の確率が，過去の履歴に関係しないこと) を意識したプライシングモデルが必要になるのではないかという気がしてくる．

8.1.2　金融取引によるヘッジ対象としての特徴

さて，このような天候リスクを，金融取引によってヘッジする際に認識しておかなければならない特徴には，どのようなものがあるだろうか．

4) **非完備マーケットにおける取引**：普通，天候には株券や債券のような「現物」が存在しない点が指摘される．デリバティブとは「派生商品」という意味である．例えば，株券の値段である株価を抽象化して標準化した仮想の商品を売買するのが株価オプションなどの株式デリバティブである．同様に債券価格 (＝金利) を派生的に抽出して商品として擬制したのが金利デリバティブである．しかし，そもそも天候は手で触れることのできる

ような現物でもなければ，天候自体に価格は存在しないとされ，あくまでも天候の影響を受けた物品や行為に何らかの価値の増減(損益)が発生し，それがあたかも天候の価格として認識されるに過ぎないとされる．そして，天候デリバティブは他の取引の組み合わせによって，当該天候デリバティブと等価な経済価値を複製できないという意味で，非完備なマーケットにおける取引ともされる．

　しかし，もしも，定量的に量られた天候の指数や度数と，天候に影響を受けた物品や行為の価値の増減の間に確定した対応関係が存在していたとすれば，天候にも，当該物品や行為の価値によって測られた価格があると考えることが可能であり，天候を現物として認識することは差し支えないようにも考える．問題は天候と，それに影響を受けた物品や行為の価値の増減の間に確定した関係が存在しない，あるいは見出せないという点にあると思われる．天候デリバティブの均衡モデルが効用関数を動員してバランスさせているのは，まさにこの点に由来しているであろう．ただし，このような効用関数を想定するためには，需給の均衡が単純に(複雑な動学的なバランスではなく，静学的な均衡として)形成される前提が必要と思われる．

　後に述べるように，リスクヘッジャーとリスクテーカーの役割が完全に分かれている「保険的な天候デリバティブ取引」が大勢を占めているわが国のマーケットにおいては，実態として天候リスクの引き受けに際して恒久的な供給不足が存在することから，均衡モデルが実務的に利用される場面は必ずしも多くない．その結果，主として時系列分析をベースにした統計学的アプローチによるプライシングモデルが利用されるということになる．このような状況は，「ディーリング的な天候デリバティブ取引」の比重が相対的に大きい米国のマーケットとは，やや様相を異にしているようである．

5) **リスクヘッジ需要の相対的過多**：前項でも触れたが，天候リスクの場合，リスクを移転するリスクヘッジャーと，リスクを引き受けるリスクテーカーが均等に現れにくい．あるいは拮抗するリスクの存在を前提にしたリスクの裁定者(アービトラージャー)や投機家(スペキュレーター)が確

保しにくい．

気温についていえば，リスクヘッジの需要が大きいのは冷夏と暖冬のリスクであり，これと拮抗する猛暑や厳冬のリスクの需要はそれほど多く存在しない．そもそもビジネスや各種のインフラは，夏であれば高温であることを前提にし，冬であれば低温であることを前提にして構築されており，多少，想定を上回る気象状況になってもビジネスやインフラが直ちに支障を蒙るような設計になっていないことが多いからである．したがって，リスクテーカーが，自分が保持するリスクと拮抗するリスクを引き受けて，リスクの相殺や分散を図る可能性は小さく，リスクヘッジ需要が恒常的に過多になる．もちろん，リスクテーカーの間で一定の競争は働くものの，単純に需給が均衡するような形での価格形成は発生しにくい．

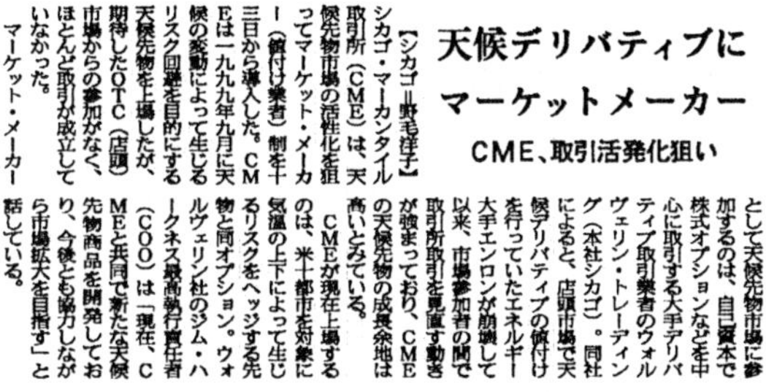

天候デリバティブにマーケットメーカー

CME、取引活発化狙い

【シカゴ＝野毛洋子】シカゴ・マーカンタイル取引所（CME）は、天候先物市場の活性化を狙ってマーケット・メーカー（値付け業者）制を十三日から導入した。CMEは一九九九年九月に天候の変動によって生じるリスク回避を目的にする天候先物を上場したが、期待したOTC（店頭）市場からの参加がなく、ほとんど取引が成立していなかった。

マーケット・メーカーとして天候先物市場に参加するのは、自己資本で株式オプションなどを中心に取引する大手デリバティブ取引業者のウォルヴェリン・トレーディング（本社シカゴ）。同社によると、店頭市場で天候デリバティブの値付けを行っていたエネルギー大手エンロンが崩壊して以来、市場参加者の間で取引所取引を見直す動きが強まっており、CMEの天候先物の成長余地は高いとみている。

CMEが現在上場するのは、米十都市を対象に気温の上下によって生じるリスクをヘッジする先物と同オプション。ウォルヴェリン社のジム・ハークネス最高執行責任者（COO）は「現在、CMEと共同で新たな天候先物商品を開発しており、今後とも協力しながら市場拡大を目指す」と話している。

図 8.1　マーケットメーカー

8.2　天候デリバティブビジネスの特徴

以上のような，特徴を持った天候リスクをヘッジするための天候デリバティブが，ビジネスとしてどのような特徴を持っているか，ここで，読者も一緒に考えてみていただきたい．

例えば，米国で取引所取引が盛んに行われているにもかかわらず，何故，日本では取引所の創設が遅れているのであろうか？　また，そのようなことに，プレーヤーのクレジットの問題はどう関係しているのだろうか？　この答えは，もう少し後段で，解説したい．

8.2.1 企業のヘッジニーズ

さて,このような天候リスクの特徴を踏まえたとき,リスクヘッジャーである企業はどのような状況にあり,天候リスクに対して,どのような認識を持っているのであろうか？

まず,地域の中堅中小企業が大きな潜在的なニーズを抱えている点に注目すべきである.全国展開や国際展開をしている大企業は,一般的にビジネスが多角化されているとともに,活動地域も分散されていることが多く,さらされる天候リスクも分散されている.大手商社が典型であり,住友商事は,各地で保有しているいろいろな天候リスクを洗い出し,これを社内の部門間で相殺したうえ,ネットで残った天候リスクをベースに,これと拮抗する天候リスクを抱える顧客とリスク交換するビジネスを立ち上げたとのプレスリリースを行ったほどである.

一方,限られた地域で特定の業種に特化して事業活動している中堅中小企業は,特定地域に発生した異常気象が,当該事業を直撃する可能性があり,このリスクを転嫁するニーズも強い.

米国などに比べてエネルギー自由化が進んでおらず,エネルギー産業の地域寡占状態が存続し,財務余力も豊かであったわが国で,エネルギー産業より,地域の中堅中小企業が先に天候デリバティブの利用を開始したのも,地域の中堅中小企業と密接な関係を持っている地域金融機関を媒介者とした小口定型天候デリバティブが成功したのも,ここに理由がある.

次に,企業業績と天候リスクとの間にどのような相関性が存在しているかという点であるが,前章でも述べたとおり,電力需要と気温との間には強い相関があるほか,ガス会社のガス販売量と気温の相関もきわめて高いことが知られている.

しかし,一般的には,天候と企業業績との間の相関が,有意なものであるか否かを検証するのは容易ではない.なぜならば,企業の業績を被説明変数としたとき,想定される説明変数は多数に上るはずであり,仮に,企業業績に不都合な気象状況が現出しても,不振に対処するための費用の出費が限界的利益水準を確保できる限り,企業は各種の対策を講じて業績の低下を食い止めようとするのが普通だからである.ただし,統計学上有意な相関が見出せるのであれ

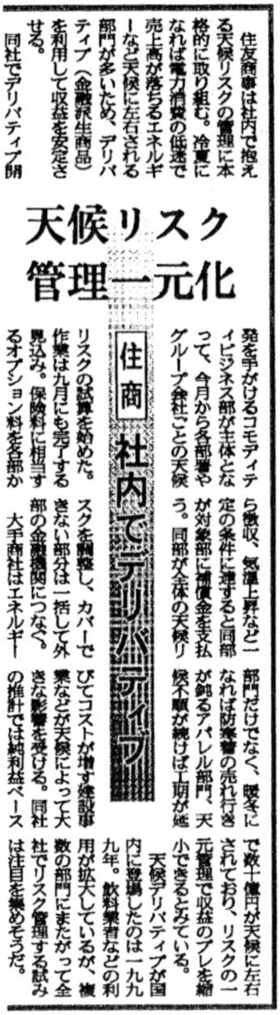

天候リスク管理一元化

住商 社内でデリバティブ

住友商事は社内で抱える天候リスクの管理に本格的に取り組む。冷夏になれば電力消費の低迷で売上高が落ちるエネルギーなど天候に左右される部門が多いため、デリバティブ（金融派生商品）を利用して収益を安定させる。

同社でデリバティブ開発を手がけるコモディティビジネス部が主体となって、今月から各部署やグループ会社ごとの天候リスクの試算を始めた。作業は九月にも完了する見込み。保険料に相当するオプション料を各部から徴収、気温上昇など一定の条件に達すると同部が対象部に補償金を支払う。同部が全体の天候リスクを調整し、カバーできない部分は一括して外部の金融機関につなぐ。

大手商社はエネルギー部門だけでなく、暖冬になれば防寒着の売れ行きが鈍るアパレル部門、天候不順が続けば工期が延びてコストが増す建設事業などが天候によって大きな影響を受ける。同社の推計では純利益ベースで数十億円が天候に左右されており、リスクの一元管理で収益のブレを縮小できるとみている。

天候デリバティブが国内に登場したのは一九九九年。飲料業者などの利用が拡大しているが、複数の部門にまたがって全社でリスク管理する試みは注目を集めそうだ。

図 8.2 住友商事一元管理

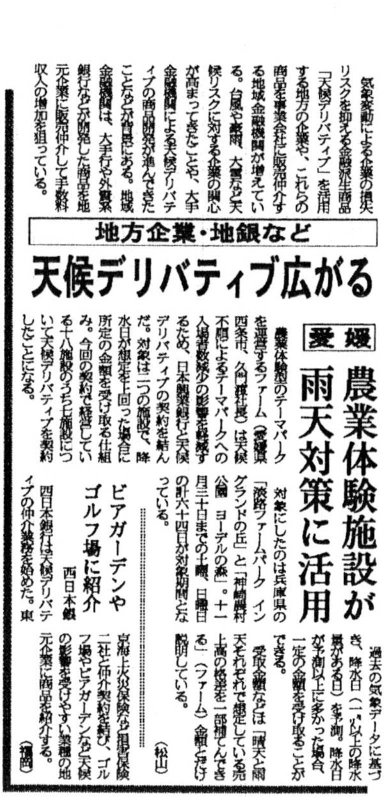

気象変動による企業の損失リスクを抑える金融派生商品「天候デリバティブ」を活用する地方の企業や、これらの商品を事業会社に販売仲介する地域金融機関が増えている。台風や豪雨、大雪など天候リスクに対する企業の関心が高まってきたことや、大手金融機関による天候デリバティブの商品開発が進んできたことなどが背景にある。地域金融機関は、大手行や外資系銀行などが開発した商品を地元企業に販売仲介して手数料収入の増加を狙っている。

地方企業・地銀など

天候デリバティブ広がる

愛媛

農業体験施設が雨天対策に活用

農業体験型のテーマパークを運営するファーム（愛媛県西条市、久門[illegible]社長）は天候不順によるテーマパークへの入場者数減少の影響を軽減するため、日本興業銀行と天候デリバティブの契約を結んだ。対象は二つの施設で、降水日が想定を上回った場合に所定の金額を受け取る仕組み。今回の契約で経営している十八施設のうち七施設について天候デリバティブを契約したことになる。

対象にしたのは兵庫県の「淡路ファームパーク イングランドの丘」と「神崎農村公園 ヨーデルの森」。十一月三十日までの土曜、日曜日の計六十四日が対象期間となっている。

過去の気象データに基づき、降水日（一ミリ以上の降水量がある日）を予測。降水日が予測以上に多かった場合、一定の金額を受け取ることができる。

受取金額などは「晴天と雨天それぞれで想定している売上高の格差を一部補てんできる」（ファーム）金額と説明している。（松山）

ビアガーデンやゴルフ場に紹介

西日本銀

西日本銀行は天候デリバティブの仲介業務を始めた。東京海上火災保険など損害保険二社と仲介契約を結び、ゴルフ場やビアガーデンなど天候の影響を受けやすい業種の地元企業に商品を紹介する。（福岡）

図 8.3 地方拡大

ば，気象データと企業業績との間に明確な因果律が想定できないとしても，分析結果を利用したリスクヘッジは可能であるかもしれない．確かに，最近では行動ファイナンス的な分析に基づいて，晴天と株価が非常に高い相関を持っていると指摘する書物もある．

ちなみに，企業業績と気象データとの相関に関しては，賭博性の問題が関係してくる．天候デリバティブと賭博性の問題は，各種の書物に説明されているので，詳しくは平成 11 年 11 月 29 日付の金融法委員会「金融デリバティブ取引と賭博罪に関する論点整理」[4]に譲るが，この論点整理の中では，銀行法，証券取引法，保険業法といった業法により当該取引を行うことが許される当事者が行う限りは構成要件上処罰の対象外とする旨の手当がなされたとされている．

ただし，天候デリバティブを含む金融デリバティブ取引に関しては，「賭博罪の構成要件に該当しても違法性が阻却される」明確な規定の整備が必要であるとしていることもあって，契約者に賭博目的ではないことを契約上明記させたり，過去の売上高のデータの提供を受けて気象データとの相関を確認したりしているプレーヤーもある．前述の通り，売り上げと気象データとの有意な相関を検証することは必ずしも容易ではないからであろう．

気象庁が2001年度（「企業の天候リスクと中長期気象予報の活用に関する調査」[5]）と2002年度[1]に行った研究会では，事業会社や電力会社と天候デリバティブを扱う金融機関が参集して，企業のリスクマネジメントに気象予報がどのように活用できるのかという点を論じた．2001年度の研究会の論議のポイントは，各事業が抱える多様な天候リスクの下でリスクマネジメントの本質である適切な事業のリードタイムに関する意思決定をいかに行うかという点であり，2002年度のポイントはアンサンブル予報から得られる天候リスクの確率分布を企業の意思決定に如何に合理的に活かすかという点であった．

また，リスクマネジメントが企業経営の本質として徐々に浸透しつつある時期にあって，天候リスクを単に回避するだけでなく，天候変化と企業活動を意識的にリンク付けて，新たな需要を創造する試みも紹介された．すなわち，特定の商品が売れ始める時期の気象条件を抽出し，これを指数化して継続的に消費者に対して公表することによって，逆に気象条件を消費者の需要に結び付けていくビジネスパターンや，商品が機能することを想定できる気象条件が整わなかった場合や気象条件が想定以上の状態になって商品を過度に使用しなければいけなくなった場合に金銭的な補償を行う，いわゆる「キャッシュバック制度」を設けることによって需要促進したりする取り組みなどが紹介され，このような試みの過程で企業が負担する売上の減少や経費の増加を平準化するためには，天候デリバティブが有効な手段であるとされた．

8.2.2 ビジネスの前提条件

さて，以上に述べたような状況と認識の下で，企業は自らが抱える天候リスクをヘッジしようとするが，天候デリバティブのプレーヤーがリスクを引き受けるためには，前提となる条件がいくつか存在する．

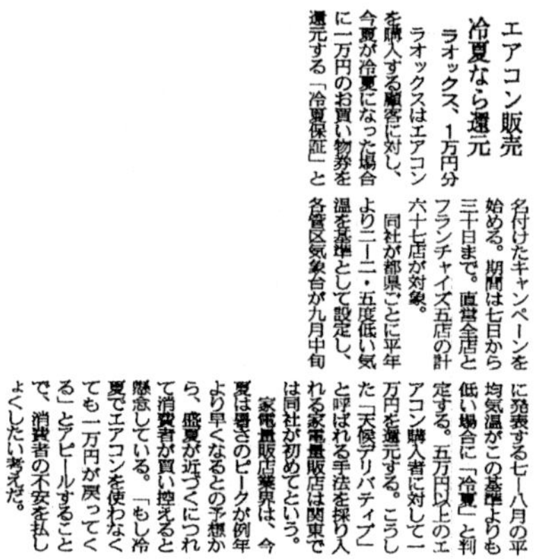

エアコン販売
冷夏なら還元
ラオックス、1万円分

ラオックスはエアコンを購入する顧客に対し、今夏が冷夏になった場合に一万円のお買い物券を還元する「冷夏保証」と名付けたキャンペーンを始める。期間は七日から三十日まで。直営全店とフランチャイズ五店の計六十七店が対象。

同社が都県ごとに平年より二－二・五度低い気温を基準として設定し、各管区気象台が九月中旬に発表する七－八月の平均気温がこの基準よりも低い場合に「冷夏」と判定する。五万円以上のエアコン購入者に対して一万円を還元する。こうした「天候デリバティブ」と呼ばれる手法を採り入れる家電量販店は関東では同社が初めてという。

家電量販店業界は、今夏は暑さのピークが例年より早くなるとの予想から、盛夏が近づくにつれて消費者が買い控えると懸念している。「もし冷夏でエアコンを使わなくても一万円が戻ってくる」とアピールすることで、消費者の不安を払しょくしたい考えだ。

図 8.4 エアコンキャッシュバック

まず，客観的で，取引当事者の恣意性が働かない中立的な気象データが，当事者双方がいつでも容易に参照できるような形で公表されている必要がある．これが確保できれば，合理的にリスクテークを行う引き受け手やアービトラージャーが現れ，その数が増えれば，集積したリスクを分散することも可能になる．さらに，天候リスクは1国内ではリスク分散が十分できないことから，規模の大きな天候デリバティブビジネスを継続するためには国際ポートフォリオを構築することが必須の条件であり，このためには，海外リスクに関しても，国内同様の精度の高いデータが安定的に確保できることが必要になる．ちなみに，天候デリバティブによるリスクの引き受けについては，保険契約のように個別的で細部にわたる情報が必要となるわけではなく，仮に海外のリスクであったとしても，精度の高い気象データが入手できさえすれば，それを普遍的な手法で分析することによりリスクの引き受けが可能になる．また，保険で問題になる逆選択 (質の悪いリスクを保有する者だけが保険に加入しようとするため，保険のリスクポートフォリオが劣化すること) のようなことも心配する必要がなく，同一のリスクがリスクポートフォリオ内に集積することにより，自らのリスクの許容範囲を超えないように管理すればよいだけである．

ちなみに，植民地政策の上で英国が気象データを重視していたためか，オーストラリアやインドなどの旧英連邦に属する地域では，比較的精緻な気象データが，100 年以上の長期間にわたって入手できることが多い．

次に，どのようなモデルを使うのかということが重要であり，気象要素の性格や取引条件に合致したプライシングモデルが合理的に策定できなければならない．これは，すでに，前節で説明した．

最後に，流動性を欠いた，他者に再転嫁できないリスク(「ベーシスリスク」と呼ぶことがある)を合理的に保有する方法が必要である．このようなリスクを保有するためには，保有するリスクの期間構造(時間によるリスクの確率的な変化)の分析をし，それに見合った資本を準備する「時系列的方法」か，地理的・種別的に分断された多様に組み入れたリスクポートフォリオを構築する「リスク分散的方法」をとるしかないであろう．このためには，十分な個別リスクの解析力と，個別リスクを組み合わせた際の複合的リスクの解析力が必要になる．

8.3　海外におけるビジネスの展開

以上，天候リスクの特徴と，リスクヘッジャーである企業における天候リスクの認識，リスクテーカーであるプレーヤーにとってのビジネスの前提条件を整理した．

ここで，海外において天候デリバティブビジネスがどのように展開されているかを概観しておきたい．

8.3.1　ビジネスの拡大と総合エネルギー会社

掲載した図表は，天候に関わるさまざまなビジネスに携わる企業が情報交換を行う場として，米国ワシントンに設立された天候リスクマネジメント協会(Weather Risk Management Association：WRMA, http://www.wrma.org/)が，2001年以来，毎年監査法人Pricewaterhouse Coopersに委嘱して実施しているサンプリング調査の結果である．天候デリバティブについては他に公式的な統計が存在しないことから，このWRMAのサンプリング調査が世界のマーケットの状況を知るための唯一の統計である．

これをみると大きな傾向として，北米以外の契約が増加していることと，気温以外の契約が増加していることが看取できる．また，2002年以降，米国のシ

天候デリバティブ 米で取引急増

企業の収入減を補償

累計35億ドル シカゴ上場へ

【シカゴ27日＝千葉研】米国で気候の変動による企業の収入減を補償する天候デリバティブ（金融派生商品）の取引が急増している。二年前に誕生したばかりの金融商品だが、店頭取引高は累計三十五億ドルにのぼり、九月にはシカゴ・マーカンタイル取引所（CME）が取引所として初めて「気温先物・オプション」を上場することになった。天候による収益変動のリスクを避けたいとする企業は多く、市場は今後、飛躍的に拡大する可能性がある。

店頭市場で天候デリバティブ商品の提供と値付け業務をしているのは、エネルギー関連企業のエンロンや保険会社、投資銀行など。エネルギー、農業、飲料、運輸業者が主要な顧客になっている。

天候デリバティブのうち最も一般的なのが、暖冬や冷夏など気温の変動による損失をヘッジする商品だ。商品を購入する利用者はまず一定金額をいわば保険料として納める一方、商品提供者は事前に設定した基本気温と特定都市の平均気温のかい離幅に応じた補償金を支払う。

例えば毛皮業者が暖冬による減収を想定すると、平均気温が基本気温を上回る際に補償金を受け取る「HDD」契約を結び、冷夏の被害を予想する飲料メーカーは平均気温が基本気温を下回る際に補償を受ける「CDD」契約を結ぶ。目下、天候デリバティブ取引の九五％はこうした気温変動に関するリスクヘッジだが、ほかに降雨・降雪量、湿度、風力などを対象にした商品もある。

「フォーチュン500」にランキングされる米大企業の八割近くは何らかの形で天候の変動によって収益に影響を受けるという。天候デリバティブの潜在需要は大きい。九九年末には取引の残高が前年同期に比べ三〇％近く増えるとの見方もある。

店頭市場の拡大を受け、CMEは九月に「気温先物・オプション」を上場する。カ氏六五度（セ氏約一八度）から平均気温を引いた「HDD」と、平均気温からカ氏六五度を引いた「CDD」の二種類の気温指数が取引の対象になり、一月から十二月まで各限月を設定する。CMEは上場によってエネルギー関連企業や穀物メジャーなどの取引参加が増え、天候デリバティブ取引の厚みが一段と増すと見込んでいる。

図 8.5　米国市場拡大

カゴ・マーカンタイル取引所 (The Chicago Mercantile Exchange：CME) の取引量が増えていることもわかる．

米国のマーケットは 1997 年秋に誕生し，2001 年までは終始総合エネルギー会社主導で展開をしてきた．

前述の通り 1999 年から 2000 年にかけての暖冬による損失の影響で若干ボ

図8.6 日豪エンロン

リュームが減少した時期はあったものの，ほぼ順調に規模を拡大していたが，2001年12月に天候デリバティブのパイオニアであったエンロン社が不正経理疑惑で突然破綻した．天候デリバティブ部門は破綻の直接的な原因ではなかったことから，当初は天候デリバティブマーケット全体に対する影響は軽微．むしろ，同社のメンバーが技術と顧客を持って他の有力プレーヤーに移籍したことから，マーケットの拡大につながるとさえいわれた．

しかし，当時，エンロンが主催していた Enron On Line という巨大な OTC (店頭取引) マーケットで行われていた天候デリバティブの先物やスワップの取引は，取引相手の信用に問題がない状態で初めて機能するにもかかわらず，他の総合エネルギー会社もエンロンと同様の経営体質を持っていると懸念されたため，しばらくすると有力な総合エネルギー会社の信用が急激に悪化し，天候デリバティブ取引を継続することができなくなり，総合エネルギー会社の本業回帰や業容縮小と相俟って，次々と業務が停止された．総合エネルギー会社で取引をしていた担当者の中には独立する者もいたが，その多くは保険会社や再保険会社に移籍して，業務を続けた．そもそも，総合エネルギー会社は電力会社やガス会社といったエネルギー企業の業績に関する動向を敏感に察知しながら，ディーリング的な取引を行い，これが市場規模の急激な拡大をもたらしていたわけであるが，その後は引き受けるリスクを評価（アンダライティング）し

てリスクを保有するという保険的な機能の比重が徐々に拡大していくという形で，米国のマーケットに変化が見られているようである．

8.3.2 取引所取引

そのような中，1999年9月にCMEに上場されたものの，当初2年ほどは取引がほとんど拡大しなかった米国主要都市の気温の先物やオプション取引は，Enron On Lineの肩代わりをする形で2003年年明けから取引量が拡大を始めた．

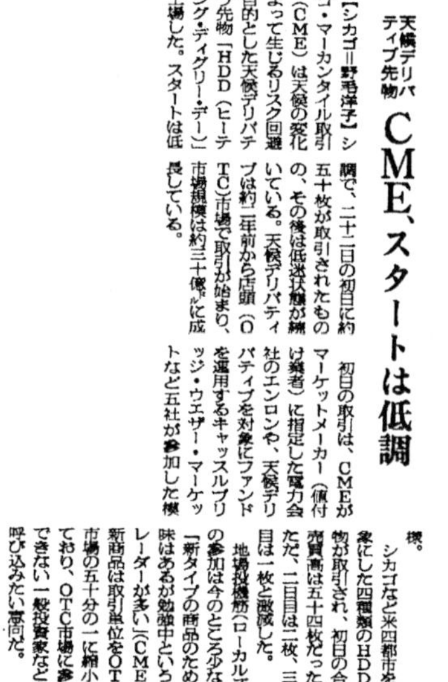

天候デリバティブ先物

CME、スタートは低調

【シカゴ＝野毛洋子】シカゴ・マーカンタイル取引所（CME）は天候の変化によって生じるリスク回避を目的とした天候デリバティブ先物「HDD（ヒーティング・ディグリー・デー）」を上場した。スタートは低調で、二十二日の初日に約五十枚が取引されたものの、その後は低迷状態が続いている。天候デリバティブは約二年前から店頭（OTC）市場で取引が始まり、市場規模は約三十億ドルに成長している。

初日の取引は、CMEがマーケットメーカー（値付け業者）に指定した電力会社のエンロンや、天候デリバティブを対象にファンドを運用するキャッスルブリッジ・ウエザー・マーケットなど五社が参加した模様。

シカゴなど米四都市を対象にした四種類のHDD先物が取引され、初日の合計売買高は五十四枚だった。ただ、二日目は二枚、三日目は一枚と激減した。

地場投機筋（ローカルズ）の参加は今のところ少なく「新タイプの商品のため興味はあるが勉強中というトレーダーが多い」（CME）。新商品は取引単位をOTC市場の五十分の一に縮小しており、OTC市場に参加できない一般投資家などを呼び込みたい意向だ。

図 8.7 CME低調スタート

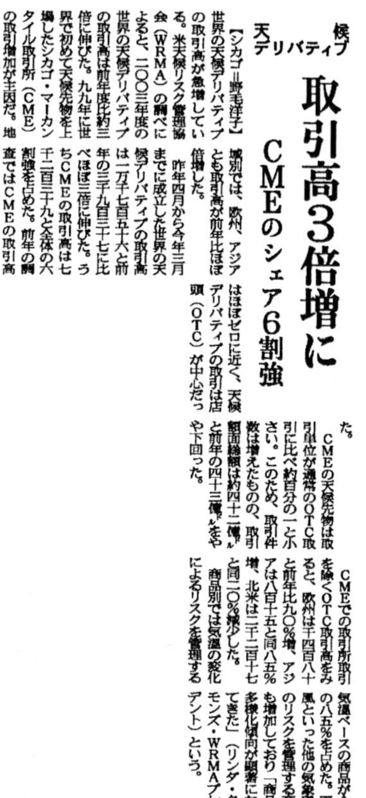

天候デリバティブ

取引高3倍増に

CMEのシェア6割強

【シカゴ＝野毛洋子】世界の天候デリバティブの取引高が急増している。米天候リスク管理協会（WRMA）の調べによると、二〇〇三年度の世界の天候デリバティブの取引高は前年度比約三倍に伸びた。九九年に世界で初めて天候先物を上場したシカゴ・マーカンタイル取引所（CME）の取引増加が主因だ。地域別では、欧州、アジアとも取引高が前年比ほぼ倍増した。

昨年四月から今年三月までに成立した世界の天候デリバティブの取引高は一万千七百五十六と前年の三千九百三十七に比べほぼ三倍に伸びた。うちCMEの取引高は七千二百三十九と全体の六割強を占めた。前年の調査ではCMEの取引高はほぼゼロに近く、天候デリバティブの取引は店頭（OTC）が中心だった。

CMEの天候先物は取引単位が通常のOTC取引に比べ約百分の一と小さい。このため、取引件数は増えたものの、取引額面総額は約四十二億ドルと前年の四十三億ドルをやや下回った。

CMEでの取引所取引を除くOTC取引高をみると、欧州は千四百八十と前年比九〇%増、アジアは八百十五と同八五%増、北米は二千二百十七と同二〇%減少した。

商品別では気温の変化によるリスクを管理する気温ベースの商品が全体の八五%を占めた。雨や風といった他の気象現象のリスクを管理する商品も増加しており「商品の多様化傾向が顕著になってきた」（リンダ・クレモンズ・WRMAプレジデント）という。

図 8.8 CME拡大

その後，米国15都市，欧州の5都市に拡大したが，2004年7月に上場された東京と大阪については，現在のところ，ほとんど取引がなされていない模様

である．

天候デリバティブ

東京・大阪の気温対象

CME、26日上場

シカゴ・マーカンタイル取引所（CME）は二十六日、東京と大阪の気温を対象とした先物を上場する。アジア対象の天候デリバティブの取引所上場は世界で初めて。CMEは「日本の天候デリバティブの相対取引市場は欧米に比べて発達しており、先物のニーズが見込める」としている。

上場するのは、東京と大阪それぞれの気温を対象にした気温先物と同オプション。円建てでセ氏表示、円建てになる。取引単位は二都市の気温をベースにした指数にそれぞれ二十五万円を乗じた額、値刻みは〇・〇一指数[illegible]とする。

気温先物はCMEの電子取引システム、GLOBEXに上場し、取引時間は米中部時間の午後五時から翌日午後三時十五分まで。同オプションは場立ち取引で日中のみ取引する。値付け業者としてシカゴのデリバティブ取引業者のウォルヴェリン・トレーディングが日中に参加する。

CMEは、新商品は日本の天候デリバティブの相対取引参加者による先物上場を求める声を反映したとしている。

CMEは一九九九年に世界で初めて取引所として天候先物を上場。米国十五都市、欧州五都市を対象とした先物を上場する。今年前半のCME天候先物の取引高は二万五千枚（額面五億八千万ドル）で前年同期比一七〇%増だった。

（シカゴ＝野毛洋子）

図 8.9　CME 日本リスク上場

欧州初の天候指数

LIFFE、来月10日から試験表示

デリバティブ商品上場へ

【ロンドン＝松岡由季子】ロンドン国際金融先物取引所（LIFFE）が欧州天候指数を開発した。ロンドン、パリ、ベルリンの三都市の気温を指数化し、七月十日からLIFFEのウェブサイトなどで試験表示を始める。好評なら「十一十二月期中にも同指数の先物やオプションなどデリバティブ（金融派生）商品を上場したい」（非金融商品部門の商品管理責任者イアン・ダダン氏）考えで、電力会社や保険会社などの需要を見込んでいる。

天候デリバティブは気候の変動による企業の収入減を補償する商品。シカゴ・マーカンタイル取引所（CME）が二年前、米国の八都市を対象に導入し、エネルギー関連企業を中心に取引件数が急増している。LIFFEの試みが実現すれば、初めて欧州天候デリバティブ商品が公設取引所で売買できることになる。

LIFFEの天候指数は三都市の気象庁から毎日送られてくるデータに基づいて算出する。都市ごとにその日の最高と最低の中間値を取り、この値を基にその日を含め過去一カ月の月平均を計算。セ氏零度を一〇〇として指数化する。

ダダン氏によると、LIFFEは天候デリバティブの上場準備をほぼ完了。指数の対象となる都市も「需要に応じて追加できる体制にある」という。

システム取引で提携関係にあるCMEの算出方法を使わないのは、欧州の一年を通じた気温差が米国ほど大きくないため。「エネルギー会社の取引参加を重視したCMEの算出方法は、欧州では通用しない」と見ている。

CMEは米八都市の平均気温を基に、カ氏六五度から平均気温を引いた「HDD」と、平均気温からカ氏六五度を引いた「CDD」の二種類を算出し、取引している。

図 8.10　LIFFE 上場

実は，CME を除くと，取引所取引が天候デリバティブ取引の上場に成功した例はないと言ってよい．ロンドン国際金融先物取引所 (London International Financial Futures Exchange：LIFFE) でも，2001 年に欧州 3 都市の平均気温の取引が上場されたが，取引高が伸びず，その後，上場が廃止されている．

わが国においても，2000 年に横浜商品取引所が無体物取引の嚆矢として検討を開始したと報じられたのを皮切りに，LIFFE と提携関係にある東京金融先物

取引や，東京工業品取引所や中部商品取引所も本格的な検討を開始したことが報じられるなど，天候デリバティブは金融取引と商品取引所の両方から新規上場商品として注目を浴びることになった．しかし，いずれも上場には至っていない（2006年2月現在）．

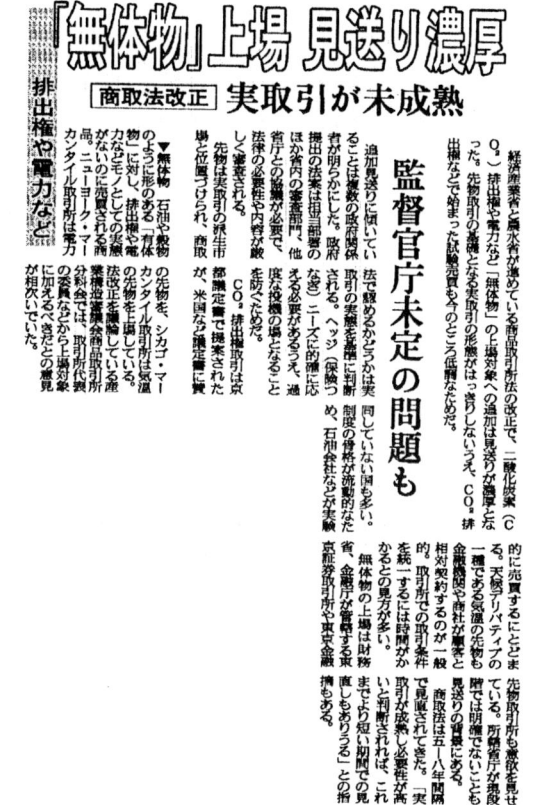

図8.11　横浜商品取引所研究開始　　図8.12　無体物上場見送り

そこには大きく3つの問題がある．まず，第1は，現在のところ商品取引所法の規制を受ける商品取引所が扱えるのはモノ，すなわち有体物だけであって，モノ以外の無体物は取り扱いができないという点である．これは取扱業者や会員の調整が必要であることを意味する．

第2に，気温以外の気象要素は先物取引に合致する商品に標準化することが

困難である点がある．もともと，わが国では降雨の契約の比重が大きいが，降雨は地域性が高く，標準化した先物商品を上場してもベーシスリスクが大きすぎて，リスクヘッジ効果が十分に期待できない恐れがある．

第3に，わが国の国土の規模では気温リスクの偏向性が大き過ぎ，取引所で頻繁に売買することが難しい点がある．したがって，取引に十分な流動性を付与できるだけのリスクテーカーが立ち現れない可能性がある．

このような問題の解決が行われない限り，流動性のある取引市場の創設は容易ではない．米国のように国土が大きく，エネルギー産業の自由化も進んでいる国以外では，わが国とほぼ同様の状況にあることが，国際的にも取引所取引の定着を阻んでいる可能性が大きい．

8.3.3 米国以外での展開

わが国よりも若干早く天候デリバティブの取引が開始された欧州では，当初，エンロンが米国と類似したOTCによるディーリング型のマーケットの立ち上げを進めていたが，エンロンの破綻によりその進展が減速した．しかし，2003年夏に訪れた熱波や，2004年の局部的冷夏により需要が新たに創出され，マーケットは徐々に拡大している．もともと欧州は，多様な天候リスクを抱えており，フランス系の投資銀行が天候リスクをベースにした投資ファンドを販売するなど，特徴のある取り組みがなされてきているほか，再保険会社の中にも積極的な展開を行う意向を持っている会社もある．

アジアにおける天候デリバティブの展開は，これから開始されるところである．そもそも，アジア諸国では金融機関が取り扱える金融派生商品に対する厳格な規制が存在しており，保険会社はデリバティブによって天候リスクのヘッジ商品が提供できない．したがって，インドや台湾では保険形態で天候リスクヘッジ商品が提供されている．また，アジア諸国の気象データの精度や履歴，利用可能性は，一部を除いては十分なものとはいえないことから，今後，急速に天候デリバティブマーケットが拡大するとは考えにくい．しかし，広大なアジアの農業関連需要は，将来的にエネルギー産業をしのぐ大きなマーケットを形成する可能性があり，気象データ整備の1日でも早い着手が望まれるところである．

東京金先、背水の変身

天候デリバティブ・外為証拠金取引 上場へ

企業・個人資金狙う

東京金融先物取引所は低迷する取引をてこ入れするため、企業や個人資金などの取り込みに向けて動き出す。来春以降、天候デリバティブ（金融派生商品）や外国為替証拠金取引などを相次いで新規上場する。これまで銀行など金融機関の資金を専門に扱ってきた東京金先。取引所の性格転換ともいえる「変身」は、単独での存続を占う試金石になりそうだ。（羽田野主）

＝東京金融先物取引所は2面「ミニ辞典」参照

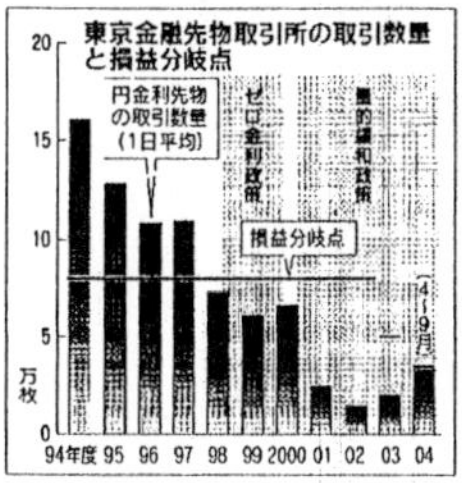

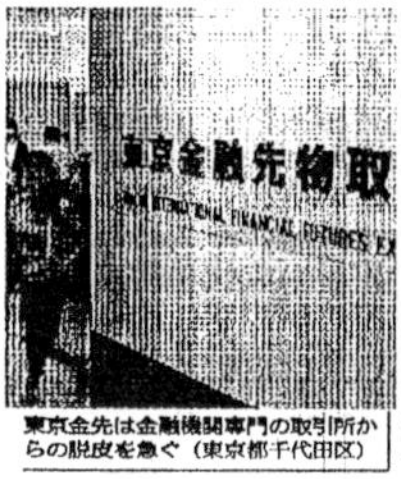

東京金先は金融機関専門の取引所からの脱皮を急ぐ（東京都千代田区）

円金利先物縮小

現在の主力商品は将来の短期金利を予想する「円金利先物」。ただ、量的緩和下で短期金利の変動幅は極めて小さく、取引は縮小している。損益分岐点は一日三万五千枚（一枚＝一億円、最小取引単位）程度。新システムの導入などで引き下げたが、九月の一日平均取引量は二万九千枚程度。東京金先は二〇〇一年度以降、三年連続で経常赤字が続いている。

東京金先が期待を寄せる新商品が、暖冬、猛暑などの異常気象に伴う損失に備える天候デリバティブ。この取引は「平均気温が三〇度以上になれば、所定の補償金を払う」などの契約を損害保険会社と結ぶもの。天候によって売り上げが左右される業界は、レジャー産業や弁当チェーン、農家など幅広く、市場規模は約五百億円にのぼる。

東京、大阪を含む国内四都市の平均気温を対象にした先物商品を来春に上場する。一年先までの気温を一カ月単位で取引する。気温一度＝五万―十万円とし、〇・〇一―〇・〇五度刻みで売買する。例えば、一度あたり十万円で三カ月後の先物を二五度（二百五十万円）で買ったとし、実際の気温が三〇度に上昇すれば、差額の五度分（五十万円）が手元に入る。

現在は損保が補償金の支払いを一手に引き受けているが、新市場はこの支払いリスクを軽減する手段になる。事業法人や個人から引き受けたリスクを損保が市場での先物取引でヘッジすれば、損保のリスク引き受け余地は拡大。損保を通じて企業資金が市場に流入する。天候変動のリスクを持つ企業が取引に直接参加することも視野に入れている。

二〇〇五年度上期には外為証拠金取引に関する商品も上場する予定だ。証拠金取引は実際の取引額の十分の一から二十分の一の証拠金を積めば、多額の外貨を売買できる。太田省三専務は六月の金融審議会で上場の意思を表明。「個人の金融資産を健全に運用できる市場を築きたい」と話す。

リストラ限界

例えば一ドル＝一一〇円で一万ドルの米ドルを買って、一定期間後に一一五円で売却できれば、差額の五万円を受け取る。外為証拠金取引を巡っては、商品先物会社などによる強引な販売が問題になり、金融庁が規制法案を臨時国会に提出中。取引所は法案成立を待って、運営方法を決める。

当初は先物業者の参加を見込むほか、将来は取引参加手数料を引き下げて個人投資家を呼び込むことも検討する。

東京金先はこれまでも通貨先物などを新規上場してきたが、いずれの取引も低迷している。四月には会員制組織から株式会社に移行したが、取引参加者は五十三社と横ばい。二百六十社強だった全盛期（九〇年度末）の面影はない。従業員は五十人余りと「取引所として限界」（太田専務）に減らし、リストラ余地は残っていないという。

図 8.13(1)　東京金先上場

欧米勢と連携視野
取引所再編、アジアに波及

先物取引所を巡っては、国際間の提携や合併など世界的な再編が進みつつある。東京金融先物取引所も欧米の取引所との連携を通じた国際戦略を描く。ただ、海外勢に比べ規模があまりにも小さく、取引所間競争に乗り遅れる可能性もある。

世界的な取引所の再編を主導するのは欧州勢。フランス、オランダなどに取引所がある「ユーロネクスト」とドイツ、スイスの取引所が共同運営する「ユーレックス」が二大陣営だ。

東京金先取引所が取引システムを導入したロンドン金融先物取引所（LIFFE）は二〇〇一年にユーロネクスト傘下となった。ユーレックスは三月、米国の先物市場の本丸であるシカゴ商品取引所（CBT）との連携を視野に入れていた取引所を立ち上げ、米国市場に進出した。

欧米取引所との提携は、海外の金融取引参加者を呼び込むほか、ユーロの先物商品など実績のある商品を相互上場できるなど、利点が大きい。いったん世界規模の争いに脱落すると、吸収対象になりかねない。

東京金先取引所はユーロネクストと米シカゴ商品取引所（CBT）との連携を視野に入れている。取引所システムが共通になる。商品の相互上場など有利とみている。取引所システムが共通になる。CBTとは三月に新商品開発で合意などで合意した。

アジア市場での競争も始まった。ユーレックスが大阪証券取引所と提携交渉を開始。韓国先物取引所は一月に株式オプションの取り扱いを始め、先物取引所のうち取扱高は世界一になった。シンガポール、さらには上海、韓国を始め合併、新興の中国勢も含めアジアの金融先物市場の覇権争いは始まったばかり。東京金先取引所は新興の「東京マネー・マーケット」の浮沈のカギを握る。

図 8.13(2)　東京金先上場

　オセアニア市場も，広大な農畜業からのヘッジ需要を潜在的に有しているとともに，気象データの質は良好であり，天候デリバティブのマーケットとしては有望である．

　また，この地域が南半球に位置することは，今後，リスク分散の観点からも，きわめて重要になると考えられる．

　アフリカと南アメリカは，ビジネス環境としてはアジアと似た状況にあると思われるが，南アフリカや地中海に面した北アフリカ，ブラジルなどでは，既に取引が開始されている模様である．同時に，この地域は砂漠化や森林伐採による温暖化問題の最前線，そして人口爆発や食糧問題の焦点として，天候リス

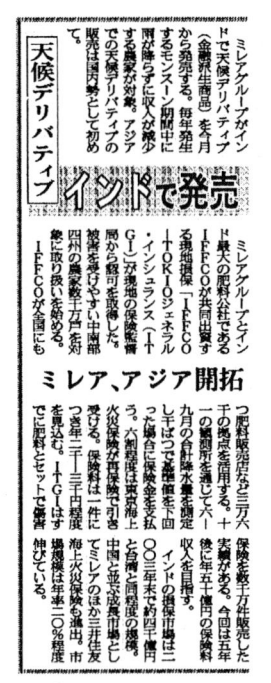

図 8.14 インド天候

クに対する世界的な認識が高まる地域でもあり，今後，注目が集まる可能性は大きい．

8.4 わが国におけるビジネスの展開

さて，いよいよわが国の天候デリバティブマーケットの状況を見てみよう．

8.4.1 ビジネスの発端と拡大

金融自由化のインフラ整備のために1998年12月に施行された所謂「金融システム改革法」に基づいて，保険業法(該当するのは第98条)や銀行法(同第10条)などの金融業態の業法改正が行われ，「金融等デリバティブ取引」を付随業務として営むことが各金融業態に認められたことが，天候デリバティブ取引の発端になっており，99年の5月に最初の天候リスクヘッジ商品である天候保

天候デリバティブ導入

ヒマラヤ
三井海上と契約
暖冬時の減収カバー

スポーツ用品大手のヒマラヤは三井海上火災保険との間で天候デリバティブ（金融派生商品）契約を結んだ。スキー、スノーボードなどインタースポーツ商品の売上構成比が高いことから、暖冬になった場合の収益落ち込みをあらかじめヘッジするのが狙い。異常気象に対応する天候デリバティブは米国で普及しているが、日本でこの種の商品を導入するのは初めてという。

同社が三井海上から購入したのは「SDI（積雪量）指数」オプションと呼ぶ商品。過去の気象庁の観測データを基に、その年の予想積雪量を設定。契約時に取り決めた金額を三井海上から受け取る仕組み。スキー場が散る立地

ヒマラヤが三井海上にオプション料を支払い、一日の積雪量が想定水準を下回った場合、オプションの権利を行使し、その日数に応じた金額を受け取り、その未実現となった損失に対して十分な補填を期待できる。

ヒマラヤの九九年三月期の売上高は約三百五十億円だが、このうち六〜五％をスキー、スノーボードなどが占める。冬季にあたる下期の売り上げが上期の三倍以

る野沢（長野県）、萱野（岐阜県）の三園駐車場（岐阜県）の三園駐車場上で利益は下期で稼ぐ構造になっており、暖冬入れ時の十二月の天候次第で売り上げが大きく左右される。

そこでゴルフ用品の専門店やマリンスポーツ関連に依存する体質が続くことから天候デリバティブを利用することにした。（増田康裕取材班）

図 8.16 ヒマラヤ

冷夏・暖冬の収入減を補償
東京海上が新型保険

東京海上火災保険は二十四日から、冷夏や暖冬などによる企業の収入の減少を補償する「異常気象保険」の取り扱いを始める。天候の変動が収入などに及ぼす影響を過去の気象データをもとに割り出し、その分を保険金でカバーする仕組みで、こうした商品を扱うのは損害保険業界で初めて。企業はこの保険により収益変動などを防ぐことなく、財務の悪化を防ぐ

電力・飲料業界などに販売

ことが可能になる。

新商品はこの程度の気象変動をカバーするかで保険料が異なる。たとえば十年に一度の猛暑で起きる損害に一億円の補償額になる場合、東京海上には飲料メーカーとみている。

気象条件を設定し、補償の上限を一億円にすれば、年間保険料は十五億円程度になる計算だ。ただ、多くの場合、自己負担として保険金を出さない免責条項をつけるので実際の保険料はー億円を下回る。九三年七月のビール出荷量は前年比五％減少するなど、天候の影響で収益が悪化することになっていた。

己負担として保険金を出さない免責条項をつける標準は多い。売り上げなどが落ち込む要因は防災対策の充実などで細小さく見積もり、保険期は冷夏などに限られる場合が多い。

既成の企業向けで価格競争も激しくなっており、東京海上は新商品の開発が急務になっていた。

図 8.15 異常気象保険

8.4 わが国におけるビジネスの展開

広島銀 天候デリバティブを仲介
三井・東京海上と提携 レジャー施設向け

高橋正　広島銀行頭取

【広島】広島銀行は、天候不順による企業収益の低下を補てんする金融派生商品「天候デリバティブ」の販売で、三井海上火災保険、東京海上火災保険と業務提携した。三相談の商品を県外のレジャー施設など天候に左右されやすい事業を持つ取引先に紹介し、手数料を得る。第一弾として二十一日、テーマパーク運営のファーム（愛媛県伊予郡、久門道宣社長）と三井海上の契約を取り仲介した。地方銀行が天候デリバティブを取り扱うのは初めて。顧客の商品ニーズに応じて他銀との提携も検討する。

広島銀が仲介した天候デリバティブ

（図：広島銀・ファーム・三井海上の三者関係図）
- 仲介行為（提案・説明）
- 成約時に仲介手数料支払い
- オプション料の支払い
- 天候デリバティブ契約締結
- 一定の条件下で補償金の支払い

ファームと三井海上は、五つの県外テーマパークについて個々に「降水日数指標取引」の契約を結んだ。ファームは最初に契約した三井海上から補償金を受け取る。契約期間は四月一日～十二月三十一日の九カ月間。関天候日数（七十六日間）が落ち込んでも収益の大きさに左右されない数値まで達した場合に補償金を受け取れる。

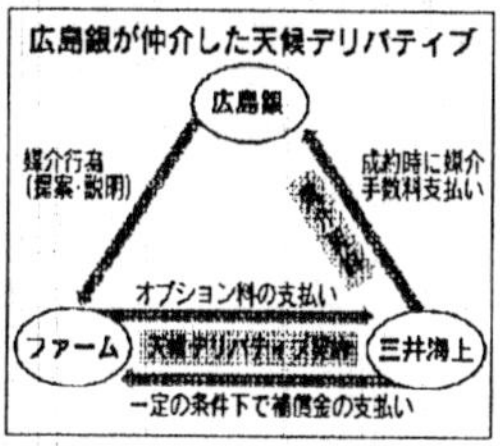

取引の仲介役である広島銀は三井海上と「媒介」契約を結び、ファームに商品を持ち込み商談を成立させた成約報酬として、手数料を受け取った。

解説
手数料ビジネス柱に 都銀に対抗

広島銀が損害保険や証券などが先行する天候デリバティブ業務にかける狙いは、手数料ビジネスの多角化だ。不良債権処理や金利市場の一角に食い込んでも収益を確保する期待もある。しかし、地方銀行と同行の直面する事情も少なくない。今回の契約も「地銀初」とアピールすることで、取引先に対する信頼感を得た。いったん経験を積み重ねれば、「まずは相談する銀行」にブランドイメージを確立する戦略だ。複雑な金融取引に対しては、地元説明や顧客開拓などで営業力や仲介能力を発揮し、ノウハウを持たない地元他社を相手に金融機関の間でも、広島銀に追随する動きが出てくるとみる。

（広島支局・吉野正）

キーワード
天候デリバティブ　米エネルギー大手のエンロンが一九九七年に開発した。企業が一定額のオプション料を支払う代わりに、気温や降雨量などあらかじめ決めた指標から外れた場合に損失を補償してもらう仕組み。日本での取引規模は、業務提携で年間五十億～百億円（最大受託ベース）にもなり、米国の市場規模は五千億円。

仕組みは、顧客の注文に応じてオプションの設計を行い、受け手が商品設計に応じて三井海上から得た。ファーム企業が始めている。都市銀に続いて、国内の企業や商社、ゴルフ場などへの販売網を築き、関連保険会社などは大がかりな取引が大きいとみて、開発・販売に相次いで参入している。レジャーや飲食業、電力・ガス、運輸などの通信カ、ガス、運輸などの通信では、業績が天候に左右された地方金融機関の間でも、広島銀に追随する動きが出てきた。

図 8.17　広島銀行

天候デリバティブ

東京海上が定型商品
中小向け販売強化
最低価格引き下げ

東京海上火災保険は猛暑、冷夏、少雨など異常気象に伴う企業の収益低下を補填する天候デリバティブ（金融派生商品）の定型商品を開発し、販売を始めた。あらかじめ定めた全国四十七カ所の観測地点の気象データに基づく降雨量、降雪量、気温などに応じた額を顧客に支払う。従来は顧客の要望に応じた補償内容に気象条件を決めていたが、対象を一件に絞り込むことで費用がかさみ、定型化に伴うコスト圧縮下げ、中堅・中小企業の需要を取り込む。飲食店チェーンやゴルフ場など屋外レジャー業向けの販売を強化する。

新商品は期間限定として気象庁の観測地点のうち北海道庁から九州まで四十七カ所を対象にしている。さらに気温、降雨量、降雪量などの基準となる気象条件と日数を決める。契約期間中に基準を上回った月日数に応じて東京海上が顧客に支払う。天候デリバティブの購入を希望する企業はこのなかから必要な地域の観測地点を選ぶ。

販売価格は最大支払額の一割程度と、従来と変わらない。ただこれまでのオーダーメード方式に比べ、申し込みから契約内容の決定までの期間を約十日間と半分程度に短縮するため業務を効率化してコストを圧縮した。これにより販売価格は五十万円程度からと従来より二〜三割安く設定できるようになったという。

東京海上は二〇〇〇年六月、天候デリバティブの販売を始めた。同社以外の損保各社や銀行、外資系金融機関も相次いで参入している。競争が激化すれば価格に左右されるリ

東京海上火災保険の天候デリバティブの定型商品契約例

場所	東京都
契約期間	9〜11月の土・日・休日
気象条件	1日5ミリ以上の降水
支払条件	降水日数が10日を越えた場合、11日目から1日当たり100万円を東京海上が支払う
最大支払額	1000万円
販売価格	100万円（最大支払額の10％）

一割程度と、従来と変わらない。ただこれまでのオーダーメード方式をとっておりスクを回避して収益を平準化しようとする企業が今後、増加するとみているため、もっとも大手はオーダーメード方式をとっており、東京海上の動きをみて、定型商品を販売する動きが活発化しそうだ。

図 8.18　定型化

8.4 わが国におけるビジネスの展開

表 8.1 天候デリバティブ取引に関する新聞見出し一覧

日付	新聞	見出し	図
2002.5.16	日経金融	マーケットメーカー	図 8.1
2002.4.14	日経 (朝)	住友商事一元管理	図 8.2
2001.5.17	日経金融	地方拡大	図 8.3
2002.6.5	日経 (朝)	エアコンキャッシュバック	図 8.4
1999.6.28	日経 (朝)	米国市場拡大	図 8.5
2000.7.27	日経産業	日豪エンロン	図 8.6
1999.9.28	日経金融	CME 低調スタート	図 8.7
2003.10.6	日経金融	CME 拡大	図 8.8
2004.7.21	日経金融	CME 日本リスク上場	図 8.9
2001.6.27	日経金融	LIFFE 上場	図 8.10
2000.7.7	日経 (朝)	横浜商品取引所研究開始	図 8.11
2003.10.6	日経金融	無体物上場見送り	図 8.12
2004.10.6	日経金融	東京金先上場	図 8.13
2004.5.13	日経 (朝)	インド天候	図 8.14
1999.5.24	日経 (朝)	異常気象保険	図 8.15
1999.9.2	日経 (地経)	ヒマラヤ	図 8.16
2001.2.22	日経金融	広島銀行	図 8.17
2001.4.3	日経流通	定型化	図 8.18
2001.7.5	日経 (地経)	商品バラエティ	図 8.19
2001.1.15	日経 (朝)	東京電力	図 8.20
2004.12.7	日経 (朝)	異常気象需要拡大	図 8.21
2002.5.15	日経 (地経)	台風デリバティブ	図 8.24
2001.1.10	日経 (朝)	風力発電	図 8.25
2002.10.31	日経産業	住商複合オプション	図 8.26
2000.7.4	日経 (夕)	野村小豆債券	図 8.27

日経 (日本経済新聞) の (朝), (夕), (地経) はそれぞれ, 朝刊, 夕刊, 地方経済面を表す.

険, 同 6 月にわが国最初の天候デリバティブが紹介された. ちなみに, 業法は「金融等デリバティブ取引」を「金利, 通貨の価格, 商品の価格その他の指標の数値としてあらかじめ当事者間で約定された数値と将来の一定の時期における現実の当該指標の数値の差に基づいて算出される金銭の授受を約する取引又はこれに類似する取引」と定義しているが, このようにデリバティブ取引とは何かということを法律に定義したのは国際的にも珍しい.

2001 年春までは, 損害保険会社の間で, 散発的に記念碑的な取引がなされる程度であったが, 地域金融機関を媒介者とする小口定型商品の販売が損害保険によって開始されると, 地域金融機関のフィービジネス獲得や商品の品揃えのニーズと相俟って, 爆発的に取引が拡大した. 前述の通り, 地域の中堅中小の企業が主たる契約者であり, 降雨, 降雪といった降水関連の小規模契約の件数

が急増した．

そのころの，代表的な契約例には，次のようなものがある．

 風力発電事業者 A 社：弱風による発電量低下
 洋傘輸入製造販売 B 社：少雨による雨傘売上減少
 ロープウェイ C 社：お盆の降雨による乗客者数減少
 灯油販売 D 社：暖冬による灯油販売減少
 自動販売機ベンダー E 社：暖冬による缶コーヒー売上減少
 回転寿司チェーン F 社：降雪による来店者減少
 結婚式場 G 社：降雨による庭園結婚式中止時のペアチケットサービス
 レストラン食材供給 H 社：少雨による野菜等の価格高騰
 造船所 I 社：降雨による船体塗装期間延長に伴うコスト増
 土産物販売 J 社：お花見シーズンの降雨による公園来場者減少
 大手書店 K 社：降雪や降雨による来店者減少
 サファリパーク L 社：土日祝日の降雨による来場者減少
 菓子製造 M 社：猛暑によるチョコレート・キャンディー類の売上減少

8.4.2　エネルギー産業の参加

また，2001 年夏には，互いの夏季の気温リスクが拮抗することに着目した東京電力と東京ガスが，リスクの交換を行った．この取引は間に金融機関を介さないものであったが，このような取引は，取引当事者間の信用度に大きな差がなく，観測地点も同一の場合に最も有効であり，つねに成立するとは限らない．したがって，2002 年夏以降は，以下のようなエネルギー企業間の取引と並行して，金融機関を相手にした電力会社やガス会社のスワップ取引による気温リスクのヘッジも本格的に開始された．

 2001 年夏　東京電力と東京ガスとの間で気温リスクカラー取引 (観測期間 8
  〜9 月．冷夏により東京ガスが東京電力に約 3.2 億円の支払)
 2002 年夏　関西電力と大阪ガスによる気温リスクカラー取引 (観測期間 6〜9
  月)

広がる天候デリバティブ

下関・旭洋造船も契約

東京海上　小口化で業種多岐に

冷夏や長雨などによる企業の損失を穴埋めする天候デリバティブ（金融派生商品）が中国地方の企業の間でも普及し始めた。損害保険会社で商品開発・販売最大手の東京海上火災保険が二月から中国三県で金融機関と組んで取り扱いを始め、企業四社に販売した。販売価格を一口五十万円と小口にして中堅・中小企業が購入しやすくしたこともあり、当初、対象に想定していなかった造船業など、契約先業種も広がっている。

同社は中堅造船業の旭洋造船（山口県下関市、伊良原敏次社長）と六月中旬に契約したのに続き、中国地域でレジャー施設運営会社一社、外食産業二社と相次いで契約を結んだ。山口県だけでも現在約三十社と交渉を進めている。

五十万円で契約した旭洋造船の場合、契約期間は今年九月と十月。二カ月の降雨日数が同期間の平均降雨日を超えた場合、旭洋造船に保証料を支払う内容。保証料の支払額を一口五百万円程度と小さくすることで販売価格を抑えた。

旭洋造船は屋外ドックのため長雨で造船塗料工事が中止した場合の損失を穴埋めする。天候デリバティブで造船会社が契約したのは全国初という。

東京海上は一九九九年五月に国内で初めて異常気象保険を販売、天候デリバティブを同年六月から手掛けている。地方銀行に販売を仲介してもらう顧客開拓作戦で、中国地方では広島、広島総合、山陰合同、山口、西京の各銀行と販売提携。都銀も同様の商品を持つが、中国地区では販売実績がなく、同社が先行している。空白地帯の岡山、鳥取県でも早期に地元地銀と組む計画だ。

損保会社や銀行は天候に左右される業種としてレジャー、食品・飲料、衣料、エアコンや暖房機を製造する電機メーカーなどを天候デリバティブの主な顧客に想定している。東京海上は造船業にも需要があったことを受け「全産業の内八割にニーズがある」と需要発掘に力を入れる考えだ。

天候デリバティブの利用が見込まれる産業（山口銀行調べ）

気象条件	平年より多いと不都合な業種	平年より少ないと不都合な業種
降雨	テーマパーク、小売業、外食産業、アウトドア用品製造販売、ゴルフ場、観光関連（旅館・ホテル）	タクシー、屋内遊技場、レンタルビデオ店、雨具製造販売
降雪	輸送業、人工スキー場、ゴルフ場	スキー場、除雪業者、自動車用品（タイヤ、チェーンなど）
夏期低温	電力会社、清涼飲料水製造販売、花火などの夏物商品製造販売	養殖関係
日照時間	屋外遊技関連（ゴルフ・テニス）	花粉症関連用品製造販売、農産物関連

図 **8.19**　商品バラエティ

2002 年夏　東京電力と大阪ガスによる気温リスク取引 (観測期間 6 月 21 日〜9 月)

2003 年夏　九州電力と西部ガスによる気温リスク取引 (観測期間 7 月〜9 月．冷夏により西部ガスから九州電力に約 4,000 万円の支払)

続く 2003 年度は冷夏，2004 年度はほぼ年間を通しての高温状況と台風の大

図 8.20 東京電力   図 8.21 異常気象需要拡大

量上陸という形で，連続的に異常気象の様相を呈したことから，国内の天候デリバティブマーケットの需要を急速に喚起した模様であり，国内の契約件数も大きく伸びたことが新聞等に報じられた．

8.5 取引の多様化

多少，古い資料になるが WRMA アジア・パシフィック会議資料に掲載された 2003 年度のある損害保険会社の契約件数を契約種類別，計客業種別に見ると以下のようになっており，前掲の WRMA 統計に比べて降水関連契約の件数が多い (気温の契約は規模の大きなものが多いことから，契約高では気温が大

きくなる)ことや，非常に多様な業種から満遍なく契約が到来しているという，わが国の天候デリバティブマーケットの特徴が看取できるであろう．

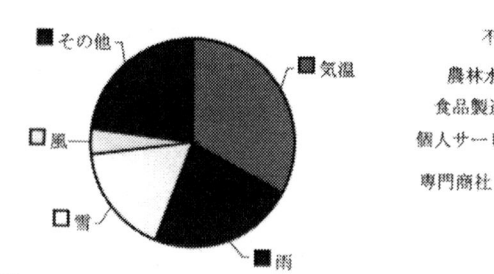

図 8.22 契約種類別契約件数分布
(東京海上，2002 年 4 月～2003 年 3 月)

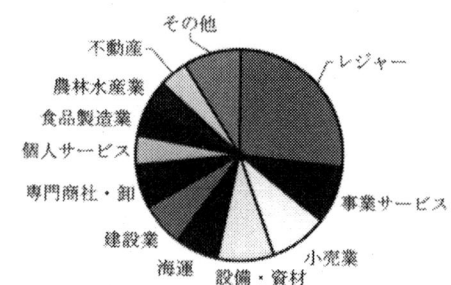

図 8.23 契約業種別契約件数分布
(東京海上，2002 年 4 月～2003 年 3 月)

8.5.1 取引の類型

主な天候デリバティブの契約形態を類型的に整理すると，以下の通りである．

1) 気温のデグリーデイズ方式 (累積性と平均性)

【事例 1】一般的な気温度数，累積方式 (Heating Degree Days あるいは Cooling Degree Days と呼ばれる)

【事例 2】水力発電所向け平均水位デリバティブ (流域河川の平均水位を指標にした契約)

2) 気温スワップ

【事例 3】ゼロコスト方式 (アップフロントのプレミアムの授受のないリスクの交換) やカラー方式 (取引当事者双方に支払いが生じない気温帯の設定)

3) イベントオプションとしての定型天候デリバティブ (降水や風速，台風)

【事例 4】日数カウントまたはクリティカル・デイと呼ばれる，閾値を超えた度数 (日数など) の累計方式

【事例 5】台風デリバティブ (一定領域を到来通過した台風の個数)

4) 保険との複合ハイブリッド契約

【事例 6】風力発電向け風速オプション (保険契約とデリバティブとの組み合わせにより，受取額の一部を支払いが迅速なデリバティブにするこ

台風デリバティブ

池田銀が開始

池田銀行は十四日、台風が特定した地域に一定の数以上到来した場合に補償金を支払う「台風デリバティブ」の取り扱いを始めたと発表した。東京海上火災保険の商品で、観光関連業や小売り、外食、建設業などに需要があるとみている。

八月の一カ月間に、大阪市を中心とする半径百五十㌔㍍の円形を台風の中心が通過したかどうかを基準にする場合、契約料は約五十万円。二個目の到来から一個につき百六十万円支払われる。

図 8.24　台風デリバティブ

損保大手

天候保険を拡大

東京海上、風力発電所向け

三井海上、積雪減収を補償

大手損害保険が相次ぎ天候不順のリスクをカバーする金融商品を投入している。東京海上火災保険は電源開発が北海道に新設した風力発電所向けに、十分な風速が得られず発電量が低迷した際の収益悪化を避ける「無風リスク保険」ともいえる金融商品を提供、フェリー会社に台風などによる欠航の損失を補てんする天候保険も販売する。三井海上火災保険は有名ゴルフコースを対象に積雪による収益減を埋め合わせるデリバティブ（金融派生商品）契約を結んだ。大手損保は「異常気象」で生じるリスクを新たなビジネス機会と位置付け、伸び悩む損害保険の収益源の多様化に結びつけたい考えだ。

東京海上の商品が対象とするのは電発が北海道苫前町に昨年末、建設した「苫前ウィンビラ発電所」。総工費は六十五億円、風車十九基を備え、年間発電量は五千九百万㌔㍗時（一般家庭約一万七千世帯分）を見込むが「長期的に収益性はあっても年ごとでは風況によって発電量が変動、資金計画に影響を与える可能性もある」（電発）。契約によると、年間予想売上高九億円に対して、風が吹かないことに伴う収益減を東京海上が最大約一億円まで補償する。保険料は一千万円。

一方、三井海上はプロゴルフツアーも開催する宇部興産の「宇部72カントリークラブ」（山口県宇部市）を対象に「雪が三㌢以上」積もれば、あらかじめ設定した収入相当額を補償する契約を結んだ。雪で閉鎖になったり、客足が伸びない場合に加え雪の影響がなくても受け取れるのが特徴だ。このほか東京海上は定期フェリーを運航する宇和島運輸（愛媛県八幡浜市）と、台風や低気圧により欠航を余儀なくされた際に一便約五十万円を支払う保険契約を結んだ。

天候リスクに対する保険契約は米国で先行。保険料ベースで年間六千億円前後の市場規模がある。

図 8.25　風力発電

とにより，内金的に受け取るとともに，残りは査定により確定する保険金として受け取る複合的な契約を締結し，ベーシスリスクを圧縮し，無駄なヘッジコストを節約する)

5)　エキゾチック・リスクトリガー契約

【事例 7】　降雨時別リスク (特定時間帯における降雨の有無や量を発動要件とするオプション)

【事例 8】　“Prolonged” リスク (特定の気象状況が継続するリスク．例：旱魃リスク)

6) 複合オプション契約

【事例 9】 コリレーティド (マルチトリガー)・オプション (複数の指標の組み合わせて複雑な発動要件を設定．例：原油価格上昇リスクと厳冬リスクとの組み合わせ)

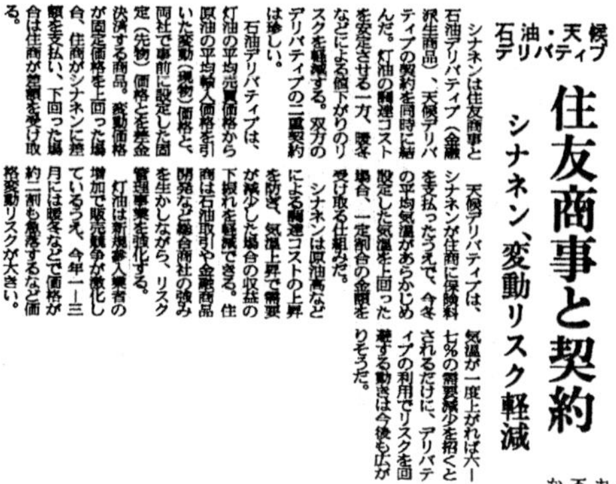

住友商事と契約

シナネン、変動リスク軽減

石油・天候デリバティブ

シナネンは住友商事と石油デリバティブ（金融派生商品）、天候デリバティブの契約を同時に結んだ。灯油の調達コストを安定させる一方、暖冬などによる値下がりのリスクを軽減する。双方のデリバティブの二重契約は珍しい。

石油デリバティブは、灯油の平均売買価格から原油の平均輸入価格を引いた変動（現物）価格と、両社で事前に設定した固定（先物）価格との差金決済する商品。変動価格が固定価格を上回った場合、住商がシナネンに差額を支払い、下回った場合は住商が差額を受け取る。

天候デリバティブは、シナネンが住商に保険料を支払ったうえで、今冬の平均気温があらかじめ設定した気温を上回った場合、一定割合の金額を受け取る仕組みだ。

シナネンは原油高などによる調達コストの上昇を防ぎ、気温上昇で需要が減少した場合の収益の下振れを軽減できる。住商は石油取引や金融商品開発など総合商社の強みを生かしながら、リスク管理事業を強化する。

灯油は新規参入業者の増加で販売競争が激化しているうえ、今年一—三月には暖冬などで価格が約二割も急落するなど価格変動リスクが大きい。気温が一度上がれば六—七%の需要減少を招くとされるだけに、デリバティブの利用でリスクを回避する動きは今後も広がりそうだ。

図 8.26　住商複合オプション

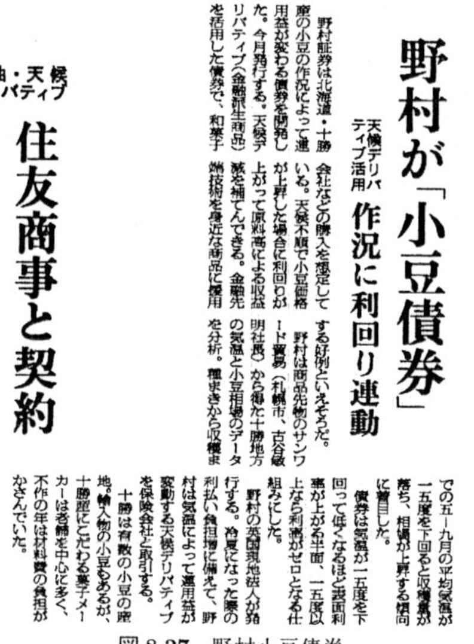

野村が「小豆債券」

作況に利回り連動

天候デリバティブ活用

野村証券は北海道・十勝産の小豆の作況によって運用益が変わる債券を開発した。今月発行する。天候デリバティブ（金融派生商品）を活用した債券で、和菓子会社などの購入を想定している。天候不順で小豆価格が上昇した場合に利回りが上がって原料高による収益減を補てんできる。金融先端技術を身近な商品に援用する好例といえそうだ。

野村は商品先物のサンワード貿易（札幌市、古谷敏明社長）から得た十勝地方の気温と小豆相場のデータを分析。種まきから収穫までの五—九月の平均気温が一五度を下回ると収穫量が落ち、相場が上昇する傾向に着目した。

債券は気温が一五度を下回って低くなるほど表面利率が上がる半面、一五度以上なら利率がゼロとなる仕組みにした。

野村の英国現地法人が発行する。冷夏になった際の利払い負担増に備えて、野村は気温によって運用益が変動する天候デリバティブを保険会社と取引する。

十勝は有数の小豆の産地。輸入物の小豆もあるが、十勝産にこだわる菓子メーカーは老舗を中心に多く、不作の年は材料費の負担がかさんでいた。

図 8.27　野村小豆債券

7) 資金調達とのカップリング契約

【事例 10】 天候リスク仕組債 (債券の発行条件に気象条件による利払いや償還の変更額に入れられた私募債を発行したり，購入したりすることによるリスクヘッジ．貸付と組み合わせたものも考えられる)

8.5.2　取引の多様化

また，赤潮やスギ花粉など，気象が生態系に与える影響に着目した高度なリスクのヘッジ手段として天候デリバティブを利用することも検討は可能である，しかし，例えば，赤潮被害に対するデリバティブの商品化を考えてみた場合，以下のような多様な気象要素を総合的に加味する必要があることから，完全な形のリスクヘッジ商品の設計はきわめて難しいともいえる．

- 気象学的要素 (風向・風速，降水など)

- 海象学的要素 (水温，海流，波浪など)
- 生物学的要素 (種類の特性，毒素の強弱など)
- 地理学的要素 (河川・港湾，日照，生活圏など)
- 意思決定的・労務的要素　等々

スギ花粉に関しても，スギ花粉の生育段階や飛散時期の気温，降雨，湿度，日照などの気象条件が複雑に絡み合って，発現するものであることから，天候デリバティブのトリガーを特定することは容易ではない．

一般的に，気象指標の変動と，実際に顕在化する経済的不利益 (損失) との間には乖離があり，これを天候デリバティブでは「ベーシスリスク」と呼んでおり，リスクヘッジャーにとってはこの乖離が極力小さいことが望ましいが，このような複雑な要素が関連するリスクの場合，取引の対象にすることは容易ではない．また，地域性の強い各種の気象・海象データを入手することもかなり難しい．

8.6　ビジネスの将来的な課題

最後に，天候デリバティブや天候リスクヘッジのビジネスの将来的な課題を挙げてこの章を終わりたい．

まず，第1に天候リスクの解析と理解をさらに高度化する必要がある．特に，傾向成分の抽出を統計的分析の有効性を確認しながら進め，異常気象の傾向性などを把握する研究が望まれる．その中では，温暖化傾向，ヒートアイランド現象，エルニーニョ・ラニーニャ，北極風，深層海流 (真水がグリーンランドからニュージーランドまで100年から1000年のサイクルで流れており，これが全球的な気象に大きな影響を与えているといわれている) などが，気象学的に解析されることが望まれている．

第2は，天候リスクのコントロールの高度化である．予報の精度向上の努力が続けられる中で，合理的に予報を反映するプライシングモデルをいかに構築するかという点は重要である．また，リスク保有能力の向上のためには，国際ポートフォリオの構築が必然的であるとともに，前に述べた高度なリスク引受を可能にするため，異種リスク間の相関モデルを構築する必要もある．この際

には，分散・共分散法といった線形的な相関モデルだけではなく，順位相関をベースとしたコモンショックモデルやコピュラといった高度な数理ファイナンスの技術が必要になる．

第3には，リスクマネジメントが社会的にさらに広く深く認知され，天候リスクヘッジのような高度なリスクマネジメントに取り組む企業の姿勢が，信用格付や株価に反映されることが望まれる．そのためには，規制，税務・会計といった社会的な枠組みが，そのような姿勢を支援するような方向で検討される必要があるものと考える．

文　　献

1) 気象庁，"天候リスクマネジメントへのアンサンブル予報の活用に関する調査 2002年度調査 (http://www.kishou.go.jp/chousa/index14.html)"，2002.
2) D. C. Brody, J. Syroka, M. Zervos, "Dynamical pricing of weather derivatives", *Quantitative Finane*, **2**, 189–198, 2002.
3) 見延庄士郎，"長期変動とレジーム・シフト"，東京大学海洋研究所共同利用シンポジウム，2002.
4) 金融法委員会，"金融デリバティブ取引と賭博罪に関する論点整理 (http://www.flb.gr.jp/publication05-j.htm)"，1999年11月29日付．
5) 気象庁，"企業の天候リスクと中長期気象予報の活用に関する調査 2001年度調査 (http://www.kishou.go.jp/chousa/index13-1.html)"，2001.

索引

ア 行

IDM　63
アイテム　23
RCA (root cause analysis)　85
アンケート　56
アンケート調査　30
アンケート調査法　102
アンサンブル予報　172
暗黙的ニーズ発見　26

意思決定　3, 19
意思決定プロセス　3
異常気象　15
一般化加法モデル　165
一般化されたフレーム問題　10
医療安全対策　83
医療リスクマネジメント　78
インシデント・アクシデントレポート　84, 88
インタビュー　102

Wogalter　45
ウォームアップ　37
運用者と管理者　13

鋭活性語　62
影響度普及モデル　63
HHM (hierarchical holographic modeling) 法　101
HAZOP (hazard and operations analysis) 法　101

AFD (anticipatory failure determination) 法　101
SECI (socialization externalization combination internalization)　97
エピソード解析　54
FMEA (failure mode and effects analysis) 法　86, 101
FTA (fault tree analysis) 法　101

overlap 関数　58
オプション価格公式　122
オプション理論　122
オペレーショナルリスク　121, 122

カ 行

回帰分析　160
階層型クラスタリング　52
階層ホログラフィックモデリング法　101
階層ホログラフィックモデル　104
価格変動　122
学習と成長の視点　94
確率モデル　16
可視化　23, 34
　　活性伝播の——　61
活性伝播法　61
環境と人の相互作用　33
関心　18, 32
　　——の獲得　44
感度　19
感応度　156

気温　155
幾何的ブラウン運動　121
KeyGraph　21, 22, 36
キーグラフ　21
希少事象　36
気象データ　16
期待収益率　125
期待バリューアットリスク　139, 140
気付かれにくさ　40
逆選択　179
客観確率分布　74
客観的情報　26
キャッシュバック制度　178
共起　7
共起関係　26
共起構造グラフ　27
共起性　54
金融工学　121
金融システム改革法　189
金融等デリバティブ取引　189
金融リスク　121

クラスタリング　52
　　トップダウンな——　52
　　ボトムアップな——　52
クレジットデリバティブ　122

経験　19
決定木　16
決定木学習　50
KPI (key performance indicators)　91

合意形成　21
高活性語　62
降雪深　16
構造モデル　122
行動　45
顧客ニーズ　21
　　暗黙的な——　26
顧客の視点　92

国内総支出　154
コスト　76
固定価格　159
コヒレントなリスク尺度　141
コミュニケーション　20
コレスポンデンス分析　23
コンテキスト　2, 7
コンテキスト遷移　30

サ　行

再現性　13
最小 2 乗ヘッジ問題　161
最小 2 乗法　160
最小分散ヘッジ　165
財務の視点　94
最尤法　160
先物価格　147, 159
先物ショートポジション　159
先物ロングポジション　159
Samuelson　121

CSF (critical success factor)　90
CAPM (capital asset pricing model)　122, 136
CME (The Chicago Mercantile Exchange)　181
SHEL モデル　85
視覚情報　27
シカゴ・マーカンタイル取引所　181
時系列　7
資産価格モデル　122, 136
資産損失リスク　127
事象　4, 7
市場リスク　121
システム　69
システムズアプローチ　69
GDP　154
シナリオ　2, 100
　　——の精緻化　44
　　——の評価　38
シナリオ記述　37
シナリオ交配　38

索引

シナリオコミュニケーション　47
シナリオマップ　31, 33
CVaR (Conditional Value at Risk)　140
島　23
Jaccard 変数　58
Sharp and Lintner　122
シャープ・レシオ　133
収益ヘッジ効果　153
収益率分散　161
収益率ボラティリティ　125, 126
自由回答形式　56
重要業績評価指標　91
重要成功要因　90
主観確率分布　74
主観的情報　27
主体データ　34
純粋リスク　11
準備　15
状況　7
状態　8
情報量　50
初期値敏感性　172
触覚情報　27
新商品開発　25
信用リスク　121, 122
信頼　20

数学モデルアプローチ　149
数量化 III 類　23, 24, 26
スコアカード　90
スワップ価格　159

成長性　40
正の同次性　141
製品化率　29
遷移確率　7
戦略マップ　90

相関ルール　54
相互情報量　58

属性　50
組織の社会的責任　97
損失　8

タ 行

第 1 次オイルショック　157
対象データ　35
ダイスの目　2
多視点　104
WRMA (Weather Risk Management Association)　180
単調性　142

チェックリスト　101
chance　1
チャンス　1
チャンス発見　31
チャンスマネジメント　144
超過収益　161
超過販売電力量　161
長期気象予測　16
長期従属性　173
長期トレンド　155
長期雪予測　16

TIFFE　148
提案可能性　40
定型的意思決定　29
適正取引価格　124
データ　10, 21
データマイニング　16, 30, 54
デフォルト確率　143
デリバティブ　146
天候先物　149
天候データ　148
天候デリバティブ　146
天候デリバティブ価格付け　149
天候プットオプション　166
天候マーチャンダイジング　13, 15
天候リスク　146

天候リスクマネジメント協会　180
店舗データ　30
電力需要　155

投機的リスク　11
東京金融先物取引所　148
統計モデルアプローチ　150
倒産確率　122
投資　8
投資収益率　125
同時生起　7
投資リスク　120
トレードオフ分析　76
トレンドの短サイクル化　20
トレンド予測　151

ナ　行

内部プロセスの視点　94

二重螺旋プロセス　33

non-programmable decision　29

ハ　行

橋　23
バスケット　23
バスツール　33
派生商品　146
バタフライ効果　172
Bachelier　121
発見　24
バーニングコスト法　151
ハブ　58
バランストスコアカード　69, 89
バリューアットリスク　139
販売電力量　154
ハンムラビ法典　79

PAI (priming activation indexing)　61
BSC (balanced score card)　89

非定型的意思決定　29
PDCA　97
ヒポクラテスの誓い　80
PUG 指標　40
評価と選択　45
頻度　57

VaR (Value at Risk)　139
不確実性　3, 68
不協和　41
複雑系　17
服属アーキテクチャ　34, 46
プットオプション　159
ブートストラップ法　151
ブラウン運動　121
Black and Scholes　122
フレーム問題　10
ブレーンストーミング　101
ブレーンライティング　102
programmable decision　29
分散低減化率　162

平滑化スプライン関数　155
平均気温先物　148
平均分散効率的ポートフォリオ　131
平均分散ポートフォリオ理論　122
平行移動不変性　142
ベーシスリスク　180, 200
ベータ (β)　137
ヘッジ効果　161
ベネフィット　76
peril　8
変動性　74

POS　30
POS データ　52
ポートフォリオ　128
ポートフォリオ重み　129
ボラティリティ　126
Polaris　47

マ 行

マーケティング　21
Merton　122
Markovitz　122, 132
満期時点　147

無リスク資産　133
無リスク利子率　159

モンテカルロ法　151

ヤ 行

有用性　24
有用な知識　29

予測　8
予測精度　19
4つの視点　90
4M-4E マトリックス法　86

ラ 行

ランダム性　3

利益率　121
リスク　1, 67
——の改善　84
——の測定　76
——の定義　8
——の把握　84
——の発生可能性　113
——の評価　76, 84
——の分類　121
リスクカテゴリ　76
リスクコミュニケーション　77
リスク事象　116
リスクシナリオ　76, 116
リスク特定　103
リスクプレミアム　151
リスクマネジメント　67
リスクマネジメントシステム　73
リスク要因　13
リターン　119
リチャードソン, L.F.　172
流動性　121
流動性リスク　121, 123

レジーム・シフト　173
劣加法性　142

ロバスト　46
ロレンツ, E.　172

編著者略歴

おおさわゆきお
大澤幸生

1968年　京都府に生まれる
1995年　東京大学大学院工学系研究科
　　　　博士課程修了
現　在　東京大学大学院工学系研究科
　　　　准教授

しゅう ふぁ
徐　驊

1959年　中国に生まれる
1993年　広島大学大学院工学研究科
　　　　博士課程修了
現　在　筑波大学大学院ビジネス科学
　　　　研究科教授

やまだゆうじ
山田雄二

1969年　長野県に生まれる
1998年　東京工業大学大学院総合理工学
　　　　研究科博士課程修了
現　在　筑波大学大学院ビジネス科学
　　　　研究科准教授

シリーズ〈ビジネスの数理〉2
チャンスとリスクのマネジメント　　定価はカバーに表示

2006年3月10日　初版第1刷
2010年3月25日　　　第3刷

編著者　大　澤　幸　生
　　　　徐　　　　　驊
　　　　山　田　雄　二
発行者　朝　倉　邦　造
発行所　株式会社　朝　倉　書　店
　　　　東京都新宿区新小川町 6-29
　　　　郵便番号 1 6 2 - 8 7 0 7
　　　　電　話　03(3260)0141
　　　　Ｆ Ａ Ｘ　03(3260)0180
　　　　http://www.asakura.co.jp

〈検印省略〉

Ⓒ2006〈無断複写・転載を禁ず〉　　　東京書籍印刷・渡辺製本

ISBN 978-4-254-29562-7　C 3350　　Printed in Japan

好評の事典・辞典・ハンドブック

オックスフォード科学辞典　　　山崎　昶 訳　B5判 936頁

恐竜イラスト百科事典　　　小畠郁生 監訳　A4判 260頁

植物ゲノム科学辞典　　　駒嶺　穆ほか5氏 編　A5判 416頁

植物の百科事典　　　石井龍一ほか6氏 編　B5判 560頁

石材の事典　　　鈴木淑夫 著　A5判 388頁

セラミックスの事典　　　山村　博ほか1氏 監修　A5判 496頁

建築大百科事典　　　長澤　泰ほか5氏 編　B5判 720頁

サプライチェーンハンドブック　　　黒田　充ほか1氏 監訳　A5判 736頁

金融工学ハンドブック　　　木島正明 監訳　A5判 1028頁

からだと水の事典　　　佐々木　成ほか1氏 編　B5判 372頁

からだと酸素の事典　　　酸素ダイナミクス研究会 編　B5判 596頁

炎症・再生医学事典　　　松島綱治ほか1氏 編　B5判 584頁

果実の事典　　　杉浦　明ほか4氏 編　A5判 636頁

食品安全の事典　　　日本食品衛生学会 編　B5判 660頁

森林大百科事典　　　森林総合研究所 編　B5判 644頁

漢字キーワード事典　　　前田富祺ほか1氏 編　B5判 544頁

王朝文化辞典　　　山口明穂ほか1氏 編　B5判 640頁

オックスフォード言語学辞典　　　中島平三ほか1氏 監訳　A5判 496頁

日本中世史事典　　　阿部　猛ほか1氏 編　A5判 920頁

価格・概要等は小社ホームページをご覧ください．